“十二五”普通高等教育本科国家级规划教材

物流包装实务
（第3版）

孙宏岭　武文斌　主　编

中国财富出版社

图书在版编目（CIP）数据

物流包装实务/孙宏岭，武文斌主编．—3版．—北京：中国财富出版社，2014.10
(2023.8重印)
（“十二五”普通高等教育本科国家级规划教材）
ISBN 978-7-5047-5302-1

Ⅰ.①物… Ⅱ.①孙… ②武… Ⅲ.①物流—货物运输—运输包装—高等学校—教材
Ⅳ.①F252

中国版本图书馆CIP数据核字（2014）第160642号

策划编辑	黄正丽	**责任印制**	梁 凡
责任编辑	邢有涛 雷晓玲	**责任校对**	饶莉莉

出版发行	中国财富出版社（原中国物资出版社）		
社 址	北京市丰台区南四环西路188号5区20楼	**邮政编码**	100070
电 话	010-52227588转2098（发行部）		010-52227588转321（总编室）
	010-52227566（24小时读者服务）		010-52227588转305（质检部）
网 址	http://www.cfpress.com.cn		
经 销	新华书店		
印 刷	北京九州迅驰传媒文化有限公司		
书 号	ISBN 978-7-5047-5302-1/F·2194		
开 本	787mm×1092mm 1/16	**版 次**	2014年10月第3版
印 张	16.5	**印 次**	2023年8月第5次印刷
字 数	402千字	**定 价**	36.00元

第3版前言

随着现代物流业及包装业的快速发展，《物流包装实务》（第2版）无论在结构体系上还是内容上都或多或少落后于产业及专业教育的发展。因此，本次按照“十二五”普通高等教育物流本科规划教材的质量要求，组织长期在教学第一线从事物流相关专业教学，具有优秀教学效果和丰富教学经验，并长期从事物流包装理论研究的高校教师进行编写。《物流包装实务》（第3版）具有以下显著特点：

①时代性、前瞻性。本次修订编写引用了国内外物流及包装科技研发成果和最近学术观点，介绍了国内外对物流包装发展现状及案例，力求内容先进，论点新颖。

②实用性、合理性。《物流包装实务》联系现代物流实际，瞄准包装工业的前沿，注重联系相关产业的理论和需求。注意理论联系实际，经济、管理、工程等多学科交叉渗透，具有基础知识、理论分析、技能素质等知识体系。

③科学性、规范性。在整个编写过程中，从理论高度全面总结，系统分析了物流包装的发展现状及存在的问题，坚持以科学的态度研究物流包装的发展趋势和方向。《物流包装实务》（第3版）的结构体系更加符合教学实际，名词术语及相关基础知识尽可能引用国家或国际标准。

本教材共组织河南工业大学、郑州财经学院、河南工程学院、升达经贸管理学院等高校教师进行编写。第一章与第三章的第二节由高詹编写，第二章、第五章、第六章、第七章由焦振娟、吴蕊编写，第三章（不包括第二节）、第四章由刘雨平、孙红霞编写。孙宏岭教授、武文斌教授负责修改和审校，最后由孙宏岭教授总纂定稿。

真诚地希望相关院校师生及行业专家将阅读本教材时发现的问题及时反馈给我们，以利教材进一步修改，使质量不断提高，真正满足现代物流业发展及教育的需求。

本教材在编写及出版过程中得到了中国财富出版社（原中国物资出版社）领导及河南工业大学、郑州财经学院领导的大力支持，借此机会，表示衷心感谢。

编　者

2014年4月

再版修订说明

《物流包装实务》于2003年5月由中国物资出版社正式出版以后，得到广大读者的支持，借此机会表示衷心的感谢！之后经中国物资出版社领导研究决定，并正式通知我将该书进行再版修订。再版修订过程中，我们根据读者的反馈信息并查阅了大量的资料文献作为参考，同时深入到相关企业进行调研，在此基础上完成了再版修订稿。这次修订版同原书稿比较具有以下特色：

1. 每章都增加了学习目的、案例及思考题，有利于具有中专以上文化程度的读者自学。

2. 本教材配有PPT文件，更方便老师在授课时的知识传授。

3. 修订后教材更注重理论联系实际，达到提高理论水平、具有可操作性的目的。

4. 在编写过程中参阅了大量的经济发达国家的相关资料和论著，并将其充实到本教材中，整个内容既立足于我国国情，又具有一定的前瞻性与国际标准对接。

本次修订第一、二、五、六章由河南工业大学孙宏岭教授编写，第三、四章由河南工业大学武文斌教授编写，研究生阮承建、高詹参与收集、整理资料及部分内容编写，最后由孙宏岭教授总纂。由于我们的编写水平有限，书中肯定还存在很多问题及不足，敬请大家给以指教。在编写过程中得到河南工业大学领导和中国物资出版社领导的大力支持，在此深表谢意。

编　者

前　言

在我国，很多人都知道物流是第三利润源泉，然而，究竟如何挖掘第三利润源泉，才是我们搞现代物流的关键。任何一个企业，要想在物流这个领域内“淘金”，就必须从物流的各个环节做起。要想使物流合理化。首先是各个环节合理化，没有合理的运输，合理的库存，合理的包装等，就不可能有合理的物流，即使是有了合理化的现代物流系统、物流网络，而最基础的物流环节仍处在传统落后的阶段，降低物流成本、提高物流服务水平的宗旨就难以实现。目前，随着我国的“物流热”，出版了很多有关物流方向的著作。但是，在这些书架上，很难找到一本详细论述物流包装这一物流环节的著作，正因为如此，我们在中国物资出版社总编助理沈兴龙先生的支持和策划下，经过不到一年时间的努力，完成了《物流包装实务》的撰写。

物流包装主要指运输包装和集合包装，特别是我国加入 WTO之后，随着国内外贸易的大幅度增加，集合包装和运输包装的作业量也在成倍增加。《物流包装实务》一书，就是根据物流包装领域内理论和实践的发展，借鉴了国外物流包装科学化基础理论和先进技术，同时根据国内外物流业的发展现状，将物流包装放在现代物流理论和实践中来研究；既不是将包装孤立起来进行研究，也不是将物流与包装捆绑在一起进行研究，而是将物流包装作为现代物流中的一个环节，如同运输、储存、配送等环节一样进行研究。物流包装作为流通的始点，其合理化、现代化程度直接影响到流通的现代化和合理化，无包装及传统落后包装（如麻袋包装）的瓜果蔬菜，它不可能在超市中零售，只能在集贸市场摆摊叫卖，足以说明这一道理。本书就是从现代流通的角度上探讨这一问题。

本书内容较为丰富，既有物流包装经济管理知识，又有包装技术与工程方面的知识，以实务为主，理论为辅，立足于可读性和实用性，对于从事物流业大专以上文化程度的工程技术人员及管理人员可以说是良师益友。

本书由河南工业大学孙宏岭教授和武文斌教授分工编写。第一、二、五、六章为孙宏岭教授撰写，第三、四章由武文斌教授撰写，最后由孙宏岭教授总纂定稿，由于编者水平有限，时间仓促，书中可能还存在一定不足，敬请有关专家、学者给以批评指正。在编写过程中我们参考引用了大量的资料和文献，我们尽可能地在书后参考文献中列出，如有疏忽在此表示歉意。

《物流包装实务》从策划到出版始终得到中国物流与采购联合会、中国物资出版社及河南工业大学的有关领导和相关专家的大力支持和关心。在此，我们表示衷心感谢。

编　者

目　录

第一章　物流包装概述

本章学习目的：在了解包装的形成及发展过程的基础上，掌握包装的分类、包装的作用与地位、物流包装的特性及标志、物流包装系统分析。重点掌握包装在物流中的作用及物流包装的基本特征。

我国国家标准《物流术语》（GB/T18354—2006）中将包装定义为：为在流通过程中保护产品、方便储运、促进销售，按一定技术方法而在采用的容器、材料及辅助物等的总体名称。也指为了达到上述目的而在采用容器、材料和辅助物的过程中施加一定技术方法等的操作活动。

第一节　包装的发展与变迁

人类的生存和发展，需要大量的物品供给才能满足各种需求。古今中外，毫无例外。这是社会产品的生产、流通、消费各环节循环发展的结果。其中，流通是生产与消费之间的桥梁和纽带，因此，疏通流通渠道，加速流通过程，对促进社会生产和满足消费需求有着非常重要的作用。

随着人类的进步、时代的变迁、经济与社会的发展，包装从无到有、从简到繁，如今已成为人类生产与生活不可分割的一项物流活动。特别是物流包装，是连接生产与消费之间用以保护商品快速流动、开拓消费市场一种融合“科学技术”与“艺术形式”的企业行为。它不是商品外的附属品，而是商品的一部分。

一、原始包装

在原始社会，人类靠双手和简单工具采集野生果实、捕鱼和打猎维持生活。包装的起源来自古人装载和转移生活资料的需要，人们利用自然界提供的树皮、竹皮、荷叶、兽皮、果壳、贝壳等作为容器，天然的藤葛作为捆扎材料，储运剩余食物。到了奴隶社会，生产水平有了大幅度的提高，人类的生产工具经历了石器、铜器和铁器时代，出现了金属包装容器和木制包装容器。随着人类社会分工的不断细化，商品流通需要较长距离的运输，马帮、驼队及水上船队相继出现，并日益扩大。没有良好的包装长距离运输是无法实现的，人们开始用树条、藤条等编制筐、篮、箩、篓等；用麻、毛、丝等纤维捻成绳，制成包装袋；用木材制成箱或桶。

距今8000年前，古埃及用玻璃制成瓶、缸、坛、罐等容器装粮、水、酒等生活用品。

距今4500年前，中国采用陶瓷作为包装容器，并对包装容器进行工艺装饰，不仅有保护商品功能，而且具有审美价值。在包装技术方面出现了密封、防腐、防潮、防虫、防振、遮光、透气、透明等技术。

二、近代包装

经过英国蒸汽机为标志的第一次工业技术革命和德国电力为标志的第二次工业技术革命，整个资本主义经济进入迅速发展的轨道，各国的生产、流通、消费直接或间接进入国际经济交往。国内外贸易需要经过合理的包装，才能进入流通过程。从而使包装进入一个新的发展阶段。主要表现在以下几个方面：

（1）公元前2000年以前中国发明了造纸技术，并传到日本及欧美，但是，由于造价昂贵，没能用于包装。到了1870年以后，出现了折叠纸盒及瓦楞纸箱用于物资包装。

（2）17世纪开始利用石灰石作为防潮包装的吸湿剂，18世纪出现了各种类型的瓶塞和瓶盖，对瓶装的流质产品达到有效地密封，推动了饮料食品工业的发展。

（3）利用包装图文标记向顾客介绍商品、宣传商品及其商品信息传递。

（4）1852年美国发明了纸袋机；1855年印度出现了麻袋编织机；1871年法国制成氨气制冷机，开创了易腐货物的冷藏包装。1871年美国研制成功高压锅，为罐头食品创造了条件；1888年法国建成折叠纸盒的生产线；1893年开始使用机制牛奶瓶，1896年英国采用了半自动制瓶机。

总之，由于包装业的发展为国内外的商品流通创造了便利条件。

三、现代包装

进入20世纪以来，包装在质量和数量上有了飞速发展，不仅形成了一个完整的包装工业体系，而且在包装功能和作用方面也发生了显著变化。同传统的包装相比主要表现在以下几个方面。

（一）新的包装材料不断涌现

1908年，瑞士研制出热固性酚醛塑料；20世纪20年代美国先后研究成功并投产了苯胺甲醛塑料、醋酸纤维透明塑料、聚苯乙烯塑料；脲醛塑料和聚氯乙烯塑料等。20世纪30年代，英国发明了低密度聚乙烯，开始生产氯化胶薄膜和聚酰胺塑料，法国开始使用收缩塑料薄膜包装食品，美国研制成可以长期保存食品的聚偏二氯乙烯塑料和广泛用途的聚氨酯塑料；40年代主要成就是涂蜡防潮玻璃纸、氟化塑料、聚苯乙烯泡沫塑料、丙酸纤维素、环氧树脂、ABS塑料和聚三氟氯乙烯塑料等包装材料的生产和使用；50年代的新成就有美国和德国生产聚碳酸酯塑料、西德发明的高密度聚乙烯、意大利合成等规聚丙烯及多种规格的定向拉伸薄膜、涂布聚丙烯薄膜、复合薄膜等；60年代合成纸、异分同晶聚合物、聚砜塑料等材料研制成功。70年代无菌和脱氧包装技术研究成功。80年代用电解法制成铝薄为制出多种复合材料创造了条件。90年代研制成功了可降解和可食用的有机塑料薄膜包装材料。进入21世纪，随着纳米技术的不断成熟，纳米复合包装材料也逐渐成为包装行业的新宠。

（二）新包装技术的开发

20世纪，利用上述新材料开发出各种各样的包装容器，如双面衬纸的瓦楞纸板箱等。对于易变质的食品，开发出了换气包装、无菌包装、脱氧包装、复合材料包装等，还开发出了自热和自冷罐头。同时，出现了托盘、集装箱等集合包装。目前，物流包装已经形成了物理防护技术、力学防护技术、生化防护技术及集合包装技术、辅助物流包装技术、物流包装信息技术等。

（三）包装机械及印刷技术的发展

21世纪，包装机械向多样化、标准化、高速化和自动化的方向发展，提高了包装效率和效益。在包装印刷技术方面移植渗透了现代科学技术的成果。目前，正在向印刷技术电子化、印刷材料多样化、印刷设备联动化、印刷质量高档化、技术合理化的方向发展。

（四）包装设计进一步完善

首先，建立了包装定位设计理论。这种理论建立在以人们的需求为核心、以市场销售为出发点上，使包装满足社会各层次的需要，达到最佳经济效益和社会效益；使包装技术、艺术和经济3个同范畴的内容在包装体内形成统一体，即包装技术的实效性、包装艺术的创造性和包装经济的合理性融合于包装形体之内。

其次，在包装设计实践中，充分注意了新材料和新技术手段的应用。电子计算机的应用使设计技巧具有更丰富、更奇异的表现能力，并减轻设计人员的劳动强度，缩短包装设计的周期及降低包装设计成本。考虑环境因素，如使用环保的包装材料，一些易自动降解、天然植物包装材料越来越多地被使用。低碳理念在引领包装创新，循环经济在促使绿色设计。

（五）包装测试手段和技术分析

包装测试是监督保证包装研究、包装设计、包装生产、包装性能和质量的重要手段。包装测试技术广泛应用的传感、交换、测定、记录、显示、结果分析和处理装置的现代化水平越来越高，使包装检验更快速、更方便，数据更精确，并使包装管理和监督等方面的工作提到一个新的水平。

（六）包装工业的发展

19世纪末期，随着工业革命的发展，为了把商品提供给消费者，就需要大量的运输、搬运、装卸等物流活动，包装成了物流活动中商品不受损坏和灭失的保护者。与此同时，生产的发展使消费者的需求发生了变化，对商品的要求也逐渐提高，要保证商品在物流活动中卫生、无毒、不污染、保质、保量，包装是必不可少的手段。到了20世纪40年代，包装不仅在物流活动中发挥保护商品的作用，而且还起到在商流活动中的促销作用，包装发展成为一个独立于商品生产之外的工业部门。随着物流技术的不断开发和应用，物流对包装不断提出新的要求，包装也为现代物流的合理化起到了非常重要的作用。

物流包装不仅是现代物流中的重要环节，也是国民经济产业体系的重要组成部分，在生产、流通、（和）消费活动中发挥着不可或缺的作用。随着我国工业化、城镇化的快速发展和人民物质文化生活水平的不断提高，物流包装也获得了强大发展动力。

第二节　包装的分类

在生产、流通和消费过程中，包装所起的作用不同，包装的类别也不相同。对包装的科学分类应有利于充分发挥包装在流通和消费领域的作用，有利于商品的物流和商流，有利于包装的标准化、规格化和系列化，有利于物流作业机械化、自动化，有利于科学管理水平和科学技术水平。

包装的大体分类有下列几种方法。

一、按包装在流通领域的作用分类

现代包装的形式具有多样化、复杂性和交叉性。从不同的功能角度出发，包装分类各不相同。按其在流通领域的作用包装分为物流包装和商流包装两大类。

（一）物流包装

产品进入物流环节的包装称为物流包装。物流包装主要包括运输包装、托盘包装和集合包装。

1. 运输包装

根据国家有关标准《物流术语》（GB/T18354—2006），运输包装定义为：以满足运输仓储要求为主要目的的包装。它具有保障商品的安全、方便储运装卸、加速交接、检验的作用。

2. 托盘包装

根据国家有关标准《物流术语》（GB/T18354—2001），托盘包装定义为：以托盘为承载物，将包装件或产品堆码在托盘上，通过捆扎裹包或胶贴等方法加以固定，形成一个搬运单位，以便使用机械设备搬运。托盘包装整体性能好，堆码稳定性高，适合于机械化作业，提高物流效率3～8倍，同时，也减少了物流活动中包装件的碰撞、跌落、倾倒，提高产品物流过程中的安全性。托盘包装也可归类于集合包装。

3. 集合包装

将一定数量的包装件或商品装入具有一定规格、强度、适宜长期周转使用的重大包装器内，形成一个合适的装卸搬运单位的包装。如集装箱、集装托盘、集装袋等。

集合包装的出现，一方面，进一步提高了物流效率和顾客服务水平；另一方面，也是对传统储运的更大改革，使传统的物流发生了较大的变化。集合包装的主要作用有：

(1) 有利于装卸搬运的机械化、自动化

将零散小包装集合成大的包装单元，在装卸搬运时，可以采用叉车等机械设备，能提高作业效率，减轻劳动强度，节省劳动力，并为装卸搬运自动化创造了条件。

(2) 提高物流效率及服务水平

集合包装能够从发货单位直接运到收货单位，减少物流环节，提高物流效率，实现“门到门”服务，提高了服务水平。

(3) 确保物品在物流过程中的安全

集合包装将物品密封在包装容器（如集装箱）内，实际上是一个大的外包装，在储存、运输及装卸搬运过程中，不需拆箱或拆包，有效地保护物品减少、破损和丢失。

(4) 节约包装材料、降低物流成本

集装箱、托盘等集合包装容器可以反复周转使用，原有的外包装可以降低用料标准。集合包装便于联运，简化运输手续，提高运输工具运载能力等，降低运输费用。集合包装还可以短时间露天存放，节约库容，减少仓储费用，物流成本较低。

(5) 包装规格标准化

集合包装要求单件物品的外包装尺寸必须适合于集装箱或托盘等集合包装容器的尺寸，否则将会出现空位。这就促使包装的标准化、规格化和系列化。

(6) 便于商品计量

集合包装可高层有规律地堆码，便于清点数量。

（二）商流包装

商流包装就是通常所说的销售包装。我国国家有关标准《物流术语》（GB/T18354—2006）定义为：直接接触商品并随商品进入零售店和消费者直接见面的包装。

商流包装在设计时重点考虑的是包装造型、结构和装潢。因为与商品直接接触，因此，在包装材料的性质、形态、式样等因素，都要为保护商品着想，结构造型要有利于流通。图案、文字、色调和装潢能吸引消费者，能激发消费者的购买欲，为商品流通创造良好条件。另外，包装单位要适宜顾客的购买量和商店设施条件。这种包装同时具有一定的保护商品功能和方便功能。

二、按包装形态层次分类

按包装形态层次分为个包装、内包装、外包装。

（一）个包装

个包装是直接盛装和保护商品的最基本包装形式。个包装的标识和图案、文字起到指导消费、便于流通的作用。

（二）内包装

内包装是个包装的组合形式，在流通过程中起到保护产品、简化计量和方便销售的作用。

（三）外包装

外包装是商品的外层包装，起到保护商品、简化物流环节等作用。

三、按包装的使用范围分类

（一）专业包装

针对被包装物品的特点，专门设计、专门制造，只适用于某一专门物品的包装。

（二）通用包装

根据包装标准系列尺寸制造的包装容器，用于无特殊要求的或符合标准尺寸的物品。

四、按包装容器分类

①按照包装容器的变形能力分为软包装和硬包装。

②按照包装容器的形状分为包装袋、包装箱、包装盒、包装瓶、包装罐等。

③按照包装容器的结构形式分为固定式包装、折叠式包装、拆解式包装。

④按照包装容器使用的次数分为一次性使用包装、多次使用包装、固定周转使用包装。

第三节　包装的作用与地位

国际大物流环境的形成和发展，促使现代物流和包装紧密结合在一起，以达到提高商品防护能力、便利储运、安全流通、降低综合成本、加强环保及再生资源利用的目的，因此，物流包装在经济与社会发展中发挥着非常重要的作用。

一、包装在物流中的地位

包装是生产的终点、物流的始点。作为生产的终点，是最后一道工序，标志着生产的完成，包装必须根据产品的性质、形状和生产工具进行，必须满足生产的要求。作为物流的始点，包装完成后便具有物流的能力，在整个物流过程中，包装便可发挥对产品的保护作用。

如果包装是从生产的终点要求出发，就难以满足流通要求。包装与物流的关系比与生产的关系要密切得多，作为物流始点的意义比作为生产的终点的意义要大得多，因此，包装属物流系统，这是现代物流的新观念。

分析包装与物流之间的关系，应从以下两个方面进行研究：

（一）包装本身就是一种产品，而产品必须经过包装才算生产结束

包装作为独立的产品，具有自身的价值和使用价值。它具有一般产品的属性，只有进入流通才能成为商品，进行交换。对于产品进入流通领域前必须进行包装，经过包装意味着结束生产，进入流通领域。

（二）包装是现代物流管理的一项重要内容

现代物流离不开包装，除适宜“四散”（散运、散储、散装、散卸）流通的物品外，离开包装的物流是低效、窝工、高成本的物流。包装因产品而存在，因物流而使产品有包装的需求。作为现代物流管理的一项重要内容，包装与物流关系密切，包装必须同物流一并考虑，并形成一个物流包装管理系统，最终目的是以最小的成本获取包括包装在内物流的最大效益。

二、包装在物流中的作用

（一）包装在运输中的作用

①防护作用。保证商品在复杂的运输环境中的安全，保证其质量和数量不受损失。

②方便作用。提高运输工具装载能力，减少运输难度，提高运输效率。

（二）包装在装卸搬运中的作用

①有利于采用机械化、自动化装卸搬运作业，减小劳动强度和难度，加快装卸搬运速度。

②在装卸搬运中使商品能够承受一定的机械冲击力，达到保护商品、提高工效的目的。

（三）包装在储存中的作用

①方便计数。

②方便交接验收。

③缩短接收、发放时间，提高作业效率。

④便于商品堆、码、叠放。

⑤节省仓库空间，进而节省仓容。

⑥良好的包装抵御储存环境对商品的侵害。

三、包装的基本功能

所谓包装功能是指包装对于被包装物的作用及效应。具有代表性的功能是保护功能、

方便功能和促销功能，它们分别起到“无声卫士”、“无声助手”、“无声销售员”的作用。

（一）保护商品的功能

保护商品不受外界影响和损伤是首要功能。产品离开生产线到最终消费者，在整个流通过程中要经过多次装卸搬运、运输配送及储存等物流活动。包装的保护功能主要体现在以下几个方面：

1. 防止商品破损变形

商品在物流过程中要承受各种冲击、振动、颠簸、压缩、摩擦等外力的作用，因此，包装必须具备一定的强度，形成对商品的保护。

2. 防止商品发生化学变化

通过包装实施隔阻水分、真菌、溶液、潮气、光线及空气中有害气体等，达到防霉、防腐、防变质、防生锈、防老化等化学变化的目的。

3. 防止有害生物对物品的影响

包装具有隔阻鼠、虫、细菌、白蚁等有害生物对物品的破坏及侵蚀。

4. 防止异物混入、污染及失散

商品的良好保护性能，不仅给企业带来效益，而且为消费者带来安全感和信任感。

（二）方便流通功能

在现代社会中，人们的生活节奏不断在加快，活动范围不断在扩大，采购时间不断在缩短，市场也在急剧变化，对商品的个性化、多样化要求也越来越高，因此，物流包装必然最大限度地方便顾客，从企业和销售来分析，需要做到以下几个方面。

1. 方便储存

在包装的规格、质量、形态上适合仓储作业，包装物上的标志、条码，便于识别、存取、盘点、验收及分类等作业。包装的外形和结构均要考虑便于堆码，减少占地空间。

2. 方便装卸搬运

适宜的包装便于装卸搬运，便于使用装卸搬运机械提高功效，标准的包装为集合包装提供条件，并且能够极大提高装载能力。

3. 方便运输

包装的形状、规格、质量与物品运输关系密切，尺寸与运输车辆、船舶、飞机等运输工具的容积相吻合，提高装载能力及运输效率。

4. 方便商业交易

包装规格适宜商品流通及陈列，方便批量交易，方便零售中一次性购买。包装形式适宜网购及电子商务的展销和配送。

（三）促进销售功能

物流包装在不违反法律法规及相关政策、不欺骗消费者的前提下，尽可能做到传递信息、宣传商品、美化形象及启发消费功能等。具体做法如下所述。

①包装形状与构造具有吸引顾客的魅力。

②包装的文字、图案、色彩可以刺激顾客的购买欲。

③包装的外部形态起到宣传、介绍、推销商品的作用，包装被人们称为“不会说话（无声）的推销员”。专利包装不易被仿制假冒，有利于保护企业的信誉。

（四）方便消费功能

在包装的文字和图示标志中，表明使用或食用方法，保存及维护方法等。包装物的大小规格适宜人们消费文化的变化，同时，包装还为用户提供了提取、存放、安装等方便。另外，根据顾客需求做到适量包装和关联商品组合包装。

（五）提高作业效率功能

物流包装使商品便于清点，便于作业，提高了作业效率；包装的标准化有利于提高集合包装容器及运输、搬运车辆的装卸效率；有利于实现多式联运，减少物流环节进而提高物流效率和降低作业费用。

（六）传递信息功能

包装上的条码及其他标志，便于电子仪器识别、跟踪商品及信息采集、处理和交换，进而减少物品在物流过程中的货损、货差，提高跟踪管理能力和效率。

四、包装与市场营销

市场是产品生产和产品包装是否成功的试金石。一个产品及其包装都要经受市场的考验。包装是增强产品的竞争能力主要手段之一，在保证产品价值及使用价值中起着重要作用。产品的包装是否符合市场需求，也直接影响到一个企业的前途命运。作为企业，不仅研究生产、销售，而且要研究包装。如果产品质量好，包装陈旧无特色，或不方便顾客，或不美观，就会直接影响销售。一个设计很好的包装，不一定能使产品在市场获得成功，但包装失败，肯定使优质产品得不到成功的销售。因此，对产品的包装应尽可能不断改进，避免承担市场风险。

随着社会生产力的发展，生产营销活动由低级向高级发展，大致经历生产导向→销售导向→市场导向→社会导向 4 个阶段。市场导向和社会导向的营销观念被称为现代化市场营销观念，而现代化营销观念是通过包括新产品价格、销售、包装等一系列策略实现，满足现在消费者和未来消费者的需求，必须生产和经营适销对路产品。

（一）市场营销观念对包装的要求

商品适销性能是市场营销观念的最终体现，它对包装提出很多要求，可用如图 1－1 所示的销售链来表示。由此可以看出，顾客和市场对包装都有具体的要求。

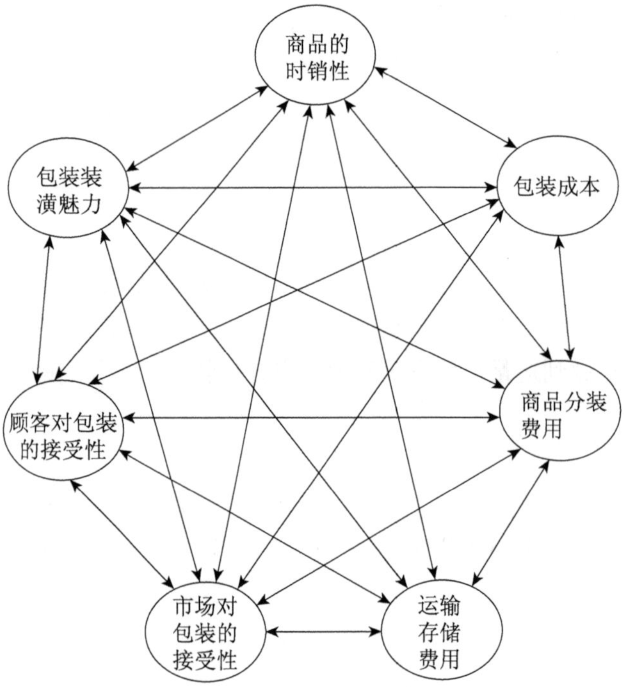

图1-1　商品销售链

1. 顾客对包装的要求

①设计的新奇性和艺术性。

②内装物的可视性。

③包装携带、启闭、使用的方便性，启封后外观的可复原性。

④包装对人体的适应性和卫生性。

⑤逐次消费的可控制性及经济性。

⑥商品在保质期的质量稳定性。

⑦包装与商品的价值及档次的协调性。

2. 市场对包装的要求

①包装的新奇性和装饰性。

②包装的陈列性和展示性（能够充分利用货架）。

③易清点、识别及防伪技术。

④顾客挑选的耐受力。

⑤启封的难易程度。

⑥包装废弃物的回收性。

⑦物流中的抗破坏性。

（二）包装在市场营销中的信息传递作用

信息是企业经营决策的依据，是管理工作的基础。市场营销靠的是市场信息的收集、处理和传递。包装装潢是市场信息传递的最好方式之一，是最直接的广告，能诱导顾客的需求，具有向消费者传递快速敏捷的特点，可以直接向现有市场和潜在市场传递信息，包装在市场营销中传递信息的主要作用有以下 4 个方面。

1. 广告作用

包装可以吸引人们对商品的注意，这是引起人们选择商品的起点。包装装潢如同信号，众多信号中消费者究竟接受哪些信号，需要进一步激发兴趣及欲望并导致购买。

2. 兴趣作用

包装的一个重要作用是引起消费者对商品的兴趣，达到这一目的就必须使包装装潢适合目标消费者，让消费者感到内容可靠、合乎情理、清晰悦目、方便消费。包装让消费者产生心理活动，对某种商品的消费方式发生意识倾向。

3. 激发欲望

激发欲望就是刺激需求，使消费者产生购买动机。消费者在购买商品时要通过自己的感官印象进行综合分析，决定是否购买，包装把商品的形状、颜色、味道、性能、消费方法等特性展现给消费者，包装装潢的优美造型刺激消费者的购买欲。

4. 导致购买

包装激励消费者产生购买意念，留下深刻的印象，并会不自觉地向周围传递信息，使商品获得更为广泛的潜在市场。

（三）市场营销中的包装策略

在市场激烈竞争的经济体系中，包装策略越来越重要。因此，要针对不同商品，不同分销途径和消费对象及销售目标采取不同的包装策略。

1. 适应陈列、识别的包装策略

这种策略要求包装具有较强视觉性冲击力和货架陈列效果，目的是诱发顾客的购买欲望。这种策略一般采用以下几种包装形式。

（1）透明包装

在包装的全部或部分用玻璃纸或透明薄膜密封，使商品具有魅力的部分展示出来，利用商品自身优美的造型和质感吸引顾客，但要注意透明部分与包装的造型、图案、文字、色调相协调，不得影响包装的强度。

（2）传统包装

主要指名牌商品的习惯包装，因为久负盛名，消费者已习惯于传统包装，故不可轻易改变。这种包装易于识别，货架陈列时不需特殊布置。

（3）展销式包装

这是一种造型灵巧、图案美观的平放式盒式包装，不影响装运和堆码，盒盖打开，商品展示出来，使包装装潢与商品相互映衬，有较好的展销效果。还有一种是双层盒式包装，外盒对内盒起保护作用，内盒底部少微倾斜，外盒打开，便于展示商品。这种包装不仅有利于物流中防止破损，而且有利于销售时的商品展示。

（4）悬挂式包装

这种包装带有悬挂装置，陈列时可悬挂在橱窗及货架上。

（5）堆叠式包装

这种包装造型结构是容器顶部有内径大于底部的凸出边沿，使商品堆叠时底部和下面容器的顶部相吻合。

（6）系列化包装

即企业的产品包装采用相同材料、造型、图案、色彩或近似和不同产品色彩显示出共同的特色，这样便于消费者识别、缩短寻址过程，增加商品的信任感。常见饮料类的包装中某品牌果汁包装就采取此种策略。

（7）异类型包装

即一家企业生产多种产品。由于企业有较强的生产能力和资源优势，不断开发出新的产品满足社会需求。新产品投放市场与之配套的新包装随之出现，针对企业生产的各种产品特点采用各自独特的包装，在各包装设计定位上采用不同的风格、不同的图案、使用不同的包装材料达到不同的市场营销效果。

（8）类似包装

同一个企业的产品在包装上采用相同的图案、色调、形状使顾客较易发现其产品。其主要优点是：节约包装设计成本；增加推销力度，降低消费者对新开发产品的不信任感。但是，对于质量、特性悬殊较大的产品，不宜采用这种策略。

2. 方便消费者的包装策略

这种包装给顾客一种便利、省时的感觉，其包装形式有以下几种。

（1）便携式包装

这种包装让消费者易拿和可提。

（2）便于开启包装

对瓶、罐、盒等容器而言开启方便。

（3）喷雾式包装

如香水、杀虫剂一类产品，是带有阀门的包装，按动阀门液体便可喷出来。

（4）组合包装

这种包装是将新老产品组合在一起放在同一容器内配套销售，有利于老产品带动新产品，老产品促进新产品，使消费者在不知不觉中接受新产品，并逐渐习惯于新产品。

（5）双重用途包装

原来的包装在商品被消费后，空包装容器移作他用。这类包装造型精美，结构科学、牢固耐用，迎合消费者的兴趣。如造型设计成杯、瓶等日常用品，或设计成工艺品等。这种策略一方面吸引消费者的兴趣；另一方面，空包装容器上带有文字、图案、商标等移作他用后具有广告宣传效果。

（6）礼品包装

这是专门为消费者串亲访友携带礼品所设计的包装，造型美观，结构大方，具有较高的艺术性，图案式样具有节日、风情特征，有的还附有彩带、花结等装饰品。

（7）分量包装

这是将商品每次消费的量进行分装的包装，适应不同消费者的习惯及生理特点，为消费者带来方便，特别是新产品试销，有利于消费者接受。

（8）万花筒式包装

这是现代市场营销的重要包装策略之一，特别是对于儿童、青少年用的更具有影响力，它是在包装容器内装入附加馈赠品吸引消费者。这些赠品有实物，也有印制的赠券等，极易引起消费者重复购买。这样既可促销，又可以增加乐趣。

3. 更换包装策略

如果某类产品因质量或其他因素销量减少，市场占有率下降时，即使提高了产品质量但还是原来的包装，顾客仍然有不信任感。这就需要更换包装，扩大宣传。只有这样，才能有利于恢复产品的声誉，扩大销售，起到理想的效果。如果某种产品长时间使用一种式样、内容没有变化的包装，总是给顾客一种老面孔，也会影响销量，这就需要考虑更换新的包装。另外，随着天气冷暖四季的转换，包装色调和图案也应不断更换，才能起到吸引顾客的效果。更换包装策略的条件是内在质量的保证，否则，仅仅更换包装无助于商品销售。

五、包装与消费

（一）包装在消费中的作用

1. 宣传商品

包装的文字、图案、色彩起到美化、宣传和推销商品的作用，新颖美观的包装给人以美的享受，能够刺激、引发消费者的购买欲，是争取顾客，提高零售企业劳动生产率的重要方式。

2. 物流中维护商品质量

合理的包装具有防振、防冲击、防断裂、防损伤、防挤压、防潮、防水、防霉、防腐、防锈、防磁、防辐射、防虫、防鼠、防污染、防晒等作用，可以维护商品质量。

3. 指导消费

包装的图文介绍商品的特性、用途及使用方法，起到指导消费的作用。

4. 联系商品与消费者的媒介

在开架售货的自选商场，包装上的标记及图文可以解答顾客的疑问，起到联系、沟通商品与消费者的作用。

（二）包装与消费行为的关系

1. 包装与消费心理

人的消费心理有生存型、享受型和介于二者之间的生存享受型 3 种类型。生存型消费心理是求实、求稳、求廉、对商品讲究经济实用，外形和品质并重，消费特点是选择性强，购买商品的要经过反复比较、分析才能作出判定；享受型的消费心理则是求奇、求新、求名牌，时常表现为冲动性购买行为，对商品首先讲究美观、新异，其次才是质量和价格；生存享受型是二者兼备，当富裕时偏重享受型特征，反之，倾向于生存型特征。除这 3 种类型外，还有一种人仅仅需要节省时间。因此，在包装装潢上应用不同的类型，适应不同的消费心理要求。引人注目的包装常常将顾客的注意力吸引过来产生购买动机。包装设计不仅对顾客视觉产生冲击力及安全、方便的感觉，而且需标明使用、保养、保修、退换方法等售后服务，打消消费者的心理顾虑。

2. 包装与消费习惯

消费习惯的形成不仅与社会制度、文化水平和生活方式有关，而且决定民俗、宗教、地理、气候等因素，商品的包装必须适应不同的消费习惯，根据目标市场的定位设计包装装潢。不同的年龄阶层、不同的职业及个人消费和团体消费对包装有着不同的要求，包装必须考虑不同消费者的不同消费习惯，绝不能以偏概全，搞清一色。

3. 包装与消费的动向

影响人们消费动向的主要因素是消费水平的提高和生活方式、销售方式的改变。因此必须重视市场调查和消费信息的反馈，根据消费者的需求变化设计出适销对路的包装装潢，以延长商品在市场上的生命周期，并不断开拓包装的新品种、新工艺。随着我国经济的发展，消费人口系数和恩格尔系数正在逐年下降，消费习惯在不断发生变化，这对包装就提出了更高的要求，特别是超级市场和仓储商场的出现及逐渐普及、商品包装的“自我介绍”作用显得越来越重要，包装装潢画面就要突出商品的形象商标和文字说明。

第四节　物流包装的特性与标志

一、物流包装的特性

物流包装分为单件包装和集合包装，前者是货物在物流过程中作为一个计件单位的包装，如箱、包、桶、袋等，后者是将若干件单件包装组合成一件大包装，以适应运输、装卸工作现代化的要求，如集装箱、集装袋、集装包和托盘。物流包装具有以下主要特性。

（一）保护商品的特性

只有有效地保护商品，才能使商品不受损失地完成流通过程，实现所有权转移。

（二）单元化特性

将商品以某种单位集中的功能，包装单位的大小，视消费及商品种类、特征、物流方式而定，包装单位化有两个目的：一是方便物流，二是方便商流。适应于装卸、搬运、保管、运输及交易批量和消费者的一次购买能力。

（三）标识特性

用图形、文字、数字制定记号和说明事项，以方便运输、装卸搬运、仓储、检验和交接等工作的进行，保证货物安全迅速地运交收货人。物流包装的标识分为运输标识（图形文字说明、产地、目的地、件号、体积、重量、收货人等）、指示性标识（又称安全标识）、警告标识（易爆、易燃、有毒、易腐蚀、易氧化、易放射等危险物品的标识以示警告，注意安全）。

（四）商品的特性

主要是通过物流包装创造商品形象。

（五）便利特性

主要是方便流通及消费，便于物流各环节的作业，便于商品陈列，便于包装物的生产及再生利用。包装的大小、形态、材料、重量、标识等各要素为物品的物流和商流创造方便条件，同时也为包装拆装作业的简便快速、创造条件。

（六）效率特性

便于作业，提高物流效率。

（七）促销特性

物流包装的主要作用是保护商品，但是，在消费需求高度化的市场环境下，物流包装也应具有广告效力，唤起消费者的购买欲望，满足消费者的多方面需求。通过物流包装给消费者带来对商品的好感和满足。

二、物流包装的标记与标志

（一）物流包装的标记

物流包装标记是根据物品的自身的特性，用文字、图形、表格等按有关规定标明的记号，通常要标明物品的名称、数量、质量、规格尺寸、出厂时间等，进口物品还要标明进口单位、商品类别、贸易国及进口港等。物流包装标记分为以下几类。

1. 基本标记

用来说明物品的实体的基本情况，如名称、规格、型号、计量单位、数量、重量、出厂日期、地址等。对于时效性较强的物品还要写明成分、保质期等。

2. 运输标记（也称唛头）

主要标明起运、到达地点、收货单位等。对于进口物品，由外经贸部统一编制向国外订货的代号，主要作用是加强保密性，有利于物流品物品的安全；减少签订合同和运输过程中的翻译工作；减少错发错运等事故。

3. 牌号标记

牌号标记一般只标明物品的名称不提供有关物品的其他信息。应印制在包装的显著位置。

4. 等级标记

用来说明物品质量等级的记号，常用“一等品”、“优质产品”、“获×××奖产品”等字样。

（二）物流包装的标志

物流包装标志是用文字和图像说明包装物品的特性、物流活动的安全及理货分货和提醒注意事项。它分为以下几种。

1. 识别标志（也称收发标志）

物流包装的识别标志包括分类标志、供货号、体积、收发货地点及单位、运输号、件数等。

2. 指示标志（也称物流图示标志、安全标志）

主要是根据物品的特性提出在物流过程中注意事项。如小心轻放、由此吊起、重心点、向上、怕湿等。此类标志的图形符号按照1985年制定的国家标准《包装储运图示标志》（GB191—1985）的规定执行。

3. 警告性标志（也称危险品标志）

用文字和图形的标志引起人们特别警惕。危险品标志必须标明危险品的类别及等级，此类型的图形、颜色等按照1985年的国家标准《危险货物包装标志》（GB190—1985）执行。

三、物流包装标记及标志注意事项

①物流包装标记、标志中使用的文字、符号、图形等必须按国家有关规定，不能随意改动。

②必须简明清晰、易于辨认。

③涂刷、拴挂、粘贴的标志与标记的部位要适当。

④要选用适应的色彩制作标识和标志。

⑤拴挂的标志要选择合适的规格尺寸。

⑥中国出口危险品，除刷制中国的危险标志外，还应刷制联合国海事协商组织规定的《国际海运危险标志》中的符号，否则到达国港不准靠岸。

第五节　物流包装系统分析

物流包装系统是指在一定的时间与空间内，所包装的物品，包括包装在内的所有物流设施与设备、包装从业人员、通信联系及信息处理等若干相互制约的动态要素所构成的具有特定功能的有机整体。该系统的目的是在实现物品的时间和空间效益、保证社会再生产顺利进行的前提下，实现各物流环节有效衔接，并获取最佳的经济和社会效益。

一、物流与包装的关系

包装是现代物流的主要功能之一。与此同时，包装的主要功能之一也是方便物流，包装的科学化、合理化、现代化、有序化及低成本是现代物流高效、低成本、高服务水平的根本保障。二者的密切关系主要展现在以下几个方面。

（一）物品的安全性

所有物品在整个物流过程中，包装的合理性、规范性、美观性等决定着被包装物品的价值和使用价值。若包装不合理将会出现破损、腐烂、变质现象，将增加物流损耗；包装不规范，降低物流作业效率和效益；包装过度，浪费资源，增加废弃物物流量；包装缺少美感，影响商品交易。

（二）物流的信息化

物流的精髓在于系统，系统的核心在于信息。物流包装是反映、体现及传递信息的主要载体，物流包装上的标签、标记、代码和其他相关信息标识对现代物流与供应链管理系统是至关重要的。

（三）综合物流成本最低

在现代物流系统中，所有的物流环节都与包装有关，故物流包装对综合物流成本的控制是非常重要的。例如，集合包装机械化程度高，节省人工作业费用及物品损耗；规范化、标准化的物流包装，有利于提高运输工具装载能力和仓库的利用率；合理的包装容器及材料，减少及避免物品破损和霉变，有效地降低和控制物流费用。

（四）综合物流效率最佳

科学的物流包装系统，能够将供应链各节点企业、各物流活动有机地整合为大的综合系统，在整体运营过程中，提高综合物流效率。物流包装标准化和规范化同国际接轨，是现代物流国际化运营的根本保证。

二、物流包装系统的特征

物流包装系统是社会经济大系统中的一个子系统，具有整体性、相关性、动态性、适应性及规模大、结构复杂、目标多等大系统具有的特征。

（一）大跨度、复杂性

物流包装系统是一个大跨度系统。一是地域跨度大，二是时间跨度大。在现代经济社会中，国际物流、区域物流、企业物流等都跨越不同地域，商品流通时间比较长，因此，物流包装系统管理难度大，对信息的依赖性较强。另外，物流包装系统又是一个很复杂的系统，首先，包装物遍及全社会物质资源，需要大量资金、劳力和物流网点。其次，各要素之间的关系复杂。最后在物流包装活动中，始终贯穿着大量的物流信息，物流包装系统通过这些信息把各子系统有机组合起来。

（二）动态性强、稳定性差

一般情况下，物流包装系统连接着众多的生产企业和用户，随着供给、需求、流通渠道、进货价格等要素的变化，系统要素及系统的运行也经常发生变化，很难长期稳定。这样自然增加系统内部的要素及系统运行变化，很难使系统长期稳定。同时，也增加了物流包装系统管理和运行的难度。

（三）可分性、受制约性

物流包装系统属于中间层次系统，主要体现两个方面。一方面，物流包装自身具有可分性，可以分解成若干个子系统；另一方面，在整个社会再生产中又处在社会再生产的主要流通环节，受制约于更大系统，如现代物流系统、供应链管理系统等。

三、影响物流包装管理的主要要素

（一）劳动力要素

这是物流包装的第一要素。提高劳动力素质，是建立一个科学化、合理化的包装系统并使其高效运行的根本。

（二）资本要素

商品流通是以货币为媒介、实现交换的物流过程，实际上也是资本运动过程。物流包装本身也需要以货币为媒介。另外，物流包装系统建设也需要大量资本投入。

（三）信息要素

信息系统包括信息技术、网络及物流信息功能要素。信息要素是掌握和传递物流信息的手段，包括通信设备与线路、计算机及网络设备等。

物流信息功能要素包括有关物流包装活动的计划、预测、动态信息及费用信息、生产信息、市场信息等。正确选定信息的科目及收集、汇总、统计、使用信息的方式，以保证信息的可靠性和及时性。

（四）设施与设备要素

物流包装设施与设备比较庞杂，不仅包括集装箱、托盘等包装容器及辅助物的加工制造设施与设备，而且包括包装材料与容器的信息设施与设备，还有影响物流包装的物流设施与设备，如运输工具、货运站场、运输线路、仓储设施与设备等。

（五）物流功能要素

物流包装系统受到物流运输、仓储、装卸搬运、配送、流通加工、包装及信息处理 7 大功能要素的影响，其中，运输、仓储、装卸搬运及配送是对物流包装系统影响最直接的要素。

1. 运输功能要素

选择科学合理的运输路线及运输方式，决定物流包装的强度及形状。运输过程不改变商品的实物形态，不增加商品的数量。适宜的包装有利于利用运输解决供求地点的空间距离问题，创造空间价值，满足社会需求。

2. 仓储功能要素

仓储作业中的堆码、保管、保养、维护及入库、出库等作业对物流包装强度、形状、规格等提出了严格的要求，特别储备物质其包装质量高于流通物质。适宜的物流包装有利于提高库存管理效率，降低损耗，加速货物与资本的周转。

3. 装卸搬运功能要素

装卸搬运的机械化、自动化程度、装卸垂直高度、搬运水平距离、配置和使用装卸搬运工具等直接影响物流包装的规格、外形及硬度。装卸搬运作业始终伴随着物流活动，是最为频繁发生的物流活动，也是直接影响物流中的货损、费用、效率的功能要素。适宜的物流包装有利于减少装卸搬运次数，节能、省力、减损、高效并能获得良好的经济效益和社会效益。

4. 配送功能要素

配送作为一种现代物流的活动，是集经营、服务、社会集中库存、分拣、装卸搬运及流通加工于一体的功能要素，配送单位的大小、分拣方法与方式、辐射范围、配送形式等都对物流包装有着较大的影响，反过来，物流包装也直接影响到配送的效率与效益。

四、物流包装系统的综合目标

（一）综合服务目标

现代物流与供应链管理系统是连接生产与再生产、生产与消费的纽带，具有很强的服务性，它是以客户为中心，以最终客户为起点的服务理念。物流包装系统是服务于现代物流与供应链管理系统的相对独立的子系统。它直接服务于物流与供应链。然而，运输包装系统又是物流包装系统的子系统，它直接与客户见面并服务于客户的机会较多。因此，提高综合服务质量是物流包装系统的主要目标之一。

（二）快速反应目标

快速反应是物流过程中对现代物流及供应链管理提出要求，速度问题不仅仅是客户的要求，更是社会发展进步的要求。现代物流的共同配送、越库物流、多式联运等，要求包括物流包装系统在内的现代物流系统必须做到快速及时，供应链管理要求各节点企业及包括包装在内的各物流环节，必须具有快速反应的能力。因此，快速反应是物流包装系统的重要目标。

（三）节约资源目标

节约人力、财力、时间、空间、材料、费用、投资等资源，不仅是现代物流系统的目标，而且是物流包装系统的主要目标，现代物流是“第三利润源”，其利润的挖掘主要依靠节约。物流包装系统采用集约化经营方式以及提高单位物流能力，实施节约、省力、高效、降耗等措施，提高商品的使用价值。

（四）规模优化目标

由于物流包装系统比生产系统稳定性差，难以形成标准的规模化格式。然而，它服务于现代物流系统的规模化，根据现代物流系统的规模优化，进而对物流包装系统进行优化，如大型运输工具、立体仓库、集装箱及托盘等物流及包装形式就是规模优化目标的体现。

案　例

我国包装业发展现状分析

随着国民经济的发展，国内外贸易的增长，人们生活水平的提高，包装业获得了长足的发展。据统计，全球包装的销售额由2010年开始每年增长6700亿美元，预计到2016年增长将达到8200亿美元。我国虽然同经济发达国家存在一定的差距，但已基本形成较为完整的包装工业体系。

我国包装行业市场容量巨大且持续快速成长。2011年包装行业市场规模约1700亿美元，占全球25%。2002—2009年行业年均增速20%，未来仍将保持15%左右的增速。

包装行业作为一个独立的行业体系，首次被列为国家发展战略规划中。“十二五”国民经济及社会发展规划中的“改造提升制造业”章节中提出，“包装行业要加快发展先进包装装备、包装新材料和高端包装制品”。

我国包装企业大都规模较小、产业集中度较低，包装工业受国外跨国公司冲击和牵制，主要包装设备和原辅材料还严重依赖进口；包装机械增长缓慢，占包装工业总产值的5%～6%。作为包装工业一大门类产品之一，包装机械在我国包装行业发展中应当占有重要位置，但由于受国家整体经济及技术实力局限的影响，包装机械的发展一直处于低水平状态；包装制品成本较高，对商品的竞争力有较大的影响，很多商品包装成本常常达到商品成本的30%～70%，有些包装成本甚至大大超过商品本身的价值；包装工业作为配套工业，产值比重相对较高；许多企业仍未摆脱高投入、高消耗、高污染和低产出的粗放经营状况；全国各地区包装工业发展很不平衡，包装工业产、供、销的运输半径过大，浪费也大，且不符合东西南北中区域协调发展的要求；缺乏一大批现代化的包装企业家、科学管理和技术人才，企业技术创新能力较差，缺乏大量的熟练工人；包装生产的宏观调控亟待加强，涉及包装的法规严重缺失。

从包装工业的总量讲，中国已是包装大国，但不是包装强国，表现为企业自主创新能力仍然薄弱，产品附加值较低，包装的价值在产业链中体现尚不充分。低水平重复建设，导致低端产品产能过剩与高端产品供给不足的矛盾突出，发展缺乏后劲。中国包装产业需要从单纯依靠量的增长、扩大产能发展，转向依靠科技创新、技术进步、优化调整结构上来，增强产业发展的核心竞争力。

思考题

1. 什么是包装？简述包装形成及发展过程。
2. 包装怎样进行分类？
3. 名次解释：物流包装、商流包装、运输包装、托盘包装、集合包装、个包装、内包装、外包装。
4. 集合包装的主要作用是什么？
5. 包装在物流中的作用和地位是什么？
6. 物流包装具有哪些特性？
7. 试述物流包装的标记与标志。

第二章　绿色物流包装与物流包装资源的综合利用

本章学习目的：本章主要掌握绿色物流包装理论及物流包装资源的综合利用，掌握物流包装废弃物的回收、处理及综合治理，重点理解绿色物流包装的内涵及我国发展绿色物流包装的主要对策。

第一节　绿色物流包装的理论基础及其内涵

根据1992年6月联合国环境与发展大会通过的《里约环境与发展宣言》，绿色包装是指选用材料节约资源，废弃后易于回用、回收再生，或焚烧处理无毒害物质产生，填埋处理少占用土地并能自动分解而回归自然，不会成为永不灭绝的垃圾，对生态环境没有损害的包装。根据我国国家标准《物流术语》（GB/T18354—2001），所谓绿色物流是“在物流过程中抑制物流对环境造成的危害的同时，实现对物流环境的净化，使物流资源得到充分利用”。绿色物流包装是绿色物流的重要组成部分。当今世界，由于环境问题日益突出，物流包装与环境有着密切的关系，“白色污染”源主要来自包装。因此，在研究现代物流的同时必须研究绿色物流问题，尤其是物流包装活动对环境产生的一系列影响，包装废弃物如何回收、减少其对环境的污染且最大可能地利用，是物流研究领域的一个重要课题。

绿色物流包装是从环境保护的角度上对物流体系进行改进，形成一个与环境共生型的物流管理系统。绿色物流包装管理又是建立在维护全球环境及可持续发展的基础上，逐渐改变过去经济发展与物流包装，消费与物流包装的单向作用关系，在抑制物流包装对环境造成危害的同时，形成一种能促进经济和消费健康发展的物流包装体系。因此，绿色物流包装重视全局和长远利益，强调全方位对环境的关注，是现代物流发展的趋势。

一、绿色物流包装的理论基础

绿色物流包装同绿色物流和绿色包装一样，其理论基础是可持续发展、生态经济学及生态伦理学理论。

（一）可持续发展理论

可持续发展指既满足当代人的需要，又不对后人满足其需要的能力构成危害，其基本内容是：发展是重点；发展经济与重视环境保护是一个有机整体；应建立一个高效、合理的经济和政治运行机制；人们应放弃传统的生产方式与生活方式，做到自身发展需要与资源、环境的发展相适应；树立全新的现代化文化观。

由于物流包装消耗资源和能源，产生环境污染，为了长期持续发展，必须采取各种措施保护环境，绿色物流包装正是依据可持续发展的理论，形成物流包装与环境保护之间相辅相成的推动与制约关系，实现环境与物流包装的共同发展。

（二）生态经济学理论

生态经济学是研究生产过程中经济系统与生态系统之间的物质循环、能量转化和价值增值规律及其应用的科学。物流包装是社会生产过程中重要的一个环节，物流包装活动中同样存在物质循环利用、能源转化、价值转移及价值实现。因此，物流包装涉及经济与生态环境两个系统。传统的物流包装没有处理好经济发展与保护生态环境的关系，过多地强调发展经济，而忽视了环境效益，导致社会整体效益的下降，绿色物流包装以经济学的原理为指导，以生态学为基础，对物流包装中的经济行为及规律与重大生态系统之间的相互关系进行研究，以谋求生态与经济的最佳结合及协调发展。

（三）生态伦理学理论

为了子孙后代的利益，为了更健康更安全地生存和发展，对物流包装中环境污染问题，应当深刻反思，树立起强烈的责任感和义务感，自觉维护生态平衡。现代绿色物流包装正是从生态伦理学中得到道义上的支持。

二、绿色物流包装的内涵

“绿色物流”是在资源危机和环境污染双重压力下产生的，也可称为环境之友包装或生态包装，即包装资源能够循环再利用或降解腐化，在产品的整个生命周期中对人体及环境不造成公害的适度包装。我国将绿色包装定义为：为了环境保护与生命安全，合理利用资源，具备安全性、经济性、适用性和废弃物可处理及再利用的包装。绿色包装已成为人类可持续发展的重要组成部分，而绿色物流包装作为绿色包装的重要组成部分也逐渐成为国际环保及绿色浪潮中的一个焦点。绿色物流包装具有以下几方面内涵。

（一）包装减量化（Reduce）

绿色物流包装在满足保护、方便、销售等功能条件下，尽可能减少原材料的使用量，进行适度包装。大力节约人类赖以生存的自然资源，实施可持续发展。

（二）包装属于重复利用（Reuse）或易于回收再生（Recycle）

通过多次重复使用或回收包装废弃物制作再生制品、焚烧转换热能、堆肥改善土壤等措施，达到重复、再生利用的目的。

（三）包装废弃物可降解腐化（Degradable）

当前，世界各工业发达国家都重视研发利用生物或光降解的降解包装材料，对于不可回收利用的包装废弃物能够分解腐化，不能形成永久的垃圾。

（四）包装材料对人体和生物无毒无害

包装材料的有毒性元素、卤素、重金属等含量须控制在有关标准值以下。包装与环境保护和生态平衡密切相关，从包装原料采购、加工、制造、使用、废弃物回收再生，直到其最终处理的全过程，不应对人体及环境造成公害。

当今世界正在发展形成绿色包装的“4R1D”原则，即 Reduce（减量化）、Reuse（重复利用）、Recycle（回收再生）、Refill（增大容器填充量）、Degradable（可降解腐化）。绿色物流包装是一项系统工程，它是物流系统的一个子系统，将其视为有机整体，采用系统分析的方法去研究，以求得整体环境性能最优化，因此，必须在其整个生命周期中做到“五绿”，即绿色材料、绿色设计、绿色加工、绿色流通和绿色回收处理。

绿色物流包装的关键是采购选用绿色原材料，所谓绿色原材料就是能够循环复用、再生利用或降解腐化，并且在整个生命周期中对人体及环境不造成公害。材料在很好地履行保护、方便、销售功能的同时能够减量化，有利于节约资源，减少费用，同时也减少废弃物数量，有利于环境保护。作为绿色材料最突出的性能是易于回收处理、再生利用。环境降解回归自然，整个过程无污染、无公害。

绿色物流包装对材料选择应遵循以下原则：优先选用可再生材料，尽量选用回收材料；尽量选用低能耗、少污染的材料；尽量选择环境兼容性好的材料及零部件，避免选用有毒、有害和有辐射性的材料。目前，国内外市场消费崇尚的绿色物流包装中，有纸包装、可降解塑料包装、生物包装材料等。最有发展前景的是可食用包装品，我国目前已将可食性果蔬液态保鲜膜用于果蔬包装。随着科学技术的发展，绿色物流包装将会得到更加快速的发展。

第二节　绿色物流包装系统分析

伴随着科学技术的逐步提高和经济的快速发展，人类顺其自然享受科技带来的丰富物质。当物质文明及社会文明高度发达的同时也给人类带来了严重的负面影响，那就是环境的污染、资源的匮乏、能源的短缺等问题，严重危害生态环境和可持续发展。绿色物流包装系统将可持续发展的理念作为发展战略融入现代物流系统规划与管理中，将生态环境与经济发展结成一个互为因果的有机整体，强调物流包装系统与生态环境利益的协调与平衡。

一、绿色物流包装系统

为了使物流包装系统在社会经济大系统中可持续发展，必须降低物流包装系统的资源和能源消耗、减少环境污染、开发绿色物流包装系统。

（一）绿色物流包装系统的概念

绿色物流包装系统是指包装材料选用、包装设计、包装容器生产制造等环节节约资源与能源、减少废弃物，从包装及包装容器设计就充分考虑供应链各节点企业、各生产与流通环节最大限度地实现对环境净化、使资源得到充分利用，而且易于回收或自行分解回归大自然、对生态环境没有损害的物流包装系统。绿色物流包装系统是从环境保护的视角改善物流包装系统，将可持续发展战略、生态经济学和生态伦理学理论融入物流包装系统，形成一个与环境共生型的物流包装系统。它打破传统物流包装系统的以资源最优配置理论为基础提高企业经济效益，绿色物流包装系统不仅要实现企业利益最大化，而且要实现物流包装系统内各项活动与环境相融合。

（二）绿色物流包装系统的组成（见图 2-1）

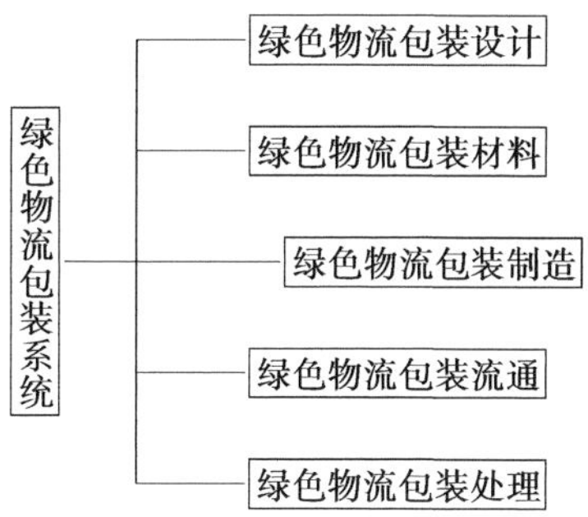

图 2-1 绿色物流包装系统的组成

如图 2-1 所示，绿色物流包装系统主要由绿色物流包装设计、绿色物流包装材料、绿色物流包装制造、绿色物流包装流通及绿色物流包装处理 5 个子系统组成。它是一项系统工程，需要采用系统分析方法进行研究，从包装产品、包装材料的生命全过程，生产使用的各环节，即设计、生产、流通、消费、废弃、回收处理等寻找对策，使绿色物流包装系统获得最优的环境性能。另外，绿色物流包装系统的实施和管理还包括宏观层面上的政策、法规、标准及理念的传播、公众教育等。

（三）绿色物流包装系统的分类

绿色物流包装系统可分为微观绿色物流包装系统和宏观绿色物流包装系统。

1. 微观绿色物流包装系统

它是从物流包装活动的开始就注意防止污染，以先进的设备与设施和科学管理手段，在其功能要素中实现节约能源、降低消耗、减少环境污染。微观绿色物流包装系统需要物流组织和过程两方面的绿色保障体系，绿色物流包装组织体系主要是建立全面的环境保护体系，保证系统内所有行为都应遵循特定的环保规范，减少物流包装对环境的影响，追求循环经济。绿色物流包装过程体系主要是采用先进的绿色物流包装技术，保证在整个物流包装过程中污染排放和能源消耗不断降低，采用生命周期评价法进行整体性的评估、监控和改善。

2. 宏观绿色物流包装系统

从宏观层面上，绿色物流包装系统遵循可持续发展战略，实施有效的物资循环利用为基础的物流包装活动与环境、经济、社会共同发展。在社会发展过程中废弃物总量降到最少，并使其进行资源化和无害化处理。绿色物流包装系统在两个物流环节之间进行废弃物回收处理，使整个现代物流系统做到物尽其用。

二、绿色物流包装系统的主要特征及任务

与传统的物流包装系统比较，绿色物流包装系统的理论基础更广，行为主体更多（包括供应链上所有企业及各级政府），活动范围更宽，最终目标是可持续发展，实现目标的准则是经济、社会、环境3个利益的统一。

（一）绿色物流包装系统的主要特征

绿色物流包装系统的主要特征包括以下几个方面：

一是系统本身具有“绿色”概念。绿色物流包装系统本身具有可持续发展和环境保护的双重意义，是具有低消耗、低污染、低排放的物流包装系统。

二是过程、环节和技术具有“绿色”理念。物流包装过程中，各环节均采用绿色包装技术，有效实现对物流本身的保护，防止物流对象损失、浪费和污染环境。

三是系统功能具有“绿色”内涵。绿色物流包装系统的功能和作用在于解决“绿色”的问题，有利于资源充分利用和社会可持续发展。

（二）绿色物流包装系统的主要任务

绿色物流包装系统是一个多层次的系统概念，它包括企业的绿色物流包装活动以及社会对绿色物流包装活动的管理、规范和控制。其主要任务包括以下几个方面：抑制和减少环境污染，充分、有效地节约和利用资源，缩减中间环节，使物流包装过程短程化、合理化，防止和降低货物损失。

第三节　物流包装资源的合理利用

物流包装资源是指物流包装制品所采用的原材料，它是由自然界存在的森林、矿藏等天然资源生产出来的产品。物流包装资源的合理利用包含两层意思：一是指消耗最少的自然资源生产出最多的包装原材料；二是指用一定量的包装原材料制造出具有容量大、性能好、污染小等功能的包装制品。也就是把有限的包装原材料用到最需要的地方，开展节

约、代用、综合利用及废弃物回收利用，使物流包装资源发挥最大效用，从而提高企业的经济效益和社会效益。

一、物流包装资源的危机

根据物流包装材料的来源、性质可分为以下几类。

1. 木材类

作为包装原材料历史悠久，目前仍占重要地位，木材具有质地轻、强度高、有一定的弹性、加工价格低廉等优点。

2. 纸类

这是古老的包装材料，到今天仍经久不衰，占整个包装材料的40%～50%，不仅在物流包装中占有重要地位，而且在商流包装中也广泛应用。

3. 塑料类

现代包装技术的发展是随着塑料工业的发展而发展起来，塑料产量的1/4用作包装材料。

4. 金属类

金属是物流包装的主要原材料之一，美国消耗金属包装材料仅次于纸类居第二位；日本仅次于纸和塑料类属第三位，我国使用金属包装材料不及美国和日本，但正在逐年增加。

5. 玻璃与陶瓷

这是我国古代的包装材料中的重要部分，具有很好的化学稳定性和光学性能，广泛用于酒类、饮料、药品及化妆品的包装。

6. 复合包装材料

复合材料是两种或两种以上材料，经过一次或多次复合工艺而组合在一起，从而构成一定功能的复合材料。复合包装能使包装内含物具有保湿、保香、美观、保鲜、避光、防渗透、延长货架期等特点，因而得到广泛的使用。

二、物流包装资源的危机

包括物流包装资源在内的资源，由于消费无度，面临枯竭的危机，人口激增与环境恶化成为当今世界的头号难题。

据有关资料统计，中国是世界上矿产资源比较丰富的国家，但是，按1990年的开采量计算，最多可开采360年。全世界的石油资源可供开采50年、天然气资源可供开采94年、铁矿石可供开采173年，其他金属的开采年限一般是30～60年。这些资源的矿产都是金属、塑料、玻璃等物流包装的原材料的原料。

另外，造纸的原料是木材，而我国森林蓄积量仅占全世界的3%，森林覆盖率为12.7%，全世界排在121位，按人均消耗木材计，我国仅占0.05立方米，分别相当于日本的1/20、美国的1/34。林业部门已发出警告，按目前的消耗速度，中国的木材储备将在短时间内消耗殆尽。就世界范围来说，全球森林每年以1300万～1700万公顷的速度锐减，已从远古时代的76亿公顷下降到26.4亿公顷。

三、物流包装资源的合理利用

目前，在物流包装成本中，原材料一般占60%以上。因此，合理利用资源是提高经济效益的重要途径。

合理利用物流包装原材料主要有以下措施。

1. 合理选择物流包装原材料

合理选择物流包装原材料是合理利用物流包装资源，提高经济效益的重要途径。结合实际情况、包装物的功能特点、包装成本等选择经济效益和社会效益最好的材料。

2. 改进物流包装设计、合理利用包装资源

改进物流包装设计，推行适度包装，提高物流包装的系列化、标准化和通用化程度，合理利用原材料。物流包装设计的不断改进直接影响到原材料的节约，如果设计不合理就会带来原材料的长期浪费。目前市场上的商品包装一般都有2～4层，这种过度包装严重浪费了资源。因此，应从物流包装设计的不断改进中挖掘潜力，节约原材料，科学合理利用物流包装资源。

3. 采用先进的工艺与设备，加速原有设备的更新和改造

物流包装同其他生产过程一样，采用先进的工艺和设备，可以大幅度地降低原材料的消耗定额，在原材料消耗中，工艺性损耗占相当大的比例，减少工艺性损耗，降低废品率，是充分发挥资源效应，提高原材料利用率的重要途径。因此，积极推行新工艺加速包装设备的更新和改造，减少原材料消耗，可以节约大量的包装资源。

4. 加强质量管理

在物流包装容器等加工制造及进行包装的过程中，加强质量管理，减少废品率，也就能减少原材料的消耗，节约包装资源。

5. 采用新型包装材料及代用品

研究开发新型的物流包装材料代替传统的包装材料，能够有效地节约包装资源。随着科学技术的不断进步，物流包装中选择代用品越来越广泛。这也是节约物流包装原材料、合理利用物流包装资源的一个重要方面。如木材作为包装材料，广泛用于物流包装，但随着经济的发展，新资源的开发，逐渐被塑料等材料所取代，这样物流包装就节约了大量木材。

四、物流包装废弃物的回收利用

物流包装废弃物根据来源可分为两大类。

（一）物流包装自身返回的废弃物

物流包装加工生产过程中产生的各种废弃物品，如边角料、下脚料及各种次品和

废品。

（二）生产和生活中使用过的废弃物

主要指在生产和生活中使用过的物流包装箱及附属包装件。如金属包装桶、塑料包装箱、纸箱、陶瓷包装罐、玻璃包装瓶等。

这些废弃物并非无用之物，在某一特定条件下虽然已失去了使用价值，但在另一新的条件下仍有使用价值，特别是随着科学技术的发展和包装技术现代化水平的不断提高，必将有更新的废旧物在产生，同时也必将有更多的废旧物被利用。

物流包装废弃物回收后可重新使用，或经过加工处理后包装新的产品，或作为新的包装材料再次利用，当然也有用作其他方面的。无论怎样利用，都能达到节约物流包装原材料和能源，降低成本，获取更好的经济效益和社会效益。物流包装废弃物的回收利用，是减少污染、保护环境的重要措施之一，是最积极有效的方法。物流包装企业应在内部建立健全废弃物回收利用机制，形成局部废弃物物流体系，逐步向企业外部扩展。将物流包装废弃物的回收、分类、净化、储存、加工制造及信息等有机地结合起来，形成庞大的废弃物物流网络系统。

第四节　物流包装废弃物的管理

在当今世界环境污染的几大问题中，如臭氧层变薄、酸雨、森林覆盖率锐减，水质的污染，有毒废弃物的排放及城市垃圾处理等，大都直接或间接涉及物流包装。如果对物流包装废弃物的管理、回收及处理没有采取相应措施，会给环境带来日益严重的污染和破坏。

一、物流包装废弃物对环境的污染

根据欧洲和北美大多数发达国家的统计数据显示，城市固体废弃物中有30%来自被废弃的包装材料及容器，美国每年包装废弃物总量约为6000万吨，我国每年包装废弃物总量超过1500万吨。这些废弃物如得不到科学合理的处理，将成为对环境的主要污染源。物流包装废弃物对环境的污染主要有以下两个方面。

（一）物流包装工业废弃物对环境的污染

包装工业的生产过程也就说物流包装产品形成过程，一部分原材料经加工制造成物流包装产品，变成包装材料，而另一部分原材料变成了废弃物进入环境，造成污染。同时，在加工制造过程中排出各种废气，废水造成大气和水质等环境的污染。另外，不能回收利用或没有回收利用的边角余料及残、次、废品进入环境造成污染，生产过程中的废渣及有害物质对周围环境卫生同样造成危害。此外，加工中的噪声、粉尘都对环境产生一定的影响。

（二）物流包装废弃物对环境的污染

利用后的物流包装废弃物对环境造成的污染占相当大的比重，也是当前世界性环境污染的重要问题。我国包装行业呈粗放型的发展、过度包装等问题，使得物流包装废弃物所带来的问题日益突出。随着经济的发展和人们生活水平的提高，垃圾中的包装废弃物越来越多，我国每年城市固体垃圾总量约为1.5亿吨；其中，包装废弃物约占10%，而且固体垃圾总量及包装废弃物所占比例在逐年增加；由于对物流包装废弃物的回收利用问题管理不善，已经成为影响环境卫生、危害人民身体健康的一大公害。人们在享受经济发展带来的物质利益的同时，也受到环境恶化带给人类的无情伤害。

二、加强物流包装废弃物管理的重要意义

物流包装产品流通和使用完成后，绝大多数将成为废弃物，需要对其进行回收处理、再利用和再循环，不然，将对环境造成污染。因此，加强物流包装废弃物管理有着重要的意义。

（一）加强物流包装废弃物的管理，走可持续发展之路

20世纪后期，触目惊心的环境污染震惊了全世界有识之士，他们大声疾呼“我们要爱护地球”。联合国于1972年召开了第一次人类环境大会，1992年召开了环境与发展大会。保护生态环境，实现经济可持续发展，已成为当今世界各国共同面临的最普通、最艰巨的任务。物流包装工业可持续发展之路是全球经济可持续发展的需要。物流包装工业可持续发展的要求是：包装资源应以可持续发展的方式经营，以满足这一代及子孙后代在社会、经济、文化和精神方面的需求，必须对包装资源带有保护性地开采和利用，尽可能不采用污染严重的包装设计和包装材料，对物流包装废弃物应加强管理，让人们懂得“废弃物也是资源”，使我国物流包装工业尽快走向可持续发展之路。

（二）加强物流包装废弃物的管理，是保护环境、造福后代的大事

发展生产的目的是给人类造就一个良好的生存环境，如果环境受到污染，空气污染、水质恶化、垃圾遍地，在这样的环境中生活、学习、工作严重影响身心健康。这从根本上违背了我们的意愿。从这个意义上讲，做父母的都希望自己的子孙后代过上幸福的生活，然而，又为子孙后代留一些什么。如果只顾这一代人的幸福，而为子孙后代留下的是一个恶化的生存环境，这也同样是违背了我们这一代人的意愿。因此，应搞好废弃物物流，搞好物流包装废弃物的管理。

（三）加强物流包装废弃物的管理，可以促进物流包装工业的良性循环

目前，国家发展环境面临着一系列的环境问题，臭氧层破坏，水污染及水资源的危机，有毒废弃物对环境的污染等，都与物流包装废弃物管理不善有关。物流包装所需资

源，取自于环境，所产生的废弃物又回归环境中，如果不注重物流包装资源的合理开发和使用，不重视废弃物的管理和综合利用，就会形成恶性循环。如果我国能够对物流包装的发展制定出有利于环境保护的资源开发法规政策，采用有利于环境的包装设计和生产工艺，如废弃物的回收处理及综合利用，那么，不仅能将环境污染降低到最低限度，而且可以解决资源不足与需求的矛盾，促使物流包装形成良性循环。

三、物流包装废弃物管理的主要内容

（一）物流包装生产过程中废弃物管理的主要内容

对于物流包装生产过程中废弃物的管理，要采取各种措施，最大限度地减少废品、次品、废料、废渣以及排放的污水和废气，避免对环境造成破坏。物流包装生产过程管理的主要内容如下所述。

①遵守有关环境保护的法律、法规，执行环境标准和污染物控制标准。制定物流包装过程污染物控制标准和排放标准，并组织实施，将有关环保的法律、法规和标准落实到日常管理工作中。

②组织编制环境保护规划和年度计划。在对废弃物污染状况和造成污染的因素进行分析的基础上，进行技术改造、优化设计、改革工艺，推行先进技术，节约原材料、控制废弃物的排放，并建立相应的指标体系。

③加强对员工进行环境保护意识的教育，开展物流包装废弃物治理的科学研究。通过环保教育提高环境保护的自觉性。同时，大力培养从事环境保护废弃物治理的技术人才。通过科学研究，开发减少或防止废物污染的新材料、新工艺、新技术，将物流包装生产过程的环境污染控制到最低限度。

（二）物流包装制品在使用过程中废弃物管理的主要内容

物流包装制品使用过程中废弃物的管理是涉及物流包装行业和全社会的问题。要减少或控制使用过程的产生的废弃物对环境的危害，应从以下几个方面加强管理。

1. 加强人们对环境保护的意识

对人们进行资源短缺、环境危机等方面的教育。优化设计，尽可能避免“过度包装”。尽量采用无毒的包装原材料，使全社会认识到环境保护的重要性，并从自身做起，提倡“少用一个塑料袋，为减少‘白色污染’的需要”等环境保护方面警示。

2. 建立健全限制和减少物流包装废弃物污染的有关政策和规章制度

鼓励和支持尽可能生产可重复使用的包装制品，鼓励支持回收废弃包装物综合利用。禁用或限制使用对环境有害的包装材料，提倡使用无毒无害易处理的替代产品，控制一次性利用的包装制品的生产和应用。

3. 组建大型的高层次的资源四级处理中心

专门从事废弃物的处理和再生利用，真正建立起废弃物资源化的循环体系。

第五节　国内外物流包装废弃物的综合治理

一、物流包装废弃物综合治理的必要性

物流包装对环境的污染已成为世界性的问题，综合治理已到了刻不容缓的时候。在国际社会上节约资源、保护环境的呼声越来越高，特别是进入20世纪90年代以后，绿色物流包装正在兴起，从本质上讲，绿色物流包装是指产品设计、生产时节约资源和能源，减少废弃物，而且使用后易于回收或自行分解回归大自然，对于生态环境没有任何损害的物流包装。绿色物流包装的内涵还包括环境保护和资源再生两大关系人类生存与发展的问题。世界各国特别是一些经济发达国家正在研究开发新的无害的物流包装材料，研究推广物流包装废弃物的回收和综合治理技术。当然，绿色物流包装的开展还存在许多困难，但人类渴求绿色物流包装的愿望十分强烈，有人预测本世纪末绿色包装将达到包装总销售量的40%以上。这是包装工业发展的必然趋势。另外，物流包装废弃物的回收处理及综合利用技术在日臻成熟，如塑料包装废弃物的回收及综合利用难度很大，目前，正在研究并已取得阶段性实用的成果，光降解和生物降解塑料、废塑料生产燃油和回收化工产品技术、废塑料的分拣、分类技术及无污染或少污染焚烧等技术正处在深入研究和试用阶段。

二、国外物流包装废弃物综合治理状况

进入21世纪，无污染的绿色物流包装有了较大的发展，世界各国治理包装废弃物的方法基本趋向4R（Reduce、Reuse、Reycle and Recover），即降低用量、再生、回收及资源恢复。

（一）为了节约资源减少废弃物，反对过度包装

过度包装，也叫过分包装或包装过剩，通常指包装价值与被包装的商品价值不相匹配，包装及其材料的价值与商品的价值相比太高。经济发达国家已将反过度包装作为减少包装污染、节约资源，通向绿色包装的一个重要途径。英国号召人们不要追求过度包装；日本为了节约包装材料和费用，减少环境污染，时兴简易包装，反对包装过剩；美国、加拿大等国家认为“过度包装就是污染环境”，我国北京、上海等城市及香港地区开始使用简易包装，以降低成本，减少环境污染。总之，为了节约资源，减少废弃物，反对过度包装是十分必要的。

（二）综合治理物流包装废弃物应从包装设计开始

进入20世纪90年代后期，综合治理包装废弃物的指导思想由过去的回收治理，逐步改变为从设计开始。也就是说，在物流包装设计时，就从材料的选择、生产工艺等方面考虑废弃后的处理。目前所提倡的设计方法有以下几种。

①在物流包装设计中采用不含有害物质的材料。

②设计可重复使用的包装。设计的包装容器能够有效地回收再用，减少废弃物。如瑞典一家乳品厂设计的一种用聚碳酸酯制成的塑料瓶，可以重复使用 75 次。

③以废弃物作为原料生产物流包装制品。如美国、日本等国用废纸生产纸浆模塑制品，代替对环境严重污染的发泡塑料。

（三）塑料由“包装革命”的主角到环保的众矢之的

近年来，经济发达国家对塑料包装的生产、销售和使用加强了管理。当初被曾被誉为“包装革命”的主要角色的塑料，由于难以降解而造成“白色污染”，在环境保护大潮的冲击下成了众矢之的。如我国从 2008 年 6 月 1 日起，在全国范围内禁止生产、销售、使用厚度小于 0.025 毫米的塑料购物袋，并实行塑料购物袋有偿使用制度；英国在公共场所禁止使用非降解塑料容器；美国从 1990 年起对含有破坏臭氧化学成分的产品课税；德国 1990 年立法规定塑料包装必须是可回收的；在欧盟国家，一些大型超市不仅不免费供应塑料袋，而且还向索要一次性塑料袋的顾客收取增值税。当前国际上对塑料包装研制和开发的重点放在可降解塑料上。美国在国内已建成可降解塑料生产线；英国已研制出 8～12 周即可完成光降解的塑料；日本研制出无毒可降解塑料，适用于医药、食品的包装。我国有关研究机构相继研究出光降解、生物降解及光和生物双解塑料薄膜。

（四）建立物流包装回收处理机构，提高回收处理技术

1. 建立健全各种包装废弃物回收处理机构

如美国 1988 年由一些塑料原料生产商和包装容器制造企业联合成立了“塑料容器利用协会”，促进塑料容器的回收利用；日本 1976 年成立了“塑料有效利用协会”，促进和普及塑料再生制品的发展。

2. 提高包装废弃物的回收处理技术

美国为了进一步拓展塑料的应用领域于 1985 年建立了“废旧塑料研究基金会”及“塑料回收研究中心”。日本先后研制出了热塑性塑料与其他材料（废纸等）制成建筑材料，开发出废塑料与砂子的新型铺路材料。我国研制出利用废聚酯生产不饱和聚酯原料。

第六节　物流包装废弃物的回收处理及综合利用技术简介

全世界包装废弃物所形成的固体垃圾以较快的速度在增加。但是，回收及综合利用率极低，如纸包装回收率仅为 25%，塑料包装回收率只有 15%左右。我国人口众多，资源相对贫乏，从可持续发展的观点出发，更应重视包装资源的回收和利用，借鉴经济发达国家的经验，建立适合我国国情的废弃物回收处理及综合利用的机制，是物流包装行业刻不容缓的重要任务。

一、物流包装废弃物回收处理与综合利用的基本技术

包装废弃物回收处理与综合利用是一个庞大的社会系统工程，其基本技术如图2-2所示。

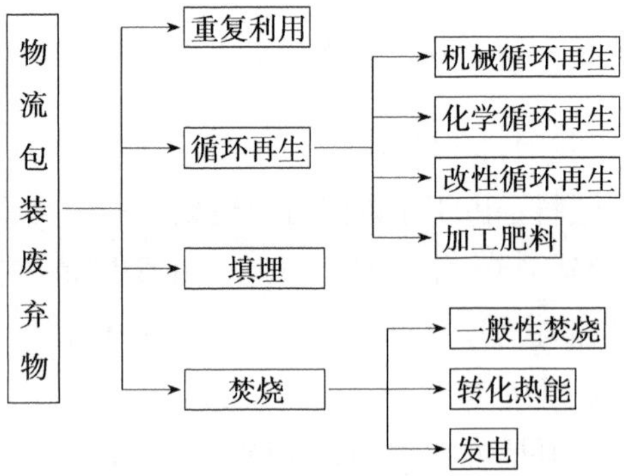

图2-2　物流包装废弃物回收处理与综合利用基本技术

（一）重复利用

重复利用是一种节约资源能源、减少物流包装废弃物的有效方法，经济发达国家非常重视开发包装容器及材料的重复利用技术，并通过押金回收制度，使包装容器重复使用。

（二）循环再生

循环再生是指在生产和消费过程中，物流包装已失去原有使用价值而废弃的容器、材料或其排放物进行回收、再生，实现资源化的再循环方法。循环再生方法有以下几种。

1. 机械循环再生

主要指金属、玻璃、热塑性树脂等材料经过熔融后再成型。机械循环再生由于杂质易混入影响质量，故分拣、分离技术是机械循环再生方法的关键。

2. 化学循环再生

主要指聚苯乙烯、聚丙烯酸酯等包装制品的热解，聚酯、尼龙等包装制品的水解回收单体等方式。

3. 改性循环利用

主要指利用废聚酯瓶制取低质量纤维，利用废玻璃、废橡胶铺道路等。

4. 加工肥料

将垃圾分类后加工成有机肥料（以堆肥为主）。这种方法简单、经济、省力。但是，由于占用土地资源及高价值资源，可能会加工成低价值的肥料，故属于消极的物流包装废弃物处理方式。

（三）焚烧

焚烧是指将物流包装废弃物在焚烧炉中通过热解或焚烧，回收燃料油，转换成燃气、蒸汽或电能，一般用于数量大而难以分离的混合废弃物处理。利用一般性焚烧处理方法，塑料焚烧会产生有害气体，燃烧灰烬残存重金属及其他有害物质，对生态环境及人类健康造成危害。但是，可以通过改造焚烧炉，配置排烟脱硫或电气吸尘设备，使垃圾充分燃烧。

（四）填埋

填埋法是指将物流包装废弃物深埋于土壤中，这种处理方法自然简单、经济省力，但是，不可降解的塑料会成为地下垃圾，不仅污染环境，而且也浪费了大量可提取有价值的资源和能源。另外，废弃物渗液易污染地下水资源，逸出的甲烷气体易污染空气和引起爆炸。因此，美国、德国等国家摒弃垃圾填埋法。

二、纸包装废弃物的回收处理和综合利用

纸包装废弃物的回收处理和综合利用的主要途径如图 2－3 所示。

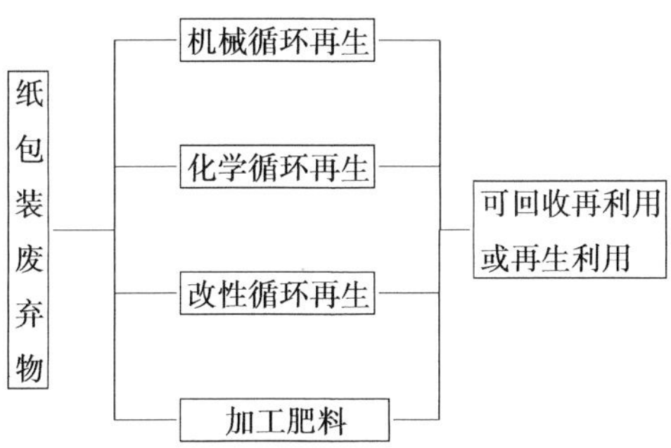

图 2－3　包装废弃物的回收处理和综合利用的途径

（一）利用废纸和废旧纸板造纸

国内外利用废纸和废旧纸板造纸，普遍采用如下工艺：

废纸→收集分类→粉碎→疏解→净化→筛选→脱墨→除杂→打浆→纤维分级→纸浆→纸料。

利用废纸和废旧纸板造纸的有两个关键技术。

1. 除杂及脱墨

除去废纸上的油墨，先用化学方法溶解或松开油墨，再利用机械洗涤，从纸浆中除去油墨。如果制成再生白色纸浆，还应漂白和漂洗。理想的脱墨配方为：能皂化印刷油墨连

结料的碱，有助于油墨颜料润湿的活性剂，能防止颜料在脱离纸张后相互聚集的分散剂及能与颜料结合并防止重新沉淀于纤维上的吸收剂。

2. 废纸复抄适应性的恢复

为了防止废纸循环而降低纸张强度，要考虑废纸复抄适应性的恢复。一般采用除掉部分细小纤维或利用纸张增强剂、助滤剂、助留剂等，也可采用高分子补强剂使纤维黏合代替纤维间的氢键结合，以增加纸的强度。废纸复用技术在国内外日趋成熟。

（二）利用废纸和废旧纸板生产纸浆模塑包装制品

将废纸及废旧纸板通过制浆、除杂、模塑成型、干燥等工艺，可制成各种形状、规格的纸浆模塑包装制品。由于该包装制品具有原料充足、无公害，适应增强，造价低，重量轻以及可塑性、缓冲性、互换性、装潢性均较好，并可反复使用和回收再生等特点，更重要的是它将纸品包装由纸板造型发展到纤维造型这种有着本质飞跃的新阶段。

三、塑料包装废弃物的回收处理及综合利用

塑料包装废弃物回收处理及综合利用主要途径如图 2－4 所示。

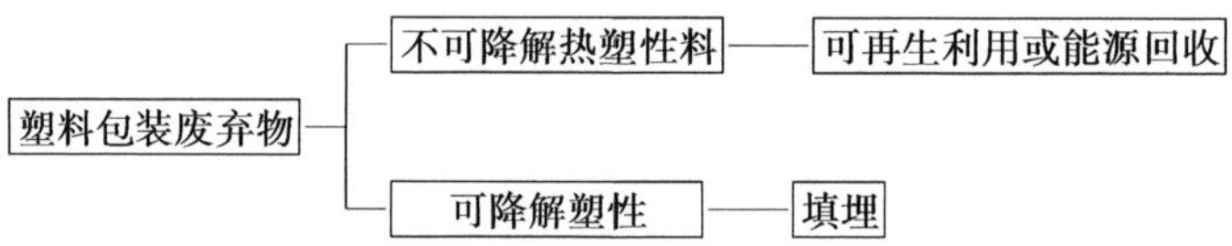

图 2－4　塑料包装废弃物回收处理及综合利用主要途径

借鉴经济发达国家经验，结合我国国情介绍以下几种塑料包装废弃物的回收处理及综合利用的技术方法。

（一）卫生填埋法

此方法的优点是处理手段简单，但由于塑料包装废弃物埋在地下缺少氧化，不可能自然分解，此方法并没有从根本上解决环境污染问题，无非是由地面转移到地下解决了现在的问题，为子孙后代留下了污染源。除少数地广人稀地区，此方法不可取。

（二）焚烧处理法

与填埋法相比较，焚烧处理要好得多，因为包装废弃物在内城市废料焚烧后体积可减少 95％，重量可减少 50％以上，并可回收热能，尤其对于再生利用困难的热固体塑料，复合塑料膜、聚苯乙烯发泡塑料等，采用此法处理更为合适。日本和西欧 80％的城市废料采用此法处理。我国深圳从日本进口两台垃圾焚烧炉，利用垃圾做燃料，既可发电又可供热。垃圾处理量为 25 吨/日，处理成本 26～35 元/吨垃圾，有较好的经济效益和社会

效益。

（三）热解处理法

利用塑料包装废弃物经热解处理，可获取化工原料、燃料油和可燃性气体。从资源回收的角度上考虑，这种方法比较现实可行，既可节约资源和能源，又可防止环境污染。美国肯塔基大学经多年研究成功地将废弃塑料转变为高质量的燃料油，其成本与进口油相近。我国台湾采用热解法将废塑料加热裂解成低分子物，再分离得到汽油、柴油及重油等产品，回收率达65%左右。我国北京一家企业开发的“废塑料油化技术”年处理废塑料3000～6000吨，生产的汽油、柴油等产品已批量上市。美国将废弃的PET瓶热解生产出纯PET树脂，可配制成饮料瓶。

（四）再生利用法

包括塑料包装废弃物在内的废旧塑料再利用的方法有以下几种。

①软质聚氯乙烯经过挑选、清洗、晾干、粉碎，重新塑化造粒成型，加入新料中使用。

②聚乙烯薄膜加入适量滑石粉、碳酸钙等无机填料，经热挤冷压生产桶、盆等小器皿。

③聚丙烯编织袋回收清洗后，粉碎造粒生产打包带等。

④利用铝塑复合膜中的铝具有导电性，制作抗静电功能材料。

⑤利用废聚氯乙烯，聚苯乙烯可制作建筑材料，在这两种废料中加入碳酸钙、润滑剂和增塑剂，经混炼、压延、印花等工艺可制作各种塑料建材。这种建材具有防潮、防腐、隔音、不变质等优点，用来制作河堤及湖边护岸、门窗，可代替木材和水泥。

⑥不同种类的废旧塑料混合、熔融、挤压冷却处理后，可制造桌椅、路标、栏杆、钢缆轴及集装箱。

塑料包装废弃物回收利用的关键技术之一是要有高效、节能的分离、清洗、烘干、粉碎及造粒设备。美国采用沉淀技术分离塑料碎片。我国研制成功的粉碎周转箱的大型粉碎机，专门粉碎塑料薄膜的粉碎机以及废膜清洗造粒生产线。

塑料包装废弃物的再生利用，不仅可节约资源降低生产成本，而且还可以减少环境污染，世界上有许多国家都在研究塑料包装废弃物再生利用的新途径。

（五）以废治废，综合利用

有一些三相交联固化的高聚物，如物流包装的缓冲衬垫、电冰箱保温层的聚氨酯泡沫塑料，再生利用困难，焚烧污染大气，但聚氨酯泡沫塑料孔隙度大，分子中含有大量极性基因，可以对废水中的苯胺、苯酸及乳化油进行有效的吸附。经研究表明，废弃的聚氨酯泡沫塑料经简单机械处理后，不仅在一定条件下可有效吸附上述有毒物质，而且经改变条件还可解析再生，反复使用，实现以废治废的目的。

四、玻璃包装废弃物回收处理及综合利用

玻璃包装废弃物回收处理及综合利用主要途径如图 2－5 所示。

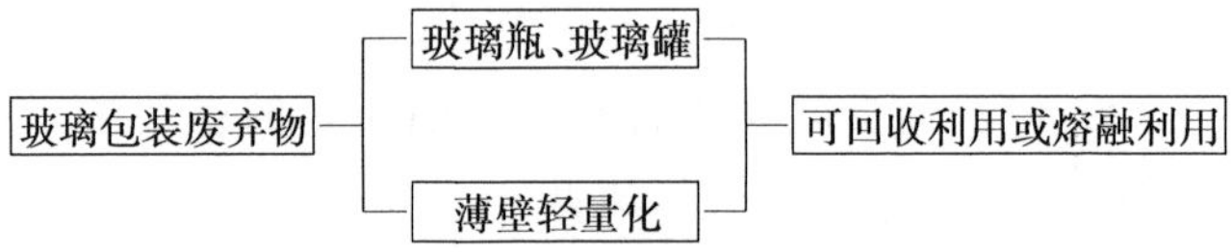

图 2－5　玻璃包装废弃物回收处理及综合利用主要途径

玻璃包装废弃物的回收复用比其他包装废弃物容易得多。世界各国从保护环境、节约资源的角度出发，均积极倡导玻璃包装容器回收利用。如采用回收废玻璃作原料重新制作新瓶，其经济效益和社会效益十分显著。可以减少能耗 4%～30%，减少矿物废料 50%，减少用水量 50%，减少空气污染 20%。为了有效回收利用玻璃包装容器，一般采用以下措施。

（一）实行玻璃包装瓶回收复用制度

美国、意大利、德国、丹麦、日本等国家均实行玻璃瓶罐押金制度，使旧玻璃瓶罐回收复用工作顺利开展。在纽约实施押金法后，2 年时间节约清洗费 5000 万美元，节约固体废弃物处理费 1990 万美元，节约能源费用 5000 万～1 亿美元。除实行押金制度外，西欧许多国家实行自愿回收，在公共场所设立玻璃瓶罐回收箱，人们将废弃玻璃瓶罐自动投入。

（二）推广碎玻璃重熔制瓶罐的新技术

上海玻璃八厂利用碎玻璃制瓶罐，每月节约重油 45t，纯碱 70t，价值 4.5 万元，配方中碎玻璃占 45%以上。北京玻璃二厂在每吨玻璃原料中混入 26%左右的碎玻璃再制新瓶，节约金额 396 万元。

（三）有色玻璃免分拣技术

在美国处理废弃有色玻璃，使玻璃表面的有色涂料遇热后即消失，恢复原有的无色透明玻璃，因而可以不再经过有色玻璃分拣工序。这种新的有色玻璃不仅在表面增加色彩，而且更加耐用。

五、易拉罐的回收处理技术

易拉罐是一种常用的消耗品，用过即废，循环周期很短，而易拉罐所用材料是一种档次较高的铝合金，回收价值高，经过回收利用后，可再制成易拉罐，多次重复循环使用。

易拉罐生产耗用大量铝材，废弃易拉罐的回收利用越来越受到重视，而且回收处理技术日臻完善。回收重熔所需能源仅是从铝钒土中提炼铝材的5%（从铝钒土中提炼1t铝耗电16000kW），较重炼1t铝可少开采4t铝矾土，节约0.7t配料，可少排放35kg污染空气的氟化铝。因此，易拉罐回收利用是易拉罐作为经济实用的包装容器的主要特征之一。例如，美国制造易拉罐所需铝70%来自废弃罐和边角料。目前，我国对废弃易拉罐回收处理有两种方法：一是重新回炉，但各种经济技术指标远远低于工业发达国家。二是将易拉罐改制成其他包装容器。兰州某包装制品厂将废弃易拉罐经切边、封口、冲盖等工序，改制成为油漆罐，每1万只可节约马口薄铁板1.5t，新增产值1万元。河南省某企业将废弃易拉罐经脱盖、整形、印刷、翻边等工序做成新的包装罐，改制加工后的包装罐可代替玻璃瓶、塑料瓶、复合塑料袋，用以包装油漆、涂料、染料、黏合剂等非食用性产品。如果增加消毒工序也可用于食物性产品的包装。

第七节　我国发展绿色物流包装的重要对策

一、我国推行物流包装废弃物回收再生需解决的主要问题

物流包装废弃物的回收处理及综合利用在上一节中已经阐述，其中回收再生法对于我国是最适用的方法，因为我国人均资源较缺乏，促进物流包装材料的循环使用既减少环境污染又节约资源，但在我国推行回收再生处理方法应解决以下几个主要问题。

（一）建立包装废弃物回收体系

通过政府立法，加强环境保护宣传教育，废弃物资源化的教育，使企业、消费者都具有强烈的包装废弃物的回收意识，并建立有效的包装废弃物回收体系，为复用和再生打下基础。

（二）复用包装的技术问题

包装容器重复使用，不但节约大量原材料和能源，而且从根本上解决了废弃物的问题。我国应积极引进国外先进技术和管理经验，解决复用包装存在的问题。

（三）制定回收再生的各种标准

制定包装废弃物回收再生的有关标准，使我国回收再生工作逐步走向标准化和规范化。

（四）制定回收再生优惠政策

对于社会效益好而经济效益差的回收再生企业，在税收等方面给以优惠政策，并扶持这类企业健康发展。

另外，通过宣传、教育和实施回收标志，提醒公众：废弃物的处理要付出代价的，只有将宣传教育经常化、大众化、深入人心，才能最大限度地减少废弃物，最大限度地回收利用物流包装废弃物。

二、制定和完善物流包装废弃物的管理法规

经济发达国家为维护本国生态环境不受污染，纷纷制定了与包装有关的环保法规，依法管理物流包装制品的生产、流通和使用，减少废弃物对环境的污染。一般各国立法着重于3个方面：一是各类包装容器的生产有法可依；二是禁止使用对包装产品有害的包装材料；三是制定各种包装材料再循环使用的目标。各国就包装方面的立法有一个基本原则，即包装生产和消费部门必须对其产品或商品造成的环境问题真正负起责任。这样，政府就可以从宏观上切实加强对包装废弃物的管理。

美国许多城市制定了法律，其主要内容有：

①增加包装税收与弃置费用。

②包装废料处理付以高额费用。

③包装材料回收率，2000年玻璃已达到65%，废纸已达到40%。

德国1991年公布了包装废弃物限制法，到1995年，铝、玻璃等包装物的再循环比例达到90%，其他包装材料达到80%。

我国包装废弃物的回收利用工作还停留在废品回收的初级阶段，同工业发达国家差距较大，废弃物回收利用既无立法，也无统一规划，与包装有关的法规支离破碎地分散在食品卫生法、出口商品法和环境保护法，根据工业发达国家的经验，结合我国的国情，我国制定相应法律应包括如下内容：

①包装制品的生产、流通及消费者各个自承担包装废弃物回收再生的责任，企业应承担与其产品直接有关的包装废弃物处理费用，并对因产品包装导致的环境污染负责。

②设置国家资源回收处理与综合利用总公司负责全国的废弃物回收处理和综合利用。各主要城市设立废弃物物流中心，负责废弃物的回收、分类、分析、加工处理、运输等物流活动，总公司和物流中心可采用民办公助形式或股份制经营方式。

③设立回收标志。凡委托废弃物物流中心为本企业做废弃物物流的在其产品包装上贴上回收标志。凡向我国进口产品的企业必须向总公司或中心交纳废弃物处理费以获取总公司的回收标志。无回收标志产品包装，在流通中给以适当的限制或罚款。

④积极推行有偿回收制度、禁止使用对环境有害的包装材料，控制一次性包装制品的生产和应用。

⑤制定我国中长期物流包装废弃物回收利用再循环的目标。

三、开发无污染或少污染的包装材料

在五大类包装材料中，废弃后最难处理的是塑料。由于塑料稳定性极好，在自然界不易分解，严重影响生态环境，已经引起了全世界的关注。但是，现实生活中又离不了塑

料，它在包装材料中每年以6%的速度在递增，主要是因为我国还没有什么材料能够取代塑料作为包装材料，应吸取工业发达国家的经验教训，大力开发无污染和少污染的新包装材料。

（一）高阻隔陶瓷蒸镀膜

真空蒸镀铝塑料薄膜虽然有良好柔韧性、密封性、抗水蒸气及紫外线的能力，但再进一步提高阻隔性就非常困难，而且镀铅层对微波有屏蔽作用，无法用于微波加热食品的包装；镀铝膜废弃物在自然界不能分解，焚烧后生成氧化铝在炉中结块。高阻隔陶瓷蒸镀膜的开发解决了上述问题。这种新材料不但具有接近玻璃的高阻隔性，而且透明，耐蒸煮，具有较好的微波加热适应性，可广泛用于食品、药品及电子元件的包装。废弃后焚烧不结块，易处理，而且成本比金属蒸镀膜还低，如果将不同基材复合，功能将更加完善。

（二）可降解塑料

常见的塑料包装废弃物不能自然分解进入自然界的物质循环系统，可降解塑料，使用后像纸一样能自然分解纳入大自然物质循环圈，不会对环境造成污染，为塑料包装材料无害化开辟了新途径，可降解变化的因素来划分，可分为生物降解性和光降解性两大类。生物降解根据促进化学结构发生降解性塑料是在细菌、真菌等微生物作用下发生降解，而光降解性塑料是在日光的作用下发生降解。它是继金属、无机材料、高分子材料之后的第四种新包装材料。但是，作为一种新型包装材料，还存在降解程度、价格、降解过程是否存在有害元素的迁移等问题未完全解决。可以预料，可降解塑料的研究、开发和应用将有更广泛的发展前途。

四、我国绿色物流包装发展规划

（一）推行绿色包装设计

倡导“适度包装”，将包装减量化作为实现绿色包装的一项重要措施。这一思路被称作“绿色包装设计”。美国、日本等工业发达国家大力提倡“适度包装”，反对“过度包装”。我国正在开发发泡剂的代用品，选用天然纤维素、木质素等作为原料代替EPS。研究开发纸浆增强剂和瓦楞纸板的结构，以提高包装用纸和纸板的强度，减少纸板厚度，从而实现包装减量化。

（二）发展周转包装

发展周转包装，回收复用是节约原料、能源、减少包装废弃物的重要措施。很多工业发达国家限制一次性包装，近几年来，我国集装箱运输有了很快的发展，已经发展到50多万箱，仅此就大大减少了包装对环境的污染。

（三）研究开发新的包装材料

随着经济的发展，包装必定有较大的发展，然而，环境也必须得到保护，二者最佳配，就需要研究开发对生态环境无害或者污染程度小的利于资源回收再生的高性能包装材料代替传统的包装材料，以此达到降低包装用材、减少废弃物的目的。EVOH、PET等高阻隔性的多层复合薄膜利用天然纤维素、木质素、甲壳质、淀粉等料，制造可降解的包装材料、喷雾包装中的氯氟烃替代品、高强度轻量薄壁玻璃、高强度包装用薄钢板、马口铁及铝板等的研究开发。虽然这些包装材料在学术上还有争议，使用中还存在一些问题，但从发展绿色物流包装的角度上考虑，应该大力研究和开发。

（四）限制有毒、有害及难降解包装材料的使用

世界上有许多国家和地区通过立法手段禁止和限制使用有毒、有害和难降解的包装材料，并且严格控制包装材料中有害物资的含量。如美国有15个州禁止使用不能降解的塑料生产鸡蛋包装盒，西欧要求5年内食品包装材料中重金属含量降到100×10^{-6}以下。

（五）实施绿色标志

绿色标志也叫环境标志，它是指包装制品或被包装产品属于绿色产品。环境保护是一个庞大的复杂的绿色系统，仅靠“下游”回收处理综合利用远远不能满足当今社会控制污染、保护环境的需要，应该从污染形成的“源头”，上游的产品生产到下游的“末端”的回收再生全过程进行预防和管理，不仅重视生产过程中资源的有效利用及清洁工艺和污染处理，要重视流通过程中造成环境污染，而且要重视消费及消费后的回收处理问题，因此，国际市场上绿色标志就应运而生。

实施绿色标志促使物流包装开发新产品，实施技术改造，也有利于社会经济的协调发展，增强人们“从摇篮到坟墓”的全过程环境意识和行为，自觉选用无废、少废的新技术、新工艺和新设备。

实施绿色标志通过图形、说明等标志，向消费者表明标志产品对环境保护的作用有利于提高人们的环境意识，在选购商品时实际上是参与环境保护活动，直接影响到物流包装的环境决策。

实施绿色标志有利于冲破国外的贸易壁垒。在国际贸易中，有的国家在技术标准、安全卫生、商品包装、认证标志等方面，限制不符合要求的国外商品的进口。绿色标志实际上已成为一种非正式的贸易技术壁垒。实施绿色标志，可以顺利地参与国际经济大循环，限制国外不符合我国环境保护要求的商品进入国内市场。

实施绿色标志，使我国的环境保护由单纯的强制性逐步发展为强制与指导相结方式，包装企业将由被动治理污染逐步转变为主动预防污染。因此，实施绿色标志是制定绿色物流包装发展规划的重要内容之一。

案例1

美国的废纸回收

近年来，美国大力提倡废纸的回收利用，成效显著。美国一些纸业公司最近开发出一种利用废纸作原料制造新型建筑材料的技术，通过该技术的推广应用，可以将大量的废纸变为有用的建筑材料，为每天产生的废纸寻找一条有益于环保的处理途径。

用这项技术处理废纸，不需要制成纸浆，因此，无废液产生，对环境没有二次污染。只需把废纸粉碎，加入高分子树脂和玻璃纤维，然后将其压制成不同大小、厚薄和规格的板材就可用于建造房屋。经过测试，这种碎纸、树脂、玻璃纤维“三合体”的材料，其抗压强度为 1.4kg/cm^2，并能耐 100℃的高温，具备防水、防蛀、防火等功能，是一种十分理想的新材料。试验还表明，一间 38m^2 的房间只需使用 200kg 纸质板材。

美国 E-tech 公司生产的 E-cubeTM 包装材料，也是利用回收的废纸制成类似方块形，充填后可使易损货物，如鸡蛋、玻璃杯子等，在箱内不移动，避免破裂。与泡沫塑料相比，该材料在填充使用过程中更为方便、快捷，可填充任意形状的商品，还可以再次回收利用，可进行三色到四色印刷，该纸浆是用回收的牛皮纸浆生产，分原牛皮色、漂白及其他颜色 3 种纸袋，这种纸袋完全可与塑料袋竞争，虽然价格比塑料袋贵，但使用周期长，而且可生物降解。

案例2

可食性包装在国外

日本率先提出了“零包装”的概念，目标是制成一种不影响食品风味的包装膜，而且具有可食用性，即可食性包装。2006 年名为“斯巴达美食问候”的可食性圣诞卡荣获顶尖级设计竞赛 IF 设计大奖。如今市场上已经出现标有牛肉味、鸡肉味、苹果味等各种味道的可食性包装容器，用于食品包装或替代塑料杯用于盛装饮料和酒类。澳大利亚昆士兰一家公司开发出可食用性土豆包装。英国 Oxygen Creative 酒店管理与创意设计公司利用马铃薯淀粉制成可食用纸张作为贺卡原材料，用可食用色素替代印刷油墨。2011 年德国 Juchem Gruppe 食品公司和德国人工智能研究中心开发出了可食用的二维码包装纸。这种可食性包装纸和高科技技术的巧妙结合，受到很多年轻消费者的追捧。

思考题

1. 什么是绿色包装？其理论基础及内涵是什么？
2. 绿色包装材料应该具备哪些性能？
3. 如何合理利用物流包装原材料？
4. 加强物流包装废弃物管理的重要意义是什么？
5. 试述经济发达国家物流包装废弃物综合治理的状况。
6. 目前物流包装废弃物回收处理方法有哪些？
7. 在我国推行物流包装废弃物回收再生处理应解决哪些主要问题？
8. 结合我国国情制定物流包装废弃物管理法规应包括哪些内容？
9. 我国发展绿色物流包装应采取哪些主要对策？

第三章　物流包装材料的选用

本章学习目的：本章主要就塑料、纸、纸板、木材和金属等包装材料的结构分类、组成、性能指标、成型加工等进行了叙述。同时，就常用的包装材料性能进行了适用性分析，进一步了解材料的使用特点。最后对黏结剂和涂料的组成及分类，常用黏结剂和常用涂料做了论述。通过以上知识的学习，要重点掌握材料的特性，并在使用时给予重要的指导，以便提高产品的包装效果，进而降低成本。

包装材料是包装工程的一个重要内容，它主要研究用于包装的纸、塑性玻璃、金属、木材、复合材料等包装方面的适用性及其制品的成型技术，包括材料的结构与性能，包装制品的生产和加工，以及材料与制品质量之间的内在联系和相互作用，为正确选择商品包装材料和制品成型技术打下基础。

第一节　塑料包装材料

塑料是可塑造成型的材料，其主要成分是树脂和添加剂。树脂决定各类塑料的物理和化学特性。树脂是塑料的基本成分。塑料树脂能把填料或者有机和无机物黏结成一定形状的物品。它是由许多重复单元或链节组成的大分子、高分子，也称聚合物、高聚物。目前世界上生产的高分子化合物大多应用于生产塑料。

塑料作为包装材料近年被广泛应用，主要用于制作塑料薄膜，塑料管、桶、罐及软管容器，杯、盒、盘、箱等容器以及防振缓冲包装材料、密封材料和带状材料等。与纸、木材、金属等包装材料相比，具有以下优点：

①质量轻、机械性能好。

②适宜的阻隔性与渗透性。

③化学性能优良，稳定性好。

④耐污染，包装物卫生。

⑤具有良好的加工性能和装饰性。

正因为具有上述优点，塑料包装得到了突飞猛进的发展，不仅在解决运输损失、提高经济效益方面有显著的效果，而且在商品的功能方面也有独特的作用。目前，我国生产包装塑料制品的工厂约有上千家之多，聚乙烯、聚丙烯、聚氯乙烯、聚酯、聚苯乙烯已成为我国的重要包装材料，塑料包装材料制品也逐渐增多。聚乙烯、聚丙烯薄膜开始取代玻璃纸，高密度聚乙烯和聚丙烯编织袋在化工、矿产及土产品的包装上已大量取代传统的麻袋和牛皮纸袋。超薄膜、双向拉伸聚丙烯薄膜、复合薄膜、吹塑瓶等大型容器、编织袋、捆扎绳带、周转箱、钙塑瓦楞箱、泡沫塑料等都有大量供应，并向系列化、标准化发展。我国的塑料包装材料工业开始形成了自己的体系进入了蓬勃发展的新时期。

一、塑料包装材料的分类

我国一般是根据塑料包装材料制品形态将其分为六大类。

①塑料薄膜。包括普通薄膜、定向拉伸薄膜、涂布薄膜、复合薄膜等。薄膜可定义为厚度小于0.025cm的软质塑料薄片材。

②中空容器（瓶、罐）类。

③塑料箱，包括食品周转箱。

④编织带。

⑤塑料袋，包括胶合带、捆扎绳等。

⑥泡沫塑料等。

若根据包装材料的化学组成，则可将塑料包装材料分为许多种，常用的塑料包装材料及其外文缩写列入表3-1中。

表3-1　　常用塑料包装材料

编号	学名	俗名	符号
1	黏胶纤维素薄膜	普通玻璃纸	PT
2	聚偏二氯乙烯涂布黏胶纤维素薄膜	防潮玻璃纸	KT
3	聚氯乙烯黏胶纤维素薄膜	防潮玻璃纸	MST
4	醋酸纤维素薄膜	—	CA
5	乙基纤维素薄膜	—	EC
6	聚乙烯	—	PE
7	低密度聚乙烯	—	LDPE
8	线性低密度聚乙烯	—	L. LDPE
9	高密度聚乙烯	—	HDPE
10	聚丙烯	—	PP
11	单向拉伸聚丙烯	—	OP、OPP
12	双向拉伸聚丙烯	—	BOPP
13	未拉伸聚丙烯	—	CP、CPP
14	聚偏二氯乙烯涂布聚丙烯	—	KOP
15	聚丁二烯	—	PB

续 表

编号	学名	俗名	符号
16	聚氯乙烯	—	PVC
17	氯化聚氯乙烯	—	CPVC
18	聚偏二氯乙烯	—	PVDC
19	聚苯乙烯	—	PS
20	双向拉伸聚苯乙烯	—	BOPS
21	高耐冲性聚苯乙烯	—	HIPS
22	聚四氟乙烯	特氟隆	PTFE
23	聚丙烯腈	—	PAN
24	聚醋酸乙烯酯	—	PVAC
25	聚乙烯醇	—	PVA
26	聚丙烯酸甲酯	—	PMA
27	聚甲基丙烯酸甲酯	有机玻璃	PMMA
28	聚对苯二甲酸乙二醇	聚酯	PET
29	聚酰胺	尼龙	PA、NY
30	聚已内酰胺	尼龙 6	PA6
31	聚已二酰已二胺	尼龙 66	PA66
32	聚碳醋酯	—	PC
33	酚醛树脂	电木	PF
34	脲醛树脂	电玉	UF
35	聚氨酯	—	PU
36	环氧树脂	—	EP
37	丙烯腈-丁二烯-苯乙烯共聚物	—	ABS
38	丙烯腈-苯乙烯共聚物	—	AS
39	乙烯-乙烯醇共聚物	—	E/VAL
40	乙烯-乙酸乙烯酯共聚物	—	E/VAC
41	乙烯-丙烯共聚物	—	E/P
42	氯乙烯-乙烯共聚物	—	VC/E
43	氯乙烯-乙烯-内烯酸甲酯共聚物	—	VC/E/MA
44	氯乙烯-乙烯-乙酸乙烯酯共聚物	—	VC/E/VAC

续 表

编号	学名	俗名	符号
45	氯乙烯-丙烯酸甲酯共聚物	—	VC/MA
46	氯乙烯-乙酸乙烯酯共聚物	—	VC/VAC
47	氯乙烯-偏二氯乙烯共聚物	—	VC/VDC

二、塑料的组成与成型加工

树脂是塑料中最主要的组成部分，是决定塑料类型、性能和用途的根本因素。单一组分塑料中含有树脂几乎达 100%，在多组分塑料中树脂的含量约为 30%～70%。塑料组分中除了树脂外，还有下列添加剂。

（一）填充剂

填充剂又称填料，是塑料中的重要组成部分，它是对合成树脂呈惰性的补充材料。填充剂的加入不仅是单纯的混合，除了增量作用、降低成本外，往往可以改变塑料的硬度、冲击强度、耐磨性和尺寸稳定性，而且可以改善塑料的耐热性能、电性能、抗化学及美化外表的作用。

（二）增塑剂

为了使塑料具有柔软性、弹性和流动性，必须使塑料本身或通过加进增塑剂进行增强。没有增塑剂，塑料不可能制成薄膜、片材、管子和其他柔软产品。增塑剂的概念，包括聚合物结构中的分子链的内部运动。增塑剂能让这些分子链相互运动，且在运动中保持最小的摩擦系数。这样，它起到了一种内部润滑剂的作用，克服了链与链之间的分子作用力（引力），阻止了分子链之间的相互缠结。在加工过程中，温度越高，分子链与分子链之间的增塑剂渗透得越快，结果这种塑料的实际柔韧性就越强。

（三）稳定剂

塑料制品在加工和使用过程中，由于受热、光或氧的作用，过早地发生降解、氧化断链、交联等现象，使材料性能变坏。为了稳定塑料制品质量，阻缓制品材料变性，延长使用寿命，通常在其组分中加入稳定剂。因此，稳定剂又称防老化剂。

稳定剂的加入可抑制聚合物因光照、热、高能辐射、超声波、水、氧、微生物等因素造成的降解，使塑料变色、脆裂、强度下降等变质过程减缓。由于不同聚合物降解的机理不同，选用的稳定剂也不同。

按稳定剂的作用可分为热稳定剂、光稳定剂、抗氧剂等。

（四）固化剂

固化剂又称硬化剂。其作用是在塑料树脂中生成横跨键，使分子交联，由受热可塑的线性结构，变成体形（网状）的热稳定结构，如环氧、醇酸树脂等，在成型前加入固化剂，才能成为坚硬的塑料制品。

（五）着色剂

颜色是塑料制品的一个重要的特色。目前，使用的着色剂能使塑料制品染成从淡色到深色、大理石色以及其他各种不同的颜色。使用于塑料制品的两种基本着色剂为染料与颜料。染料与颜料相对来说不易溶解，但能扩散在整个塑料制品中。近几年，发展了一种着色剂，叫着色母料，可在加工成型过程中加入到塑料制品中去。塑料制品厂可将这种着色剂和塑料成分拌在一起，或在制品加工时直接加进这种着色剂，就能使塑料变色。

（六）润滑剂

为改进塑料熔体的流动性能，减少或避免对塑料制品加工设备的黏附，提高制品表面光洁度等，而加入塑料中的一类添加剂称为润滑剂。一般聚烯烃、醋酸纤维素、聚酰胺（尼龙）、ABS树脂、聚氯乙烯等在成型加工过程中，常常加入润滑剂，其中尤以聚氯乙烯最为需要。

塑料中除上述组分外，有时根据特殊用途，在塑料中还加入发泡剂、防黏剂、增韧剂、抗静电剂等。

所以，通常所指的塑料是由合成树脂与添加剂等组分共同组成。反映各种添加剂与树脂重量的比例关系称为配方，它是根据制品的用途，所需性能和成型要求，再结合各种组分的特性和来源来制定的，合理的配方既能改善加工工艺条件，又能以较低的成本生产出优质产品，因此，配方要经过多次反复实践，才能不断完善和提高。

三、聚乙烯（PE）

在美国约有60%用于包装的塑料是聚乙烯，中国的使用量占70%。主要是因为其成本低，而且在许多应用中体现出优良属性。高密度聚乙烯（HDPE）是结构最简单的一种塑料，它由一基本的线型分子和不断重复的单个的乙烯构成。低密度聚乙烯（LDPE）有相同的化学形式，所不同的是它有一支链接结构。

这两种聚合物都是由乙烯加成聚合而成。高密度聚乙烯的聚合过程是在相对温和的反应条件下使用催化剂完成的。

在聚乙烯上印刷有一定的难度，因其表面的非极性属性使油墨没有黏着的地方。如果想要在聚乙烯上进行印刷，通常须将表面处理一下。表面的处理方法一般采用用于包装容器的火焰处理法和用于薄膜的电晕放电处理法。这两种方法都可使聚合物氧化，生成极性层面基团。

常温下的聚乙烯是一种相当柔软的材料，在低温时聚乙烯仍很好地保持这种柔软性。因此，聚乙烯可应用于冷冻食品的包装。但是，当温度适当提高时，如在100℃（212°F）时，它变得很柔软，用途很广。HDPE比LDPE的脆度和变软的温度更高，但也不适于做热装的容器。

表3-2归纳了HDPE和LDPE的性能。T_g为玻璃化转变温度。高于此温度时，聚合物变得柔软，因为此时分子具有片段的迁移性。T_m为熔体温度。达到此温度时，聚合物的结晶变为无序态，形成液体流动的状态。拉伸强度指聚合物没有断裂时所能承受的最大的应力。拉伸模量是指对聚合物变形的初级线型阶段产生的应力与应变之比。WVTR为水蒸气转换率，可在一般条件下进行测量。

表3-2　　聚乙烯的主要性能

性能	HDPE	LDPE
T_g（℃）	−120	−120
T_m（℃）	128～138	105～115
密度（g/cm^3）	0.94～0.965	0.912～0.925
薄膜的产率（m^2/kg），25μm	41.2	42.6
拉伸强度（MPa）	17.3～44.8	8.2～31.4
拉伸模量（MPa）	620～1089	172～517
断裂伸长率（%）	10～1200	100～965
薄膜撕裂强度（g/25μm）	20～60	200～300
WVTR（g・$\mu m/m^2d$），37.8℃和90%的相对湿度	125	375～500
O_2的渗透率（10^4cm^3・$\mu m/m^2d$・1.01×10^5MPa），25℃	4.0～7.3	16.3～21.3
CO_2的渗透率（10^4cm^3・$\mu m/m^2d$・1.01×10^5Mpa），25℃		
吸水率（%），厚度0.32cm	20～25	75～106
吸水率（%），（厚度0.32cm，24h）	<0.01	<0.01

HDPE约占美国包装塑料的30%。HDPE具有成本低、易成型、性能优良等特点，因此，广泛用于塑料瓶的制作。HDPE的表面呈半透明状态。为此，对透明度要求高的领域不适合使用。但是，HDPE可被涂上各种鲜艳的颜色。HDPE一般用于奶瓶、洗涤剂瓶以及盛装各种家用化学品、保健品、化妆品的瓶子。HDPE在包装方面还应用于55加仑圆桶、输送台、工业容器、盖罩以及包装袋中。

使用HDPE有一个缺点是其环境应力开裂性，即塑料容器无法承受压力和与产品接触的两方面的作用而开裂。单独一个条件的作用不会破坏塑料容器。聚乙烯的环境应力开裂性与聚合物的结晶性有着密切的关系。因此，以洗涤剂瓶为例，通常使用丁烯、乙烯、辛烯的含量小于 2%的 HDPE 的共聚物而不是均聚物。共聚单体的使用可降低结晶度，从而显著增强了容器环境的应力开裂性。

LDPE 是最为广泛使用的包装聚合物。它占全美包装用塑料使用量的 1/3。它的结晶度较低，是一种比 HDPE 更柔软的材料。LDPE 具有柔软的性能，因此，不适用于瓶子的制作。但是，由于它的成本低，可用于制作薄膜和包装袋。LDPE 比 HDPE 的透明度高，还达不到某些包装所需的清晰度。

HP-LDPE 和 LLDPE 的性能有明显的差异。HP-LDPE 的长链支化使其成为一种很好的热封材料。LLDPE 的热封温度更高（因其熔化温度更高），其热封的范围狭小。另外，LLDPE 的韧度、劲度、伸长率和阻透性都优于 HP-LDPE，但 LLDPE 的成本较高。性能提高的 LLDPE 可制成更薄而更坚韧的薄膜。因此，用等量的材料可制得更多的包装物。在包装应用中广泛地被 LLDPE 所取代。通常还使用 LLDPE 和 HP-LDPE 的共混物。共混物既保持了 HP-LDPE 的热封性能，又具有 LLDPE 的性能，还有一个优点是加工性能提高了，在挤塑条件下，它的黏度比 HP-LDPE 更高。

共聚时加入单体的类型以及共聚单体在生产中的使用量的不同，影响 LLDPE 的性能。一般而言，性能越好，成本越高。乙烯 LLDPE 比丁烯 LLDPE 的性能优越。

在环境应力开裂性方面，LDPE 一般比 HDPE 好，LLDPE 比 HP-LDPE 好。

四、聚丙烯（PP）

PP 也是聚烯烃家族中的一员。约占美国包装用塑料的 10%，中国约占到 8%。它是一种加成聚合物。

PP 是一种比 PE（极低密度的 PE 除外）密度低的材料，因为甲酯官能团使晶体结构变得松散。它也是一种比聚乙烯坚韧的材料，其原因是甲酯官能团使聚合物主链旋转的顺畅性受到干扰。这种增强的韧度使 PP 广泛用于塑料盖、罩中。在这些应用中，PE 更为柔软，易发生严重的变形，导致盖罩的密封性不好。PP 也可用于没有衬垫的盖中，利用盖的回弹特点进行密封。

PP 的熔体温度高于 HDPE，因而在 HDPE 变得过于柔软的情况下使用。微波炉用包装及热装瓶都是具有代表性的例子。另外，在低温下，PP 比 PE 会更快变脆。以冷冻食品包装为例，如果用均聚物聚乙烯制成，易被压碎。在 PP 中混入少量的乙烯共聚单体，生成在低温下具有提高冲击强度的聚合物。聚合物的取向，也可提高 PP 在低温下的性能。PP 比 PE 的热封难度大，因此，PP 薄膜通常是热封涂布的。

PP 比 PE 的结晶度低，这使它比 LDPE 的透明好。要进一步提高透明度，可通过添加核化添加剂形成多个结晶增长点，使平均结晶尺寸减小，也可通过聚乙烯的共聚作用形成不规则的结构降低结晶度。这些方法以及在生产过程中所使用的薄膜快速冷却法都可使 PP 具有高透明度。一般而言，聚丙烯瓶不如它的薄膜的透明度好。但据称，某些添加了核剂的新型 PP 共聚树脂可制成透明度很高的最终产品。

20世纪50年代末，聚丙烯实现商业化。良好的透明度和坚韧度使PP在许多包装市场的领域中最终代替了赛璐玢。与赛璐玢相比，PP的价格较便宜，稳定性较好，性能甚至更好，薄膜成为PP的一个主要市场。

PP在化学上呈惰性，尽管它比PE更易被氧化剂氧化，与PE的阻透性差不多。PP是优良的水蒸气阻透剂，气体阻透性差，耐环境应力开裂性良好。

PP有一种优良的性能是它具有承受反复挠曲的能力。这种性能为PP赢得了“活铰链”材料称号。表3-3详细归纳了PP的性能。

表3-3　PP和PE的主要性能

性能	PP	PE
T_g（℃）	−10	74～105
T_m（℃）	160～175	
密度（g/cm^3）	0.89～0.91	1.04～1.05
薄膜的产率（m^2/kg），25μm	44.0	36.9
拉伸强度（MPa）	31～41.3	35.8～51.7
拉伸模量（MPa）	1140～1550	2270～3270
断裂伸长率（%）	100～600	1.2～2.5
薄膜撕裂强度（g/25μm）	50	4～20
WVTR（$g \cdot \mu m/m^2 d$），37.8℃和90%的相对湿度	100～300	1750～3900
O_2的渗透率（$10^4 cm^3 \cdot \mu m/m^2 d \cdot 1.01 \times 10^5 MPa$），25℃	5.0～9.4	9.8～15
CO_2的渗透率（$10^4 cm^3 \cdot \mu m/m^2 d \cdot 1.01 \times 10^5 MPa$），25℃	20～32	35
吸水率（%），厚度0.32cm，24h	0.01～0.03	0.01～0.03

五、聚苯乙烯（PS）

PS是一种加成苯乙烯聚合物，约占美国包装用塑料的10%，中国约占到8%。

聚苯乙烯由于无法结晶，所以是一种无定形共聚物。侧基的整体属性对链的旋转起很大的阻碍作用，使PS成为一种高坚挺和高脆度的材料。不结晶性使其具有很高的透明度。PS不适于在高温下使用，是由于它在约100℃时呈流动的液态。另外，当温度适当提高后，PS在应力作用下易产生流动使之易于挤出和热成型。脆度的降低可采用两种方法：一种是添加一些丁二烯橡胶，一部分作为接枝共聚物，另一部分作为共混物，以使PS产生冲击级，提高耐冲击性使其透明度降低。没有添加冲击性改善剂的透明品级产品一般称为晶体PS。另一种更为广泛使用，并且改变PS脆度的方法是将PS用于发泡成型中。事实上，PS泡沫塑料是最为广泛使用的包装塑料，也是良好的衬垫和绝缘材料。用于生产泡沫塑料的发泡剂一般是烃类或二氧化碳。过去，氯氟烃（CFC_s）曾用于某些类型的 PS 泡沫塑料的生产中，但美国在几年以前已不再使用此法生产。现在，所有发达国家使用 CFC_s 都是非法的。这是 1989 年蒙特利尔条约草案及其修正案有关不再继续使用消耗臭氧的化学物质的出台所带来的结果。

通过对聚苯乙烯片材或薄膜的双轴取向可显著降低 PS 的脆度，现已开发出各种具有不同独特性能的苯乙烯聚合物。

一般而言，聚苯乙烯是一种低成本的聚合物，它的水蒸气和气体的阻透性相对较差，化学反应性强于 PP 和 PE。

六、聚氯乙烯（PVC）

PVC 是一种氯乙烯加成聚合物，约占美国包装用塑料的 10%，中国约占到 12%。

PVC 是一种部分间同立构聚合物，结晶形态占很小的一部分。在室温下，PVC 呈常态，是硬的。PVC 的熔融温度和分解温度很接近，因而非改性的 PVC 是很难加工的。PVC 分解所产生的 HCl 具有高度的腐蚀性，遇水时腐蚀性尤强。为减少分解，PVC 中要加入稳定剂。

增塑剂常被用于 PVC 的改良，起内部润滑剂的作用，可提高材料的柔软性。它还可使材料在较低的温度下产生流动，从而降低加工的温度。用于包装等方面的软质 PVC 一般是高度增塑的 PVC。增塑剂的类型可分为很多种，有些是适用于接触食品。

PVC 具有极性，这使它与增塑剂及其他添加剂有极强的亲和性。因此，PVC 可制成各种不同韧性的产品，从硬质容器到很柔软的薄膜。事实上，PVC 配方中混入添加剂的多少和类型对它的性能有很大的影响。非增塑型的 PVC 树脂有相对良好的阻透性能，而高度增塑的薄膜的阻透性差。树脂的特性也要通过聚合作用得到改善。表 3－4 对 PVC 的性能做了详细的归纳。

从表面上看，PVC 的透明度好，呈淡蓝色。由于它经久变黄，人们常将它涂成较深的蓝色，这种颜色最能将黄色掩盖掉。PVC 在包装方面的主要用途是做热成型泡罩，也应用于水瓶、肉类的弹性外包装等方面。PVC 在欧洲比在美国使用得更广泛。出于对环境问题的考虑，PVC 的使用已大大减少。

与 PVC 相关的环境问题是该材料残余氯乙烯单体的含量中有可能渗移到食品中。经确认，在某些条件下，氯乙烯单体是一种致癌物。这个问题是在 20 世纪 70 年代中期引起关注，如今生产出的 PVC 包装树脂比 70 年代中期用于制作容器的 PVC 中残留的氯乙烯的含量大大降低。

PVC 的处理，尤其是将其焚烧，可引起环境问题。众所周知，燃烧 PVC 可产生 HCL，有人怀疑产生了氯化二噁英。这些原因，再加上氯化有机物对环境的影响已引起的普遍关注，使 PVC 在环境问题方面，给人的形象不好。这加速了它被与之作用相同而对环境无副作用的 PET 等其他塑料所取代。

表3-4　　聚氯乙烯和聚对苯二甲酸乙二醇酯的主要性能

性能	PVC	PET
T_g（℃）	75～105	73～80
T_m（℃）	212	245～265
密度（g/cm^3）	1.35～1.41	1.29～1.40
薄膜的产率（m^2/kg），25μm	27～30.5	30
拉伸强度（MPa）	10.3～55.3	48.2～72.3
拉伸模量（MPa）	～4139	2756～4135
断裂伸长率（%）	14～450	30～3000
薄膜撕裂强度（g/25μm）		30
WVTR（g·μm/m^2d），37.8℃和90%的相对湿度	750～15750	390～510
O_2 的渗透率（10^4cm^3·μm/m^2d·1.01×10^5MPa），25℃	0.37～23.6	0.12～0.24
CO_2 的渗透率（10^4cm^3·μm/m^2d·1.01×10^5Mpa），25℃	1.1～19.7	0.95～0.98
吸水率（%），厚度0.32cm，24h	0.04～0.75	0.1～0.2

七、聚酯

聚酯是一种含有酯类键系的聚合物。聚酯可分为热塑性和热固性塑料两种。目前包装及其他市场中最常用的聚酯是聚对苯二甲乙酯（PET）。实际上，聚酯服装和地毯也是由PET制成的。

聚对苯二甲酸乙二醇酯（PET）是一种缩合聚合物，占美国包装用塑料的10%以上。从20世纪50年代开始有PET，到70年代中期PET的迅速推广使用，用于生产PET的原材料有对二甲苯和乙烯。对二甲苯可转化为聚对苯二甲酸乙酯或对苯二酸，乙烯则转化为乙二醇。而后，这些单体聚合形成PET。在此缩合过程中，如果使用的是对苯二酸，产生的副产物分子是水，如果使用的是对酞酸二甲酯，产生的副产物分子是甲醇。在缩聚反应完成后的一个固态增黏的过程中，聚合物分子增多，PET的黏性增强。

PET对氧气和二氧化碳的耐受性是塑料中最好的。PET通过双轴取向而得到更好的二氧化碳的阻透性，使它开辟了在软饮料的市场，大部分取代了玻璃所占领的市场。近年来，PET已大大超越了饮料瓶市场。

CPET可制成置于微波炉、烤箱内的耐热的冷冻食品的包装托盘。CPET增强的结晶性大大减少了托盘在升温时发生变形。在某些情况下，这些托盘制成双层结构，兼有CPET的硬度和APET在低温状态下的冲击强度。

PET的缺点之一是熔体强度低。这会造成难于甚至不能用共挤吹塑法对普通型号的产品进行加工。PET 的化学稳定性大大低于加成聚合物，易吸潮，因此，粒状 PET 需经干燥后再加工。PET 是一种环保型材料，现今有软饮料瓶的法规，再加上 PET 是一种比 HDPE 属性有所增强、更有价值的材料。这些因素推动了塑料回收工作。回收的 PET 首先占领了聚酯填充料的市场，它成为美国回收利用率最高的塑料。

八、其他包装塑料

以上讨论过的塑料，以质量计算，占所有包装用塑料的 95%以上。但是，还有很多具有特殊用途的塑料。下面将对这类树脂作进一步的探讨。

（一）聚偏二氧乙烯（PVDC）

PVDC 是一种偏二氧乙烯的加成聚合物。与 PVC 相比，PVDC 为高度结晶性聚合物。当温度升高时 PVDC 易分解，像 PVC 一样难于加工，因此，人们通常使用其改性形式。包装用 PVDC 的最主要的优势是它的优良的阻透性。改性的目的是达到既保持其阻透性又提高其加工性。人们常使用其少量的增塑剂和其他加工助剂。

PVDC 对氧气和其他气体、水蒸气、气味有优良的阻透性，且不会因潮湿而受到影响。它还有良好的耐环境应力龟裂性和耐热装、蒸煮的能力。PVDC 可用于各类包装构型中，包括单层薄膜，更多用于多层结构的一部分。PVDC 的透明度很高，呈黄色。PVDC 薄膜非常柔软，有良好的强度自紧力。它的熔体强度低，因而将它挤出成单层材料时应特别注意。

（二）聚醋酸乙烯（PVA）

PVA 是一种醋酸乙烯的加成聚合物。它是一种无定形聚合物。在室温下，有韧性和一定的刚性。温度略微升高时，它就会变软、变黏。聚醋酸乙烯在包装方面的主要用途是黏合配方。配方中的醋酸基团的极性增强了黏合基材的能力。这种极性使它的性能会随相对湿度和含湿量的变化而发生某种变化。

（三）乙烯-醋酸乙烯酯聚合物（EVA）

EVA 是乙烯和醋酸乙烯的共聚物。因乙烯和醋酸乙烯的含量不同，配方不尽相同。薄膜用 EVA 树脂中，醋酸乙烯的含量一般小于 5%，以提高其韧度和清晰度。用 6%～12%的醋酸乙烯可制成韧度更强的薄膜。用于热封层的树脂常含 15%～18%的醋酸乙烯。这些聚合物通常在高温高压的反应条件下制成并用于 LDPE 的生产，因而形成支链聚合物的结构。

EVA 聚合物也用于黏合配方中。在醋酸乙烯中加一些乙烯，可增强塑料的白胶配方的黏合性。EVA 通常是热熔黏合剂的主要成分。这些树脂中，醋酸乙烯的含量高，乙烯的含量低。

（四）乙烯-乙烯醇聚合物

在需要有氧气的阻透性的领域中，乙烯-乙烯醇（EVOH）的使用迅速增长。如果将EVA水解成EVOH，所得到的聚合物不再像聚乙烯醇一样可溶于水，但它保持了良好的阻透性能。现在使用的配方一般含质量分数27%～48%的乙烯。乙烯含量越低，干燥后的聚合物的阻透性能越好，但湿度敏感性也越强。EVOH聚合物是高度结晶的，由于—H，—OH基团有嵌入晶格中同一位置的能力。此聚合物也可进行熔体加工。EVOH具有高度的耐油性和耐有机溶剂性，还具有高强度、韧度及透明度。综上所述，只要能控制好湿度，EVOH通常可作为在需要有良好的气体阻透性的领域的最佳选择。EVOH还是优良的溶剂和气味的阻透剂。

因为EVOH对湿度的敏感性，它通常用作共挤包装结构中的内层，夹在聚烯烃或其他有良好的水蒸气阻透性的聚合物之间。这些结构中，EVOH和聚烯烃之间有一层黏合/黏结层，以使极性的EVOH和非极性的聚烯烃之间具有适度的黏合力。对于蒸煮产品而言，在加工过程中，在这些防湿手段不足以防止氧气的渗透的情况下，可在EVOH和聚烯烃之间的黏结层中添加干燥剂。干燥剂会吸收蒸煮过程中渗入聚烯烃的湿气，从而保持干燥，也就保持了EVOH的氧气阻透性。

（五）尼龙（聚酰胺）

尼龙即聚酰胺（PA）是缩合物中的一族。它通常为线性，是由单体胺和羧酸官能团结合成胺键。由氨基酸聚合而成的尼龙，其名称中只有一个数字。例如，尼龙11，与氨基酸所含碳的数量是相对应的。美国的大部分包装用薄膜使用的是尼龙6，欧洲常用的是尼龙11。

尼龙是一种半结晶性材料，其特点是有良好的力学性能和热稳定性。加工条件对其结晶度影响很大。它的低温柔软性、屈服强度、爆破强度和热稳定性都很好。尼龙对气味、气体、油类的阻透性能都很好。

尼龙的氢键键合能力使其对湿度相当敏感，也会有一些化学反应性。尼龙一般易于热成型，通常与其他塑料材料一起用于共挤结构中，部分原因是它的成本相对较高。表3-5列出了尼龙11的主要性能。

表3-5　　尼龙6和尼龙11的主要性能

性能	尼龙6	尼龙11
T_g（℃）	60	
T_m（℃）	210～220	180～190
密度（g/cm^3）	1.13～1.16	1.03～1.05
薄膜的产率（m^2/kg），25μm	35	38.3

续 表

性能	尼龙 6	尼龙 11
拉伸强度（MPa）	41.3～165	55.1～65.4
拉伸模量（MPa）	689～1700	1270
断裂伸长率（%）	300	300～400
薄膜撕裂强度（g/25μm）		400～500
WVTR（g·μm/m^{2}d），37.8℃和 90%的相对湿度	3900～4300	1000～2000
O_2 的渗透率（10^4cm^3·μm/m^{2}d·1.01×10^5MPa），25℃	470～1020	12500
CO_2 的渗透率（10^4cm^3·μm/m^{2}d·1.01×10^5MPa），25℃	3900～4700	47500
吸水率（%），厚度 0.32cm，24h	1.3～1.9	0.4

一般而言，尼龙在—CONH 基团间的脂肪链（—CH_2 基团）越长，尼龙的熔点、拉伸强度和吸水性就越低，伸长率和冲击强度反而越大。

尼龙在包装方面的应用：烤箱用袋、肉类真空包装袋、奶酪包装、改良环境的包装以及医用包装。尼龙可使用环氧乙烷或蒸汽消毒。某些改性尼龙可用辐照法消毒。

尼龙在包装方面的另外一种用途是与聚乙烯共混。在聚乙烯基材中分布着小而如片材状的尼龙区域。共混物的阻透性能显著提高了，尤其是对烃类物质的阻透性。这是一项属于杜邦公司的专利技术。还有干混型 SclarRB 尼龙，含 5%～20%质量分数的聚烯烃。共混物可用于传统的吹塑设备上加工生产出容器。

（六）聚碳酸酯（PC）

聚碳酸酯是一种无定形聚合物，具有良好的亮度，呈微黄的光泽。它除了韧度和硬度好之外，还有优良的冲击强度、尺寸稳定性、耐热性和低温状态下表现出良好的性能。它对碱等其他化合物的耐化学性相对较差，但耐水、油及酒类的性能较好。PC 的热成型效果好，适用于某些材料无法取代的深度撑压。可热压罐内成型，电子束及 α 辐照等方法进行消毒。PC 的成本相对较高，且对水和油的阻透性差。

PC 在包装领域中主要应于医用包装和 22.7L 的可再灌装的水瓶中。它将玻璃瓶逐出了市场。聚碳酸酯也可应用于可再灌装的奶瓶中。

（七）离子型聚合物

离子型聚合物是含有链间离子键合的聚合物。它们通常是乙烯甲基丙烯酸聚合物或乙烯丙烯酸聚合物的钠盐或锌盐，在高温高压下如 LDPE 一样发生聚合反应，从而形成支链结构。

离子型聚合物有优良的熔体强度、清晰度、柔软度、强度和韧度。即使在低温条件下，它也表现出优越的冲击性能和抗穿刺性，是制作尖锐物品贴皮包装的理想材料。它吸收紫外线的能力强，成为用于贴皮包装的一个优势。它的黏度好，尤其是在被弄脏后仍具有良好的热封性能。它被广泛应用于肉类制品的真空包装中，其优良的熔体强度使之适应于深度撑压热成型中。它有超强的热黏性，适用于立式封装包装中。此外，离子聚全物的其他应用包括奶酪、快餐食品以及药品的包装。酸基中和的离子型聚合物有优良的铝箔黏合力，常用于挤出涂覆箔结构的热封层。

离子型聚合物的缺点是：气体阻透性差和易吸湿。相对而言，成本比PE和EVA高。

（八）氟聚合物

氟聚合物含C—F键。聚四氟乙烯（PTFE）是最简单的例子。市场上常见的PTFE杜邦公司的泰佛隆牌产品。它是一种高度结晶性聚合物，惰性极强，阻透性很好，摩擦因数极低。它的黏度很好，因此，难于加工。它的玻璃化温度（T_g）约为100℃，熔体温度为327℃。它也是一种高成本的材料，在包装方面的主要用途是做包装设备的部件，如做热封机的不粘表面，而不是用于包装本身。

美国Allied化学公司生产的埃克拉薄膜是唯一一种有重要包装用途的氟聚合物薄膜。它是一种改性（共聚的）聚三氟氯乙烯，有几种不同的牌号。该聚合物为半结晶性，玻璃化温度约为45℃，熔体温度约为190℃，可对它进行熔体加工。埃克拉的主要优点是对水蒸气的阻透性好，是所有塑料薄膜中最好的。温度在38℃（100F），相对湿度为90%的条件下，它的水蒸气的传送率为10～18gμm/m^{2}d。它的气体阻透性也很好，呈高度惰性，不具备特殊的强度和韧度。其氧气渗透率为2800～5900cm$^3\mu$m/m^2·d·1.01×10^{5}MPa，CO_2的渗透率为6300～15700cm$^3\mu$m/m^2·d·1.01×10^{5}MPa。它可单独使用，通常用作复合结构的一部分。它在商业方面主要用于对湿度敏感的药品包装中，也可应用于军事和其他方面。

第二节　纸和纸板包装材料

纸和纸板是一种古老的包装材料，在工业产品包装中纸类包装仍然占有非常重要的地位，其使用量要占所有包装材料的40%以上。日本的纸及纸制品约占所有包装材料的49%，美国约占42%以上。我国的纸包装业发展也很快，用于包装的纸和纸板占所有纸和纸板总产量的近40%左右。纸和纸制品在包装材料中占有如此大的比重，究其原因有：

①纸和纸板原料广泛，价格低廉，容易形成大批量生产。

②均匀性较好，单位面积强度较大。用纸板做成的包装容器，具有较好的强度、弹性、重量轻。

③纸和纸板具有良好的吸墨性能，易黏结，印刷性能良好，字迹、图案清晰、牢固。

④耐高、低温性能较好，尤其与塑料包装材料相比具有突出的优点。

⑤纸制品能根据不同的商品设计出各式各样的箱、盒，便于自动包装，包装形状不易改变，且又卫生、无毒、无味、无污染。

⑥纸包装材料可以反复回收利用。

对于包装用纸类一般分为包装用原纸和包装加工纸两大类。在包装原纸中按定量不同又分为纸张和纸板，凡定量在 150～200g/m^2 以下的纸称为纸张，定量在 150～200g/m^2 以上的纸称为纸板。

包装用原纸分为：

①纸张。包括普通包装纸、纸袋纸、中性包装纸、羊皮纸、鸡皮纸、半透明玻璃纸等。

②纸板。包括包装纸板、标准纸板、牛皮箱纸板等。

对于包装加工纸可分为：

①防潮纸。包括石蜡纸、油纸、沥青纸等。

②防锈纸。包括接触防锈纸，气相防锈纸等。

③多层铝塑复合纸。

④瓦楞纸板等。

一、包装用纸的结构及其性能

（一）纸的结构

纸具有下列结构特点。

①具有多项复杂的结构要素成分。在纸的成分中既有较长的，也有较短的不同来源的纤维（主要是植物纤维，合成纤维和矿物纤维较少）以及填料、胶料和染料。植物纤维是大多数品种纸张结构的基础，由于纤维原料的种类加工方法不同，它们的构造和性质也不同。

②结构要素在 3 个相互垂直的方向上分布的各向异性，表现在纤维的排列方向不同，不同尺寸的纤维分布不同，以及胶料、染料、填料和含有的空气分布也不同。这种结构的各向异性，主要决定于抄纸的方法和使用的设备。它也对纸幅各方面的主要性质有不同的影响。纤维絮凝的倾向对纸各个方向的性质也有影响。

③结构的多毛细孔胶体特征决定了纸的某些性质，如吸收性能、透气性、吸湿性、水分变化时的变形，由于干燥而在性质上产生的不可逆变化等。

④纸的结构要素之间具有决定纸的机械强度和其他性质的结合力。

⑤大多数纸的结构都有两面性，即纸幅的两面性质不同。这不仅决定于上面已经指出的结构要素分布的各向异性，而且也决定于纸的两面状态不同。纸的两面状态不同，通常是由于纸的一面与网子接触，另一面则和毛毯接触，而相应地在纸面上留下印痕所造成的。网面一般均不太平滑，而且较为多孔。

纸幅结构的指标主要有：纸的孔隙率、纸的比表面积和纸的匀度。

①纸的孔隙率。纸的孔隙率是表示纸的结构和决定纸的许多性质的重要指标，这些性质首先是透气性以及对水及其他液体，各种溶液、乳浊液、悬浮液（其中包括墨水和油

墨）的过滤和吸收性能。由此可见，纸的孔隙率对包装纸、防水纸、印刷纸和其他纸的适用性有重大的影响。

纸的孔隙率不仅对上述性能有重大影响，而且还对纸的裂断长度、耐破度和撕裂度等机械性能有重大影响。

②纸的比表面积。纸的比表面积是指单位重量或是单位体积的表面总面积。因此，这个数值的单位为 m^2/g 或 m^2/cm^3。像纸的孔隙率一样，比表面积说明纸幅的结构，并对纸的性能也有较大影响。

纸的外比表面积在形成纸的最重要性质方面，如，孔隙率和透气性、抗张强度、耐破度、耐折度和反光性、吸墨性等都有很大的影响；而内表面的作用，特别是它对纤维的柔韧性和可塑性等方面有较大的影响。

③纸的匀度。纸的匀度表示它的结构的均一性，即纤维在纸中分布的匀度。在透光处观察判断纸的匀度。此时作透光检查能很容易观察这张纸在多大程度上对光是均一的。纸的云彩花，即在纸中的发亮和发暗的地方，证明纸中纤维分布不均匀，并且纸的厚度也不均匀。带有浓云彩花的纸极不均匀。薄的地方强度较小，这些地方对水、墨水、油墨的通过阻力很小，因此，在有云彩花的纸上印刷，特别是印刷插图、图像，印刷质量很差。

纸越厚，越容易制得匀度均匀的纸，也越难看出匀度不均匀。对纸板一般不规定匀度指标，也不作透光检查。匀度不好，因而厚度也不均匀的纸，表面容易卷曲。纸页结构越不均匀，纸的表面染色也越不均匀，纸幅较厚的部分染色比较深，而薄的地方染色较浅。纸的结构的不均匀性，对纸张的透气性、吸收性能和机械强度都有很大的影响。

（二）纸的机械强度

纸的机械强度通常用纸的整体性遭到破坏和结构发生不可逆改变的那些应力数值来表示。机械强度是大多数纸种的基本的和重要的性质之一，如对纸袋纸、包装纸等，都提出了很高的机械强度的要求。根据作用于纸上的力的性质不同，用抗张强度、耐折度、耐破度、撕裂度、抗冲击强度等不同的指标来表达纸的强度。对纸的强度有影响的主要因素有：成纸中纤维相互间的结合力和这些力作用的表面积。纤维本身的强度，它们的柔韧性和大小。纸中纤维的分布，即它们排列的方向、堆积的密度等。

1. 抗张强度与伸长率

抗张强度是纸和纸板的一项重要的物理量指标，是指纸样单位横截面上所受的抗张力。其表达式为：

$$P=T/F \tag{3-1}$$

式中：P——单位横截面上的抗张强度，单位为 kN/m^2；

T——试样的绝对抗张力，单位为 N 或 kN；

F——试样的横截面积，单位为 m^2。

纸张的抗张强度通常更普遍地以裂断长度（即在一定宽度纸幅的本身质量的重力作用下将纸拉断时的长度）来表示，因为裂断长度可以消除定量不同的影响，使抗张强度便于比较。裂断长度的表达式为：

$$L=\frac{T}{BW}\times 100 \tag{3-2}$$

式中：T——表示纸幅断裂时的力，单位为 N 或 kgf；

B——试样纸幅，单位为 cm；

W——试样定量，单位为 g/m^2；

L——裂断长，单位为 km。

伸长率是纸样受到张力至断裂时所增加的长度对原试样长度的百分比。即：

$$伸长率=(L-L_0)/L_0\times 100\%$$

式中：L_0——纸样测试前的长度，单位为 mm；

L——纸样在断裂时的长度，单位为 mm。

在纸机上抄造的普通纸，一般纵向和横向的强度指标是不一样的，纸的纵向（即在纸机上纸的运行方向）抗张强度高一些。这是因为成纸的纤维主要是朝这个方向排列的缘故，因此，纸的纵向断裂长一般比横向大很多。

2. 耐折度

纸的耐折度是纸的机械强度的重要物理指标之一。它表示纸张受一定外力拉伸之后，将其来回折叠使其断裂，以其折叠的次数来表示纸张耐折的性能。耐折度测的也是纸张的抗张强度，之所以要进行耐折度测定，主要在于许多种类的纸张在使用过程中要承受多次加工和折叠，如白板纸、书皮纸、箱板纸等。因为白板纸、箱板纸是用来制作纸盒的，在制作时，纸板要经受折叠而不能断裂。这些都对纸张的耐折度提出了特殊的要求。

耐折度值是往复的次数，即单位是双折次。分纵向耐折度和横向耐折度两种，一般纵向耐折度比横向耐折度高些。这是因为纤维的排列使其在纵向的结合力较大所致。这当然也有例外，因为纸张的耐折度受纸张的挠曲性能的影响很大。另外，耐折度还与纸张的制造工艺及含水量有关。

3. 耐破度

耐破度是指纸在单位面积上所能承受的均匀增大的最大压力，单位为 N。耐破度这个机械强度指标仅限于包装用纸和纸板。耐破度有绝对耐破度和相对耐破度。直接从试样仪器上的测定结果是绝对耐破度；相对耐破度则是测出的耐破度换算成相当于定量为 $100g/m^2$ 的纸的耐破度。其表达式为：

$$C=S/W\times 100 \tag{3-3}$$

式中：C——相对耐破度，单位为 N；

S——直接测出的耐破度，单位为 N；

W——纸样的定量，单位为 g/m^2。

纸的耐破度既决定于纸的抗张力，也取决于它的伸长率。当所有其他条件相同时，随着纸的抗张力和伸长率绝对值的提高，且在纵、横向伸长率的比值接近于 1 时，纸的耐破度升高。另外，纸的耐破度的大小还决定于纸的纤维长度、纤维间的结合力及纸张的含水量的大小及施胶的情况。

4. 撕裂度

在表示纸的机械强度指标中，撕裂具有重要的意义。因为在各种纸的实际应用条件下，纸幅的断头在很大程度上是由于其撕裂度数值不够高所致。撕裂度是以将边缘有切口的纸继续撕裂到一定长度所需的力来表示。纸的这个指标的增加与其抗张强度和耐破度的提高不呈直线关系，并且比较松软的纸，比紧密的纸抗张强度高，表面结构致密的纸具有更高的撕裂度。例如，滤纸比描图纸具有更高的撕裂度指标。

撕裂度一般用绝对撕裂度、相对撕裂度、撕裂面积来表示。

（1）绝对撕裂度

在爱利门道夫仪器上测定的纸张的绝对撕裂度 $R\mathrm{a}$，相当于在仪器上同时放 16 张纸的条件下，此仪器的读数，以 R（N）表示。如果采用的试样的张数为 n，那么为了确定纸的绝对撕裂度数值（N），得到的结果需要乘以校正系数 $16/n$。具体表达式为：

$$R\mathrm{a}=R\times16/n$$

（2）相对撕裂度

纸张的相对撕裂度是 R_0，即被检验的试样定量等于 $100\mathrm{g/m^2}$ 纸页所表现的撕裂阻力。因此，撕裂度与纸的定量成正比。用绝对撕裂度的值乘以系数 100，即可以得到相对撕裂度的数值，其中 G 为纸样的定量，单位为 $\mathrm{g/m^2}$，此具体表达式为：

$$R_0=R\times\frac{16}{n}\times\frac{100}{G}$$

（3）撕裂面积

撕裂面积（$\mathrm{m^2}$），是表示纸张的绝对撕裂（N）与其定量（$\mathrm{g/m^2}$）之比的术语。从上面列出的关系可以看出，将表示撕裂度面积数值乘以 100，即可以得到相对撕裂度的值。

影响纸的撕裂度的因素有干燥条件、紧度、纸浆的类型及周围空气的相对湿度等。

5. 耐磨强度

包装用纸和纸板的表面耐磨强度指标，是确定其使用性质的一项主要标准。有各种用于定量测定纸的耐磨强度的仪器。在多数情况下，所有这些仪器都是基于在给定的条件下，用磨料或橡皮摩擦纸样表面，并在摩擦试验前后称量试样，得出磨下的物料量。磨下的物料越小，则试验的纸或纸板的耐磨强度越高。纸浆的类型、原始纤维打浆度、周围空气的相对湿度等因素都能影响纸的耐磨强度。

6. 冲击强度

为了评价在装卸工作中，抵抗集中冲击载荷的包装强度，需要测定包装用材料的冲击强度。如硫酸盐浆水泥袋，在装满水泥时，纸袋不是在静负荷作用下，而是在动负荷一纸袋落下时的冲击作用下破裂，或者在转运时，装满的纸袋在长时间的振动负荷作用下破裂。纸袋是包装纸中应用最广泛的品种之一。世界上每年用其制造约 150 亿个纸袋，动力负荷的稳定性，是对纸袋质量提出的基本要求。因此，冲击强度是包装用纸及纸板的重要性质之一。

纸的冲击强度的测定在专门的冲击试验机上进行。仪器的作用原理是用冲头从高25.4mm处冲击试样，在此情况下，将损耗一部分与试样破坏抗力等价的能量，而且随着能量损耗的多少，冲击后的摆角较之冲击前的摆角幅度相应减小。这样，可以用表明能量损失的摆角减小值来确定试样的冲击强度。其值可按下式计算：

$$A=G\cdot L\cdot \cos\alpha$$

式中：G——附加载荷的摆锤总重量（kg或N）；

L——从横幅中心到摆锤重心的距离（cm或m）；

α——冲击后的摆锤幅角；

A——冲击强度（kJ/m^2）。

影响纸及纸板冲击强度的主要因素有纤维间的结合力、伸长率及纸张含有的水分。为了达到最高冲击强度，纸张应有最适宜的水分，在这样的水分之下，使得纤维间具有较高的结合力，同时又有相当高的伸长率。纸的这个水分含量约等于9%。

7. 纸的湿强度

湿强度或者纸的湿态下的强度，对产品包装有很大的意义。在纸和纸板变湿时，材料的强度和耐破度将急剧降低。因此，要求这些纸及纸板在包装使用或加工时必须经过润湿而不破裂。

纸的湿强度是根据纸在湿态下保留最初强度（即在润湿以前，纸张在风干状态下所具有的强度）的程度来判断。这样，湿强度的量度通常是以湿纸张的抵抗力对同一纸张在风干状态下的抗张力之比值的百分数表示。有时抗张力的比值用相应的耐破度的比值来代替。

测定湿强度用的方法是把纸完全浸在室温的水中，对于未施胶的纸不少于2h，对于施过胶的纸不少于24h，直到完全为水所饱和，然后从槽中取出湿纸，轻轻地用滤纸把表面的水吸去，并测定湿试样的抗张强度和耐破度。用同样的方法检验同一种预先经过一昼夜恒湿处理的纸试样，根据所得数据计算出纸的湿强度。一般品种的纸，湿度度大多数在3%～10%的范围，极少达到14%。在生产特种纸和纸板时，可以用人工的方法使其湿度达到60%。

增加纸张组分中的化学浆含量，湿强度升高。如随着新闻纸组分中化学浆含量9.1%增加到23.1%，纸在干度为20%时的强度（最初湿强度）增长18%。若在磨木浆中添加10%的化学浆，纸张的最初强度可提高25%。在纸张组分中若有相当数量的阔叶木纤维，将明显地减少湿强度指标。

8. 纸的塑化

为了改善使用性能而对某些纸进行塑化处理。塑化就是使纸变为塑性的，并失去刚性，翻页时甚至没有声响。这样的纸在平面上没有卷曲的倾向。同时，塑化使纸的耐折和伸长率指标提高，而抗张强度却明显降低。

羊皮纸、仿羊皮纸、防油纸、毛巾纸、手帕纸等都要进行塑化处理。一般用添加增塑剂相应地润湿而使纸塑化，是提高其伸长能力的有效办法。纸的增塑剂通常使用甘油、山梨糖醇、甘露醇或乙二醇的水溶液，有时还添加糖浆。在某些情况下，使用增塑剂的混合液。对于羊皮纸增塑常使用食盐水溶液。因为大多数增塑剂加到纸浆中会有流失，所以，通常是用增塑剂对成纸进行表面加工增塑处理。

二、主要包装用纸张

一般纸张均可用于包装，但为了使包装制品达到所要求的强度指标，保证被包装的货物或产品完好无损，包装所用的纸张应具有强度大、含水率低、透气性小的特点，不包含对包装产品有腐蚀性的物质，有良好的印刷性能。具有这些性能的纸张才能用于各类产品的包装。为了满足不同包装产品的需要，往往需要对原纸进行加工，制成各种特殊性能的包装纸。目前，生产的包装用纸品种很多，现将主要的包装用纸介绍如下。

（一）羊皮纸

羊皮纸有两种，一种是动物羊皮纸，一种是植物羊皮纸。动物羊皮纸是用羊皮、驴皮等经洗皮、加灰、磨灰、干燥等加工工序制成的纸张，古时作为书写材料，精装书籍封面及制作鼓皮。因为动物皮供应有限，而且成本较高，因此，近代已都用植物羊皮代替。

植物羊皮纸又叫硫酸纸，是用破布浆或化学木浆抄制出的原纸，再经过浓硫酸（72%）处理几秒钟后，用清水洗净、甘油润饰而成。由于硫酸的水解作用，原纸表面纤维素胶化，使纸变得坚韧、紧密又具有弹性、抗水、不透气、不透油等特征。植物羊皮纸按用途一般可分为工业羊皮纸和食品羊皮纸。

工业羊皮纸按定量分为75g/m^2、60g/m^2、45g/$m^2$3种。具有防油、防水、湿强度大的特性，适用于化工药品、仪器、机器零件等工业包装。当作为工业产品的内包装材料，与金属制品接触时，容易引起黑色金属腐蚀，引起黄铜制品变色，而对于紫铜、电镀锌、镀镉、镀铬等镀层则影响不大。

食品用羊皮纸按定量分为60g/m^2、45g/m^2两种，适用于食品、药品、消毒材料的内包装用纸、也用于其他需要不透油耐水性的包装用纸。

对于羊皮纸要求纸张的纤维组织均匀，不允许有云彩花，纸面应平整，不应有折子、砂子、硬质块和严重的皱纹、条痕、脏污点和用肉眼可见的针孔。

工业羊皮纸与食品羊皮纸均可分为卷筒纸。纸张尺寸没有统一规定，按用户要求生产，但要求纸卷内不许有夹杂、窝边、卷取折子等缺陷。其具体技术指标分别列于表3-6和表3-7中。

表 3-6 工业羊皮纸技术指标（QB 30—73）

指标名称	单 位	规 定			试验方法
定量	g/m^2	75±4	60±3	45±2.5	GB451—79
紧度（不小于）	g/cm^3	0.75	0.75	0.75	GB451—79
平均裂断长（不小于）	km	5	5	5	GB453—79
平均耐折度（不小于）	（往复次）	300	250	200	GB457—79
相对耐破度（干）不小于	kPa	280	280	280	GB454—79
相对耐破度（湿）不小于	kPa	140	140	140	GB454—79
透脂性　不多于	个/平方米	50	150	300	GB145—61
针孔度　不多于	个/平方米	50	75	200	GB145—61
尘埃度 0.5～2mm 不多于 大于 2mm 者	个/平方米	300 不许有	250 不许有	250 不许有	GB59—60
水抽出物 pH 值		6.5～7.5	6.5～7.5	6.5～7.5	GB1545—79
白度不低于	%	70	70	70	GB1542—79
水分	%	$7\pm\frac{1}{2}$	$7\pm\frac{1}{2}$	$7\pm\frac{1}{2}$	GB462—79

表 3-7 食品羊皮纸技术指标

指标名称	单 位	规 定		试验方法
定量	g/m^2	60±3	45±2.5	GB451—79
紧度　不小于	g/m^3	0.75	0.75	GB451—79
裂断长　平均不小于	km	5	5	GB453—79
耐折度　不小于	次	250	200	GB457—79
相对耐破度　不小于	kPa（干）	280	280	GB454—79
相对耐破度　不小于	kPa（湿）	140	140	GB454—79
透脂性　不多于	个/平方米	150	300	GB145—79
针孔度　不多于	个/平方米	75	200	GB154—79
尘埃度　不多于 0.5～2mm 的 大于 2mm 的	个/平方米	250 不许有	250 不许有	GB59—60
水抽出物 pH 值		6.5～7.5	6.5～7.5	GB1545—29

续 表

指标名称	单　位	规　定		试验方法
砷含量　不大于	%	0.00015	0.00015	GB1505—29
铅含量　不大于	%	0.0020	0.0020	
水份	%	$7\pm\frac{1}{2}$	$7\pm\frac{1}{2}$	GB4625—79

（二）普通食品包装纸

普通食品包装纸主要用于不经涂蜡加工可以直接包装入口的食品用纸。这是一种用100%的化学浆抄制而成的纸。

由于食品包装纸是直接包装入口的食品，因此，在整个生产过程中绝对禁止采用社会上回收的废纸作为原料，并且纸内也不允许添加荧光增白剂等有害助剂。

为了保证食品包装纸具有一定的强度和耐破度，必须使得纸张的纤维组织均匀，不许有严重的云彩花，纸面应平衡不许有折子、皱纹、破损、裂口、残缺、洞眼等纸病，更不许可纸面有严重突起的砂粒、硬质块、浆疙瘩及其他各种杂质。

普通食品包装纸分为一号、二号、三号3种，一号食品包装纸为双面光纸，必须两面平滑，二号、三号为单面光纸，光面也应有较好的光泽。

普通食品包装纸为平板纸，也可以根据合同规定生产卷筒纸。其技术指标列于表3-8中。

表3-8　　普通食品包装纸技术指标（QB1014—91）

指标名称	单　位	规　定			试验方法
		一号	二号	三号	
定量	g/m^2	40±2.0 50±2.5 60±3.0	40±2.0 50±2.5 60±3.0	40±2.0 50±2.5 60±3.0	GB451—79
耐破度　不小于 $40g/m^2$ $50g/m^2$ $60g/m^2$	kPa	80.0 100.0 120.0	70.0 90.0 105.0	50.0 65.0 75.0	GB451—79
裂断长纵横平均不小于	km	3.0	2.80	2.50	GB453—79
施胶度不小于 $40\sim50g/m^2$ $60g/m^2$	mm	0.50 0.75	0.50 0.75	0.50 0.75	GB460—79

续　表

指标名称	单　位	规　定			试验方法
		一号	二号	三号	
尘埃度　不多于 0.3～2.0mm² 2.0～3.0mm² >3.0mm²	个/平方米	 160 10 不许有	 160 10 不许有	 160 10 不许有	GB59－60
水分	%	5.0～9.0	5.0～9.0	5.0～9.0	GB462－79

（三）中性包装纸

中性包装纸是一种用100%硫酸盐木浆抄制成的纸。这种纸比较粗糙，克重范围很广，且生产成本比许多其他的纸高。在整个生产过程中，严格控制纸浆的酸碱度和氯化物含量，纸张不腐蚀金属。

中性包装纸的突出特点是强度高，在工业上用途非常广泛。在我国主要用于包装军用品或其他专用产品，也可用于包装食品以至肥料等多种产品。中性包装纸分为包装纸和纸板两种。对于包装纸和纸板的表面上，不应有折纹、粗糙凸起、硬质块、气泡和斑点、残缺破损，也不得有云彩花、透明点、穿孔等外观纸病。

（四）鸡皮纸

鸡皮纸是一种用于工业产品和食品包装的常用包装纸，分为一、二、三号3种，定量仅为一种：40g/m²。

鸡皮纸为平板纸，纸张尺寸为：700mm×1000mm、889mm×1194mm、787mm×1092mm，也可按用户要求生产其他尺寸的纸张。鸡皮纸要求纤维组织均匀，同批纸张色调不许有显著差别；纸面应平整，正面应有良好的光泽，不许有严重的麻坑、明显条纹及对使用有影响的尘埃，也不许有折子、皱纹、裂口、硬质块以及近光可见的孔眼等影响使用的外观纸病。鸡皮纸的技术指标如表3-9所示。

表3-9　　鸡皮纸的技术指标（QB1016—91）

指标名称	单　位	规　定			试验方法
		一号	二号	三号	
定量	g/m^2	40±2.0	40±2.0	40±2.0	GB451—79
施胶度　不低于	mm	0.5	0.5	0.5	GB460—79
耐破度　不低于	kPa	137	118	98.7	GB454—79
耐折度（纵）不低于	次	100	80	60	GB457—79
水分	%	5.0～6.0	5.0～6.0	5.0～6.0	GB462—79

（五）玻璃纸和防油纸

玻璃纸是由高度打浆的亚硫酸盐木浆制成，可经漂白或未漂白，是一种透明或半透明的防油纸；防油纸通常由亚硫酸盐木浆，经由高度打浆及细磨后制成，表面涂布多在磨光阶段完成。

玻璃纸的特点是玻璃状平滑表面、高密度和透明度。与玻璃纸相类似的防油纸，属于不压光的玻璃纸。玻璃纸和防油纸特别适用于食品包装，其用量约占总产量的85%。这类纸在自动包装机上高速工艺性好，而且便于印刷。它们的保香、保味性能很好，湿强度也挺高。主要作用食品包装包括脱水汤料包装袋、糕点和冷冻混合物的原包装、面包和冰糕的单层纸袋以及包装咖啡、糖和饼干的双层或多层包装袋等。

许多蜡纸是在玻璃纸基材上涂蜡生产出来的。湿法涂蜡只能使蜡层附着在基材的表面上，而干法涂蜡则使蜡吸入基材内部，制成的蜡纸表面并没有蜡状的感觉。玻璃纸涂蜡只能采取湿法涂蜡工艺，而亚硫酸盐纸和硫酸盐纸则可采用两种涂蜡工艺。涂蜡纸裹包食品具有许多优点，它既无异味、不变质，又无毒性，可与食物直接接触。它可制成半透明的，或者制成完全透明的。它们具有良好的防护性能和热封性能。当取出一部分内装物后，还可以很好地结合。蜡纸也和其他很多包装材料一样，近年来已有了改进。

（六）牛皮纸

牛皮纸是高级包装用纸，因其质量坚韧结实类似牛皮而得其名。牛皮纸用途十分广泛，大多供包装工业品，如作五金交电及仪器、棉毛丝绸织品、绒线等包装用，也可加工制作成档案袋、卷宗、纸袋、信封及砂纸的基材等。

牛皮纸从外观上分有单面光、双面光、有纹和无条纹等品种。牛皮纸一般为黄褐色（即纤维本色），也有彩色牛皮纸。牛皮纸有高的耐破度和良好的耐水性。牛皮纸有一号、二号两种。一号牛皮纸原料采用100%硫酸盐针叶木浆；二号牛皮纸原料采用硫酸盐针叶木浆为主，还掺入一定比例的其他纸浆，近年有采用以竹浆、红麻全秆浆、棉秆浆为主，掺入少量硫酸盐针叶木浆生产二号牛皮纸的。

纸浆经长纤维游离状打浆，打浆后进行施胶、染色，一般不加填料，有时也可加一些填料（如单面光牛皮纸）。抄纸可在长网造纸机或圆网造纸机上进行，根据需要可以进行压光或不压光。牛皮纸产品既有卷筒纸，也有平板纸。其主要技术指标如表 3－10 所示。

表 3－10　　　　牛皮纸主要技术指标（QB706—79）

指标名称与单位		规定		实验方法
		一号	二号	
定量（g/m²）		40±2.0	40±2.0	GB451—79
		50±2.5	50±2.5	
		60±3.0	60±3.0	
		70±3.5	70±3.5	
		80±4.0	80±4.0	
		90±4.5	90±4.5	
		100±5.0	100±5.0	
		120±5.0	120±5.0	
耐破度不低于	40g/m²	120	80	GB454—79
	50g/m²	160	110	
	60g/m²	190	150	
	70g/m²	230	190	
	80g/m²	270	230	
	90g/m²	310	260	
	100g/m²	350	300	
	120g/m²	420	360	
撕裂度纵向不低于	40g/m²	0.25	0.15	GB455—79
	50g/m²	0.40	0.25	
	60g/m²	0.52	0.37	
	70g/m²	0.64	0.50	
	80g/m²	0.75	0.60	
	90g/m²	0.84	0.70	
	100g/m²	0.93	0.80	
	120g/m²	1.12	1.00	
施胶度不低于	40～50g/m²	0.75	0.75	GB462—79
	60～70g/m²	1.0	1.0	
	80～100g/m²	1.5	1.5	
	120g/m²	2.0	2.0	

（七）纸袋纸

纸袋纸通常用未漂白、半漂白或漂白硫酸盐化学纸浆加废纤维素或亚硫酸纤维素制成，可用来生产多层纸袋。目前约有 20 多种纸袋纸。成卷的纸袋纸幅宽为 960～1300mm。纸卷的直径可达 1200mm，重量 400～800kg。

对纸袋的基本要求是：要有较高的抗拉强度、耐破抗力及撕裂抗力。纸袋的坚固性取决于袋纸的强度。纸袋强度首先表现在纸袋本身的结构特点，被包装物品的性质，装卸运输的特点上。如质量在 60～100g 范围内的 $1m^2$ 纸袋，若其他条件相同，当纸的质量增大时，可使断裂抗力、挤压抗力及撕裂抗力增大，但同时会导致纸的刚性增大，弹性降低，使纸袋的强度亦相应降低。下面着重介绍几种主要的纸袋用纸。

1. 普通纸袋纸

普通纸袋纸是制作纸袋的主要纸种。纸袋纸一般采用 100％的未漂白硫酸盐化学纸浆或硫酸盐化学纸浆加废纤维素制造。纸袋用纸一般分为 4 种型号。这种纸袋纸主要用于制造水泥纸袋，因此，有时也称为水泥纸袋纸。另外，还可用作制造杂货用纸袋或大纸袋、运输包装纸袋、裹包用纸以及涂胶和涂沥青用纸。这种纸具有中等光泽和平滑度，多孔性、抗拉强度和撕裂强度高等特点。纸袋纸的主要技术指标如表 3－11 所示。

表 3－11　纸袋纸的主要技术指标（QB132—73）

指标名称	单位	规定				试验方法
		一号	二号	三号	四号	
定量	g/m^2	80－5	80－5	83－5	83－5	GB451—79
耐破度不小于	kPa	280－5	280－5	230－05	230－05	GB454—79
撕裂度不小于	N	0.9	0.9	0.9	0.9	GB455—79
破裂强度不小于	J	0.68	0.63	0.58	0.56	
透气度不小于	mL/min	200	200	200	200	GB453—79
施胶度不小于	mm	1.75	1.75	1.75	1.75	GB456—79
水分	%	9	9	9	9	GB452—79

2. 微皱纹纸袋用纸

用微皱纹纸袋纸可显著增大纸袋的强度。其纵向延伸率提高 15％～35％，这种纸不仅适用于制成防水纸，且可具有各种覆盖层，如聚乙烯涂层、硅树脂涂层等。用微皱纹纸袋用纸制成的纸袋，具有伸长性、劲度大，耐撕裂，特别适用于混合型运输、出口运输及其远距离运输。

3. 微细皱纹纸袋用纸

微细皱纹纸与普通皱纹纸的区别就在于它有非常细微的皱纹，几乎是不易觉察到，具有较高的拉伸率（8％～12％）。这种纸容易进行各种加工，复制聚乙烯涂层等。微细皱纹纸不仅在纵向，而且在横向都具有较高的拉伸率，较高的破裂指标，这都有利于提高纸袋的坚固性。微细皱纹纸袋用纸是采用未漂白的硫酸盐化学纸浆制造的，但也可用较差的化学纸浆制造，这决定于所要求的纸的动力学强度。

4. 防潮纸袋纸

各种包装原纸都具有很大的吸湿性和透潮性，当环境温度低时，纸的亲水基与水进行单分子吸附；在高湿度环境时，则引起毛细管凝结。当被包装的金属产品或其他产品与纸接触时就产生腐蚀和潮解，并随纸的吸湿量增加而增大。采用防潮纸袋用纸，就可以保证在潮湿情况下纸的强度不受影响。这对提高纸袋质量及使用性能具有非常重要的意义。

5. 复制纸与增强纸袋用纸

复制纸是以两层重量为 65g/m^2 的纸为纸基，其间用沥青黏合而成的。这种纸具有较高的防水性及较高的破断强度，可用于包装湿性物品，作纸袋的内表层。与沥青涂布纸相似，复制纸不宜用于－40℃以下的低温。增强纸袋用纸是由两层纸间套上合成纤维、玻璃纤维交织的增强网层制成的，纤维和纸相比有很好的延伸性，制造这种纸时一般采用皱纹纸或微细皱纹纸。在大多数情况下，这种纸单面或双面都涂以聚乙烯涂层。主要性能指标如表 3－12 所示。

6. 各类涂布纸袋用纸

为了达到防潮性能及其他性能的目的，纸袋用纸可以采用涂布的方法，如沥青油纸、沥青涂布纸、聚乙烯涂层纸、硅胶涂层纸、蜂蜡涂层纸、橡胶沥青涂层纸等。

表 3－12　复制纸与纤维增强的纸袋用纸的主要性能指标

指标名称		单位	复制纸	光滑增强纸	皱纹增强纸
重量		g/m^2	155～190	175	199
破断力	纵向	N	102～130	106	59
	横向	N	44～90	75	53
延伸性	纵向	%	2.5～3.4	2.1	9.2
	横向	%	2.8～6.3	2.6	3.5
撕裂强度	纵向	N	1.66～2.28	1.22	5.32
	横向	N	2.26～2.28	4.62	10.54
挤压强度		MPa	0.52～0.66	0.36	0.28
渗水性		h	6	6	6

沥青油纸袋用纸是由质量为 80g/m^2 的普通纸袋纸单面浸以沥青—油混合液而制得。与未浸沥青的普通纸袋纸相比，具有低的透水性，可用于包装无机肥料或易潮湿的产品。

沥青涂布纸与沥青油纸的区别在于不浸渍，而是表面具有耐火沥青薄膜，防护能力较沥青油纸高。沥青涂布纸用于制作包装无机肥料及其他化工产品的包装袋的内外表面层。

聚乙烯涂层纸，具有较好的热熔接性，但热熔接速度不高，故制作纸时不能用热熔接法熔接，涂层纸的缺点是印刷性能很差，黏合性能很弱（见表3-13）。为了提高黏合力及印刷功能，对这种纸要进行电晕处理。聚乙烯涂层纸袋用于制作包装无机肥料、化学药品及各种易吸水的物品（其中包括食品）的纸袋。

表3-13　　聚乙烯涂层纸主要性能指标

指标名称		单位	纸袋用纸	纸的聚乙烯涂层厚度（μm）		
				25	40	60
重量		g/m²	80	104	120	136
厚度		μm	170	185	196	217
破裂力	纵向	N	90	95	99	107
	横向	N	40	41	45	46
延伸性	纵向	%	2.2	2.3	2.3	2.5
	横向	%	3.5	4.0	5.7	6.8
撕裂抗力	纵向	N	1.10	1.58	1.96	2.18
	横向	N	1.20	1.85	2.05	2.35
挤压强度		MPa	0.33	0.34	0.34	0.34
24小时渗透性		g/m²	300	7.1	3.8	3.0
抗潮性			6	9.8	—	17.5

硅胶涂层纸具有防粘性能。涂层是在纸的单面进行涂布。防粘纸的强度与纸基的强度相应，一般用重量为70～80g/m²的普通袋纸为纸基。防黏纸用于包装黏附性物品，如合成橡胶、熔化了的沥青、松香及其他材料。

蜂蜡涂层纸有较高的强度指标，具有好的防护性能。与聚乙烯涂布纸相比，以蜂蜡熔合物涂布的纸，即使采用同一种纸基，也能很好地进行印刷。光照下老化较慢，具有比较高的强度指标。蜂蜡涂层纸用于制造包装吸水性物品的纸袋。经蜂蜡熔合物处理过的纸，主要性能指标如表3-14所示。

表3-14　　蜂蜡涂层纸袋纸主要强度指标

指标名称		单位	纸基	涂层纸	浸渍纸
破断力	纵向	N	110	114	113
	横向	N	40	46	45
延伸性	纵向	%	2.06	2.46	1.91
	横向	%	2.94	3.85	2.72
抗断抗力	纵向	N	0.96	0.99	0.97
	横向	N	1.23	1.29	1.20
挤压强度		MPa	0.314	0.343	0.341

橡胶沥青涂层纸袋纸是由重量为 80g/m^2 的纸基单面或双面涂布橡胶沥青构成的。橡胶沥青涂层可保护纸的纤维免受潮湿，免受包装与保存化工产品时形成的酸类和气体腐蚀作用。与其他类型的纸袋纸相比，橡胶沥青涂层纸优点在于用其包装化工产品，纸袋强度几乎不降低。橡胶沥青涂层纸袋纸用于制作包装有侵蚀性及吸水性的化学药品纸袋，如氯铵、漂白粉、胶态硫磺、硫酸铜、过磷酸钙等。

7. 铝-塑复合加工防潮纸

利用铝箔的防潮、不透气性，使其与纸基黏合成为铝箔防潮纸，或用热塑性塑料薄膜将铝箔与纸基复合在一起成为多层复合防潮纸。这类加工纸的品种很多，可以根据不同的需要，选择不同的纸张。当然，在工业产品包装中一般采用牛皮纸的较多，而塑料可以采用聚乙烯薄膜、聚丙烯、聚酯薄膜等，特别是采用聚酯薄膜制成铝一塑复合纸。这种复合纸在折叠时，铝箔不易折断，形成针孔，可以保持其优异的防潮性能。

为了提高复合加工防潮纸的强度，还可以在其中夹入增强网，以满足对重型产品包装的需要，由于铝一塑复合加工纸可以根据包装产品的要求来调整纸的结构，以满足对其不同性能的需要。因此，现在无论是工业产品包装，还是商品包装、食品包装都广泛采用铝塑复合包装纸。

（八）防锈纸

为了使纸包装的金属制品不生锈，利用各种防锈剂对包装纸进行处理，一般是将防锈剂溶解于蒸馏水或有机溶剂中成为溶液，然后将其浸涂、刷涂或滚涂在包装纸上，干燥后即成为防锈纸。防锈剂一般具有挥发性，为了延长其防锈时间，将涂有防锈剂的一面，直接包装工件，而在反面涂以石蜡、硬脂酸或再用石蜡纸、塑料袋、铝箔等包装。

三、主要包装用纸板

凡定量在 150～200g/m^2 以上的纸种，一般称为纸板，主要用途是制作包装容器和衬垫材料。因此，在工业、生活、文化上广为采用，特别是物流包装使用纸板的数量越来越大。纸板可分为单层纸板和多层纸板，其原料采用稻草、麦草、芦苇、甘蔗渣、破布、废纸、木材和工业无机纤维，如玻璃纤维、矿棉纤维等。纸板的生产工艺比较简单，用本色纸浆，不施胶、不加填料即可进行制造。对于包装用各类纸板的基本要求是：表面应具有良好的印刷性能。应具有良好的折叠性，折叠后不致破裂，且应具有均匀的基重及均匀厚度。经裁切后，纸板应完全平整，不得有任何翘曲，且纸板层与层之间不能有脱层现象。应具有足够的劲度，使制成包装容器后，产品包装及堆高仍能保持其外形。应具有良好的抗水性、抗油性及尺寸稳定性，能耐各种气候变化而不致使纸箱尺码发生变化。应具有一定的耐磨性，涂层应不易擦除或刮除。

下面对几种主要用包装纸板及其性能进行介绍。

（一）包装纸板

包装纸板是专用于制作工业产品和商品包装纸盒的一种薄型纸板，分为平板纸板和卷筒纸板两种。纸板表面应平整、光滑、不翘曲，颜色为纤维原色，每批颜色应基本一致，纸板表面没有鼓泡、起泡、折子、皱纹、不平、严重黑斑浆疙瘩，不得有缺角、缺边、洞眼等纸病。其技术指标如表3-15所示。

表3-15 包装纸板质量标准

指标名称	单位	规定	允许误差
定量	g/m^2	180	±20
		300	±20
		350	±20
		430	±30
		530	±30
紧度	g/cm^3	0.6～0.8	
横向伸长度	%	5.0	
横向耐折度	次	30	
水分	%	10	±2.0

（二）黄纸板

黄纸板又称草纸板，主要用于作包装衬垫及将印刷好的未经印刷的胶版印刷纸等裱糊在表面，制作各种中小型纸盒作包装食品、糖果、皮鞋等用。黄纸板主要用100%的稻草或麦草采用石灰法或石灰纯碱法蒸煮的纸浆生产，也可以稻草或麦草浆为主，配用部分废纸浆生产。

黄纸板虽然属于低级包装纸板，但要求其表面细洁，不许有谷壳、草节等硬质杂物。纸板要求平整，不许有翘曲、鼓泡、皱纹、缺角、缺边等现象，否则会影响制盒时的裱糊质量。黄纸板具有黄亮的光泽，为原料纤维本色，还要求黄纸板具有一定的耐破度和挺度。黄纸板的质量等级分特号、一号两种，目前生产的多为一号产品。其定量规格有6种，从310g/m^2开始，每递增一个规格，定量增加110g/m^2。其纸板多数为平板纸，尺寸为787mm×1092mm，少量也有卷筒纸。

（三）白纸板

白纸板是销售包装的重要包装材料，主要用途是经彩色套印后制成纸盒，供商品包装用，起保护商品、装潢商品、美化商品和宣传商品的作用。如儿童玩具、药品、食品、牙膏等商品销售包装。

白纸板为平板纸板，尺寸为787mm×1092mm、880mm×1230mm或按订货合同要求规定。按质量水平分为A、B、C3等，且有单面、双面之分。

（四）牛皮箱纸板

牛皮箱纸板又称挂面纸板，是运输包装用的高级纸板，具有物理强度高、防潮性能好、外观质量好等特点，主要用于制造外贸包装纸箱及国内高级商品的包装纸箱的面纸，作为电视机、电冰箱、大型收录机、缝纫机、自行车、摩托车、五金工具、小型电机等商品的运输包装用。

牛皮箱纸板的原料配比，国外一般采用100%未漂硫酸盐木浆，少数采用硫酸盐木浆挂面、废纸浆作芯层及底层。我国由于木材资源紧张，一般采用50%以上的硫酸盐木浆、竹浆挂面，50%以内的废纸浆、废麻化学纸浆、褐色磨木浆、化学草浆、甘蔗渣浆等挂底制成纸板。

牛皮箱纸板目前有特号、一号两种规格。特号牛皮箱纸板主要用于外贸出口包装，除要求具有高的物理强度外，还要求具有高的防潮性能，并能经受住−30℃～−15℃低温冷藏而不能变形。一号牛皮箱纸板主要供制作用于包装高档轻纺产品、日用百货、家用电器等。此外，牛皮箱纸板还要求表面平整，不许有翘曲、皱纹、裂口、湿斑、浆块、黑点杂质、草节等现象。牛皮箱纸板技术指标如表3-16所示。

表3-16　　牛皮箱纸技术指标

指标名称	单位	规定		试验方法
		特号	一号	
定量	g/m²	250　280　300　320　360 ±5%±5%±5%±5%±5%	250　280　300　320　360 ±5%±5%±5%±5%±5%	GB451—79
全幅定差量	%	7	7	GB451—79
紧度	g/cm³	0.72	0.72	GB451—79
耐破度	MPa	0.73　0.80　0.87　0.93　1.05	0.53　0.60　0.63　0.67　0.76	GB1539—79
撕裂度（纵向）	N	2　2.3　2.5　2.7　3.0	2　2.3　2.5　2.7　3.0	GB455—79
表面吸收量（正/反）	g/m² 2min	30/60	正面40	GB1540—79
伸缩率（横向）	%	4	4	GB1459—79
水分	%	9+3−2	9+3−2	GB0462—79

（五）箱纸板

箱纸板与牛皮箱纸板一样，都是用来制作运输包装纸箱的主要材料，但箱纸板质量低于牛皮箱纸板，以其为材料制作的是中、低档包装纸箱，用于一般百货包装。国产箱纸板按质量分为 A、B、C、D、E5 个等级，其中 A、B、C 为挂面纸板。

A 等：适宜制作精细、贵重和冷藏物品包装用的出口瓦楞纸板。

B 等：适宜制作出口物品包装用的瓦楞纸板。

C 等：适宜制作较大型物品包装用的瓦楞纸板。

D 等：适宜制作一般物品包装用的瓦楞纸板。

E 等：适宜制作轻载瓦楞纸板。

箱纸板分平板纸和卷筒纸两种。平板纸为 787mm×1092mm、960mm×1060mm、960mm×880mm。箱纸板颜色为纤维原料本色，表面应平整，不应有翘曲、折子、皱纹、裂口、窟窿、沙子、湿斑、浆块、黑点杂质、谷壳、草节等缺陷存在。箱纸板的技术指标如表 3－17 所示。

表 3－17　　箱纸板主要技术指标（GB13024—91）

指标名称	单位	规定				
		A	B	C	D	E
定量	g/m^2	200±10.0 250±12.5 300±15.0 340±17.0 420±21.0	230±11.5 280±14.0 320±16.0 360±18.0		310±15.5 360±18.0 420±21.0 475±23.0 530±26.5	
紧度	g/cm^3	0.72	0.70	0.65	0.60	0.60
耐破指数	$kPa \cdot m^2/g$					
200～230g/m^2		2.95				
≥250g/m^2		2.75	2.65	1.50	1.10	0.90
耐破指数	$N \cdot m/g$					
200～230g/m^2		8.40				
≥250g/m^2		9.70	8.40	6.00	5.20	4.90
耐折度（横向）	次					
<340g/m^2		80	50	18	6	3
360g/m^2		80	50	14	5	2
420g/m^2		80	50	10	4	2
475g/m^2		80	50		3	1
530g/m^2		80	50			1
吸水性（正/反）	g/m^2	35.0/50.0	40.0/—	60.0/—	—	—
水分	%	8.0±2.0	9.0±2.0	11.0±2.0	11.0±3.0	11.0±3.0

（六）瓦楞纸板

瓦楞纸板是在包装工业中应用最广的一种纸板，特别是商品包装，可以用来代替木板箱和金属箱。瓦楞纸板是由瓦楞原纸加工而成。首先把原纸加工成瓦楞状，然后用黏合剂从两面将表层黏合起来，使纸板中层呈空心结构，这样使瓦楞纸板具有较高的强度。它的挺度、硬度、耐压、耐破、延伸性等性能均比一般纸板要高，制成的纸箱也比较坚挺，更有利于保护所包装的产品。瓦楞纸板之所以应用非常广泛，主要是与传统的包装材料相比较，具有下列优点：

①用瓦楞纸板制成的空瓦楞纸箱，通常是以折叠起来的形式或铺开来的形式运送的。这就使得运输工具和库房的使用有较高的效率。

②瓦楞纸板包装箱的重量与同体积的木箱相比，其原材料的重量为木箱的1/5～1/4；与内部尺寸相同的普通木箱和胶合板相比，其成本仅为同体积木箱的2/5～2/3。

③瓦楞纸板包装箱具有减震性能，避免被包装商品受碰撞和冲击。

④对于瓦楞纸板包装箱的纸与纸板的生产，可以使用多种类型的浆料，因此，适合我国国情，做到以草代木。

⑤与木箱制造中要用大量的铁钉、金属丝、金属捆扎带相比，瓦楞纸板包装箱在制造过程中所用的金属，仅为木箱的5%。

⑥瓦楞纸板箱的生产，可在高度机械化与自动化、高效率的设备上进行，可大大提高生产效率。

⑦瓦楞纸板箱的使用，可实现产品的自动化包装，从而减轻包装工作量，降低产品包装过程的成本，成倍地减少生产面积。

⑧瓦楞纸板箱可以有良好的外观造型，质量非常好的彩色印刷，并可宣传商品。

⑨纸板箱还可以由瓦楞纸板与各种覆盖物或防潮材料结合起来制造。这样可以大大扩展纸板箱的使用范围。如，防潮瓦楞纸板箱，可用来装运蔬菜、水果。有聚乙烯覆盖层的瓦楞纸板箱可用于易吸潮的产品包装或要求表面非常清洁的制品的包装。有薄蜂蜡覆盖层的瓦楞纸板箱，可用于内河和海上运输，避免直接吸潮。使用聚乙烯衬套或复合材料衬套，在纸板箱中可形成产品的密封包装，并且可以在纸箱中包装液体或半流体产品及容易吸收潮湿的物品。

1. 瓦楞纸板的形状

瓦楞纸是由瓦楞原纸轧成屋顶瓦片状波纹，然后将瓦楞纸与两面箱板黏合制成瓦楞纸板。瓦楞纸板按其瓦楞的形状分为U型、V型和UV型3种。V型瓦楞平面压缩强度大，缓冲性能较差，使用胶黏剂较少，用芯纸少，不易贴合。U型瓦楞富于弹性，缓冲性能好，耐压力强，黏胶时施胶较多，用芯纸多，容易贴合，但若施加过重的压力后不能恢复原状。UV型瓦楞具有前二者的优点，耐压强度较高，因此，得到了广泛的应用。

2. 瓦楞纸板的类型

瓦楞纸板按其材料的层数，分为以下几种类型。

①由1层平的和1层瓦楞形组成的双层瓦楞纸板。

②由2层平的和1层瓦楞形组成的3层瓦楞纸板。

③由3层平的和2层瓦楞形组成的5层瓦楞纸板。

④由4层平的和3层瓦楞形组成的7层瓦楞纸板。

瓦楞纸板属于各向异性材料，不同方向具有不同的性质。瓦楞纸板具有平面的和端面的刚度以及减震的性质。当遇到垂直于瓦楞层方向作用力时，瓦楞层就像减振材料一样工作，而当遇到沿着瓦楞方向作用力时，就是刚性材料。在压缩、拉伸、冲击下工作时，瓦楞纸板的平贴层，起着固定瓦楞位置的作用。

3层的瓦楞纸板使用最为广泛，按不同的包装要求，可采用不同类型的瓦楞形式。瓦楞纸板可以有不同的瓦楞层截形，主要有5种：大瓦楞A型、小瓦楞B型、中瓦楞C型、微瓦楞E型、超微小瓦楞K型。国内一般采用前4种。各截面形式的瓦楞规格及性能如表3-18所示。

表3-18　各截面形式的瓦楞规格及性能

楞型	楞高（mm）	楞个数/300mm	平面抗压强度（MPa）
A	4.5～5	34±2	0.227～0.248
B	2.5～3	50±2	0.352～0.374
C	3.5～4	38±2	0.284～0.320
E	1.1～2	96±4	0.61

（1）A型瓦楞纸板

这种纸板具有很好的弹性，大的高度和大的瓦楞间距，使其有减振性能。这种楞型的纸板用来制造包装易碎物品以及对冲击、碰撞和各种动载荷要求很高的产品的包装箱，还可用来制作各种衬套、衬垫和减振元件等。

（2）B型瓦楞纸板

这种纸张用来制作具有足够的刚性并不要求有减振防护性能的产品包装。这类产品用于各类罐头、日用化学产品、各类小包装的食品及其他小五金、木器家具等。B型瓦楞纸板较之A型纸板，具有较高的刚性，在这种纸板上可以得到较好的印刷质量。

二层的B型瓦楞纸板，可用来包装要求表面的防护的产品。如贵重家具、图画美术品、灯具等。

（3）C型瓦楞纸板

3层C型瓦楞纸板是最常用的一种瓦楞纸板。这种纸板综合了A型和B型瓦楞的特性，同样具有足够的刚度和良好的减振性能，可以有效地用来包装各类易碎物品、软的产品及其要求防护其表面的硬的产品。

（4）E 型瓦楞纸板

目前这种瓦楞纸板的使用越来越广泛。纸板面上每米长度内瓦楞数较多，可以得平坦的表面和高的平面刚度。这就使获得高质量的装潢印刷成为可能。这一点对于日用品的包装尤为重要。这种纸板在运输及存放时，所占空间很小，可以更经济地使用运输工具和库房。E 型瓦楞纸板最适宜用来包装各类日用商品、家用电器、器皿以及各种成套商品的包装。例如，7 层 E 型瓦楞纸板可用来制造托垫、集装箱等。E 型瓦楞还可与其他各种形式的瓦楞进行组合，以满足各类包装的要求。

3. 湿度对瓦楞纸板强度的影响

瓦楞纸板的强度受环境相对湿度的影响，其变化很大。当相对湿度增大时，纸板的含水量增加，强度就下降。若以相对湿度 50%时，纸板强度为 100%，则相对湿度的继续增大，压缩强度就急剧下降，其强度变化如表 3－19 所示。当相对湿度达到 90%时，瓦楞纸板的压缩强度只有原来的 60%。

为了防潮，目前生产出一种抗潮瓦楞纸板，抗潮瓦楞纸板是在温度 130℃～180℃下，使石蜡液进行雾化。雾化工作是在 1.3～2MPa 的压力下进行的。在抗潮纸板中，石蜡成分的重量 30%～45%，这种瓦楞纸板具有很高的抗潮性能，其强度比未浸渍的纸板大大提高。例如，浸渍过的质量为 750g/m^2 的瓦楞纸板，承受压力能力和端面刚度比未浸渍的纸板提高了 65%，同时，用这种纸板制造的包装箱也提高了强度。特别是堆垛时，承受压缩载荷的抵抗力大大提高（根据包装箱尺寸不同，提高 30%～60%）。

表 3－19　　湿度对瓦楞纸板压缩强度的影响

相对湿度（%）	吸湿量（水分）（%）	压缩强度（%）
50	8	100
65	12	90
80	14	80
90	17	60
95	23	40

近年来，由于合成树脂工业的发展，我国生产出一种新型钙塑瓦楞纸，制成的瓦楞纸板，可以克服原有瓦楞纸板怕潮的一些缺点。所谓钙塑瓦楞纸，就是加有钙化物填料的塑料纸。

（七）平黏合纸板

平黏纸板是一种多层材料，由两层或两层以上的平面纸板紧密黏结而成。纸板层的黏合，是在纸板黏合机上进行的。纸板的层数，根据对纸板箱的强度等要求而定。平黏合纸主要技术指标的高低，决定于基础纸的纤维半成品的性质。浆液中硫酸盐纸浆含量越多，则纸板的拉伸抗力就越高，用这种纸板制作的纸板箱包装，强度就越高。平黏合纸板与瓦楞纸板的性能比较列于表3-20中。

表3-20　　平黏合纸板与瓦楞纸板的性能比较

指标名称	单位	瓦楞纸板	平黏合纸板
重量	g/m^2	678	1010
厚度	mm	4.8	2.1
承压强度	MPa	1.0	1.4
端面压缩抗力			
沿纸板条带	N/cm	13	36
垂直纸板条带		45	12
破裂载荷			
沿纸板条带	N/cm	1090	2050
垂直纸板条带		750	1030

平黏合纸板包装箱与木箱比虽然有许多优越性，但却不能完全代替。因为平黏合纸板包装箱，不能保证有足够的不透水性和抗潮湿性能。因此，在高潮湿度条件下，对纸板包装中产品的运输与包装，必须采用抗潮性材料。由抗潮的原材料且同时使用防潮胶制造的纸板，就可以达到这一要求。纸板材料的抗潮性和不透水性，可以用三聚氰胺树脂和松脂胶对纸浆施胶来获得，而包装箱的黏合是用聚乙烯醇缩醛乳胶、橡胶乳胶或沥青胶等进行。

平黏合纸板的包装箱，也可制成具有聚乙烯覆盖层。为此，在成卷的纸板外层上，预先用喷压的方法，加以聚乙烯覆盖层。然后，在压黏机上与纸板进行压合。用这种方法可以获得具有一面或两面为聚乙烯覆盖层的平黏合纸板。由于聚乙烯层的不透水性，因此，与纸板的黏合必须使用含水量最少的胶液。为此使用乳胶、聚醋酸乙烯胶液以及热熔胶是比较适宜的。

提高用平黏合纸板制作的纸板箱的抗潮性，还可以其外部表面涂以蜂蜡熔合物。采用这种抗潮性平黏合纸包装箱，主要用于高潮湿度条件下，要求包装箱有足够强度的那些产品。例如，用平黏合纸板包装箱包装果品蔬菜、各种备用零件、五金制品等。

平黏合纸板主要用于制造普通的、四扇折叠式包装箱、带盖的包装箱以及托盘式的包装箱，或者具有木板条的联合式的包装箱等，而耐潮纸板可用作寒冷地区运输产品的转运包装箱等。

第三节　木材包装材料

木材作为包装材料，具有悠久的历史，常见的木质包装容器主要有木箱、木桶等。现在虽然出现了许多优质的包装材料，但由于木材具有很多优点，可以就地取材，质轻且强度高，有一定的弹性，能承受冲击和振动、容易加工、具有很高的耐久性且价格低廉等。因此，在现今的包装工业中仍然占有很重要的地位。木材也有一定的缺点，如组织结构不匀、易受环境温度、湿度的影响而变形、开裂、翘曲和降低强度，易于腐朽、易燃、易被白蚁蛀蚀等多种天然弊病。不过这些缺点，经过适当的处理可以消除或减轻。为了更好地使用和利用木材，充分发挥其优点，就必须对木材的结构与性质有一个基本的了解。

一、木材的工艺性能

木材在采伐和造材方面较其他材料的炼制方便得多，而且木材容易切削加工，只需使用简单工具，即可制成精细的制品。如用木工机械加工，更能又快又好地制得制品。一般木材具有以下主要工艺性质特点。

（一）握钉力

握钉力或称持钉力、裹钉力，是木材优良的工艺性质，因此，常用钉、榫等方法连接成木制品。木材握钉力是因木材纤维为钉子所挤压或切断，使木材对钉子产生压力的结果。

木材纤维的方向对握钉力有重要的作用，平行纤维方向的握钉力约小于垂直方向的25％，弦向和径向的握钉力则相差不大。此外，握钉力还随树种、容重和含水率而变。通常阔叶树比针叶树的握钉力大，紧密、干燥和容重较大的木材比松软、潮湿和容重小的握钉力高。钉子尺寸、种类也影响木材的握钉力，如木材对大钉的握钉力大于小钉，方钉大于圆钉，螺丝钉大于普通钉。

（二）抗劈裂性

木材顺纹容易劈裂，是木材的特性，衡量木材的抗劈裂性，通常是以单位长度能承担的最大静力劈裂载荷为依据。

木材的抗劈裂性，对握钉力有较大的影响，还对木材砍劈加工带来困难。一般针叶树的抗劈裂性较阔叶树小，针叶树弦向的抗壁裂性比径向小，阔叶树则由于髓线比较发达，则径向比弦向小，尤其是具有粗大髓线的木材。这种差别更加明显。

（三）弯曲能力

木材的弯曲能力是制造变曲和弧形木质制品的主要依据。木材的弯曲能力主要决定于木材的塑性，以阔叶树的环孔材塑性最好，如栎、榆、水曲柳、山毛榉等树种的弯曲能力最高；散孔材次之，针叶树最差，如红松、白松的弯曲能力最差。

在同一树种中，树龄小的弯曲能力比较老树好，具有木节、斜纹和腐朽的木材都没有好的弯曲能力。

木材的吸附水增多时，纤维变软而易弯，干燥后即硬化定型；或加高环境温度以增大纤维的塑性，进行弯曲成型，经冷却后硬化定型。

通常弯制木材前，常增加其含水率介于25%～30%，加热介于90～140℃，然后进行弯曲。增加木材的含水率和温度，可用水煮法或蒸汽处理，但须通过试验以决定处理时间。

二、我国主要包装木材的特点

我国的树木种类约有七千多种，适于制材的树木也在2000种以上，而用于包装的木材主要有下列几种。

（一）红松

红松又名海松或红果松，为我国东北长白山、小兴安岭地区的主要常绿树木，高达30～40m，直径可达4m。红松树干纹理通直，年轮匀窄、明晰。组织结构较强，木质轻软，易于燥、干缩率小，即使在较高温度（110℃）中干燥时也不易开裂和变形。强度中等，握钉力适中且不易劈裂，耐腐朽，容易加工，切削面光滑，易于油饰、胶接，是用途很广的优良木材，一般用于制造包装箱、家具等。

（二）马尾松

马尾松又名青松或枞杨，是盛产于长江流域、珠江流域以及我国台湾等地区的主要常绿乔木，通常高达30m，直径可达1.5m。这种木材组织结构中粗，材质轻硬，纹理通直间或略斜而不均匀。木材具有针状大而多的脂道，有显著的松脂气味，抚摸时有油腻感。强度中等，握钉力强，干缩率中或小，干燥时易于粗裂。不耐腐蚀，易受白蚁侵蚀，对于胶接油饰和防腐处理略难于红松。这种木材用途有限，一般可用于包装箱上。

（三）白松

白松通常指冷松、鱼鳞松（云松）。主要产于我国东北地区。这种木材纹理通直，木质较轻，易于加工，颜色呈淡黄色，边材与心材不明显，树脂含量少，易于开裂和腐朽。强度中等，易干燥，干缩率中小。在工业中多用于制作良好的造纸材料和包装用的板材。

（四）杉木

杉木又名杉树，为常绿的乔木。主要分布于长江流域以南及华南、西南等地区。这是一种速生树木，一般20～30年就可以成材，木质纹理匀直，结构较强，木质较轻软，易于燥，干缩率小，在干燥过程中不易发生缺陷；强度中等，加工容易，韧性很大，横断面很粗糙，纵剖面易起毛，握钉力弱并易沿木纹劈裂。油饰性差，漆后光泽不好，但胶接性良好，耐腐蚀性强，有香气不受白蚁侵蚀，且不易翘曲，一般多来制作小型包装制品。

（五）桦木

桦木为落叶乔木，产区遍布全国。在稍寒地区生长颇速，其中以东北的白桦和枫桦产量最大，材质最好，使用最广。材色黄褐至浅红褐，有光泽，无特殊气味。纹理通直，结构细致。材质较硬，强度中等，易干燥，不翘裂，干缩率大。耐寒蚀性差，内部常发生心材腐朽，因此，影响其作用。油饰性能良好，胶接性能中等，易于加工和防腐处理，握钉力强，但易劈裂。工业上多用胶合板材料，也可用来制作包装箱。

（六）椴木

椴木遍布全国，是东北地区重要阔叶树种之一，华北地区生长也很普通。椴木纹理通直，结构颇细，年轮明晰、宽而匀。材质轻软，强度中至弱。易干燥且不易发生缺陷，干缩率中。不耐腐蚀，但防腐处理容易。油饰性中，胶黏性好，不易于裂，加工容易。多用作中低级胶合板的原料，及供美术装饰板用。

（七）毛白杨

毛白杨别名大叶杨、白杨、响杨等。主要分布于华北、西北和华东等地区。白杨纹理直，结构细，木质轻软，正常时易干燥，不翘曲变形。耐久性和强度均强，油饰性、胶黏性均良好，握钉力弱，但不劈裂。在工业上用途很广，是造纸、纤维胶合板的优良原料，还可以制作包装箱、容器及其他小的制品。

三、木质包装箱的用材选择

我国正在进行一场包装技术的革命，尽管曾经充当主角的木包装正在被塑料制品包装、纸制品包装、金属包装等所取代，但就目前发展水平看，传统的木制品包装还在包装行业中起着举足轻重的作用。常用的木制包装有木箱、木桶、夹板等。较为笨重的五金、机械和怕压、怕摔的仪器、仪表以及纸张等商品大都使用这类包装。木制包装的木材根据包装的内容不同，有不同的要求。因此，木材的密度、相应的硬度和握钉力等性能是作包装用材等级的依据。

（一）军工包装箱

军工包装箱要求钉钉容易，不易裂、无腐朽，握钉力及抗冲击、抗弯、抗压强度适宜。木材最好是红松、红杉、柏科、鸡毛松、冷杉、云杉以及杨木、柳木、椴木、栗木等树种，其次是松木、落叶松和铁杉等。前两类是目前大力提倡使用的树种，再次为火蜡本、桦木、水青冈和山核桃等。

（二）机电产品等重型包装箱

机电产品等重型包装箱用材主要考虑木材强度。阔叶木材用龙脑香、白蜡木、水青冈及野桉等，也用枫香等；针叶树材用松科及柏木等。

（三）茶叶包装箱

茶叶最忌讳有异味和污染。目前，公认枫香属的树种最适合于包装茶叶；其次，有枫杨、刺桐、蓝果木、黄梁木、橄榄木、木棉、桦木、泡桐、柳木和杨木、金钱松等。应该指出，杉木是茶叶包装箱的忌用材，因为杉木香气会污染茶叶。

（四）食品包装箱

包装食品有食糖、面粉、蔬菜、水果、鱼类、蛋品、油脂、奶油、乳酪和蜂蜜等，包装箱用材除同茶叶包装箱要求相近外，特别是出口包装箱，还要求木材无臭无味、色浅等。树种除同茶叶包装箱用材相近外，尚有油桐、七叶树、珙桐、喜树、悬铃木以及冷杉、鸡毛松等。应该注意，椴木是食品包装箱的忌用材。

（五）一般包装箱

一般包装箱树种较多，但以中等硬度以下，容易钉钉者为佳。其用材树种除同上述包装用材料，还有山黄麻、樟科、连香树、马尾树、软合欢、梧桐、臭椿、八宝树、八角枫、刺槐、橡胶树、血桐、黄桐、厚皮木、山桐子各类商品材及山牡莉、香果木等。

四、包装用人造板材

为了节约和综合利用木材，人造板材是一条重要途径。人造板材除胶合板外，所使用的原料均系木材采伐过程中的剩余物，树杈、截头、板皮、碎片、刨花、锯末等废料都可利用。人造板材强度高、性能好。1m^3 的人造板材可抵数立方米的木材使用。3mm 厚的纤维板、胶合板相当于 12mm 厚的材料。2.2m^3 原木制成的 1m^3 胶合板相当于 5.7m^3 原木制成的木板。3.3m^3 废木材可制成 1 吨纤维板，相当于 6m^3 原木所制的板材。1.3m^3 废木材制成 1m^3 刨花板，相当于 2m^3 板材。此外，4～5m^3 木材废料可制成 1 吨厚纸板，用其做包装材料可抵 14～16m^3 原木。因此，世界各国为了充分利用木材，都竞相发展人造板材。人造板材的种类很多，主要有胶合板、纤维板、刨花板等。

（一）胶合板

木材的突出特点是顺纹强度高，横纹强度低，利用这个特点，可以把两块相邻的薄板按互相垂直的纹理方向胶合起来，这样就可以发挥顺纹方向强度高的优点，使胶合板各方向强度相近，大大改进了木材的强度。胶合板是将原木浸泡蒸煮后，沿年轮旋切成大张的薄木片，经过剪切、干燥、涂胶再经压制而成。

1. 胶合板的结构

胶合板木片层数均采用奇数层一般为3～11层，即3层板、5层板、7层板等。相邻两木片的纤维应互相垂直。胶合板的表层板称为表板，或称面板和背板，中间各层称为心板或中板，表板长向是顺纹的称为顺纹胶合板，表板宽向是顺纹的称为横纹胶合板。一般用粗劣低廉软质的木材做心板，而表板则针对各种胶合板的用途选用美观贵重、优质的硬质木材制作，且两片表板的纹理总是平行，使制成的胶合板面积大、光洁美观、结构均匀、强度高而各向大致相同，不翘曲变形、不开裂、不易膨胀和收缩，而且一致，其利用率约为普通板材的2～3倍。

2. 胶合板的原料

胶合板一般采用椴木、桦木、樟木、色木、核桃楸、黄波罗、水曲柳、柞木、栎木等阔叶树种制作，针叶树类例马尾松、云杉、云南松等也可制作胶合板，但针叶树制作的胶合板质量较阔叶树制作的要差。

3. 胶合板的黏结剂

胶合板品质的好坏与所采用的黏结剂品种有很大的关系，常用的黏结剂有干酪素胶、酚醛树脂胶、脲醛树脂胶等。它们的黏合力如表3-21所示。

表3-21 各种木材黏结剂黏合力比较

黏结剂	胶合板厚度（mm）	黏合力（MPa）		湿：干
		常态	浸水48h	
干酪素	16.0	3.42	1.65	0.48
酚醛树脂	15.8	4.93	3.87	0.80
脲醛树脂	15.3	4.82	3.06	0.64

4. 胶合板的压制

胶合板材制胶合板时一般采用3种制造形式：热压固化胶合、冷压胶合和模压成型。热压固化胶合是先把树脂溶液涂在木片上，放置至干燥，然后进行装配，再进行热压，使树脂固化将木片牢固地黏合在一起，热压温度140℃，压力应在5～7MPa范围内，时间约为3～10min。冷压胶合是将树脂液涂在木片上，尚未干透即进行压黏合，利用压力使树脂液渗入木材内，一般要加压力为0.5～1MPa，时间约为4小时以上。胶合板还可以采用模压成型，制成各种形状的产品和容器，它是利用旋切的单板木片，经过干燥、涂胶，用成型模具在115℃温度下热压成型，再经过加工装配而成。模压胶合板制品表面平滑、质轻、坚固、不易变形和开裂，吸水率低，具有防潮防腐蚀性能。

（二）阔叶树材普通胶合板

阔叶树材普通胶合板分为以下4类。

1. 耐气、耐沸水类胶合板（NQF）

具有耐久、耐煮沸或蒸发处理、耐干热和抗菌等性能，能在室外使用。

2. 耐水胶合板（NS）

这类胶合板能在冷水浸泡，能经受短时间热水浸泡，并具有抗菌性能，但不抗煮沸。

3. 耐潮胶合板（NC）

能耐冷水短期浸泡，适于室内常态下使用。

4. 不耐潮胶合板（BNC）

这类胶合板在室内常态下使用，具有一定的胶合强度。

第一类胶合板按其材质和加工工艺质量分为一、二、三等级。一等质量最好，三等质量较低。胶合板的厚度为2.5mm、2.7mm、3mm、4mm……自4mm以上按每毫米递增。3mm的为常用规格。

（三）松木普通胶合板

松木普通胶合板共分4类，每类按其质量和加工工艺同样分为一、二、三等级。

①一类：完全耐水、耐热、抗真菌，能在室外长期使用。

②二类：耐水、抗真菌，可在潮湿条件下使用。

③三类：耐湿，适宜于室内使用。

④四类：不耐水、湿，只能在室内干燥条件下使用。

（四）纤维板

纤维板是利用各种木材的纤维和棉秆、稻草、芦苇等植物纤维制成的人造板。不需用原木，也不受树种、规格的限制，凡木材的边角、碎料、截头、板皮、刨花、枝杈等都能利用。

纤维板制造过程，是先将原料经机械破碎后再放入蒸压釜中蒸压，变软后研磨成为分离的纤维，调成木浆，加入防水剂（石蜡）、胶黏剂（松香），排去水分，加热、加压、型模而成，也可将纤维干燥，然后加入胶料或树脂，压制成型。

纤维板的性能与胶合板类似，板面宽大，构造均匀，无木材的天然缺陷、耐磨、耐腐蚀、不易胀缩、翘裂，还具有绝缘性能等优点。经油浸或特殊加工后，还能耐水、耐火和耐酸，其利用率可达90%以上。

纤维板因成型时温度和压力的不同，分为硬质、半硬质和软质3种。硬质纤维板是在高温高压下成型而制得，软质纤维板不经过热压处理而制成。纤维板可用于制作包装箱及其他包装材料使用。

(五) 刨花板

刨花板又称碎木板或木屑板。原木加工成包装箱，此时木材的利用率仅为38%左右，尚有62%不能充分使用。其中，锯末占15%、刨花占17%、边角碎木占28%。刨花板就是利用碎木、刨花经过切碎加工后与胶黏剂（各种胶料、人造树脂等）拌和，再经加热，切碎它的板面宽、花纹美丽，没有木材的天然缺陷，但易吸潮，吸水后膨胀率较大，且强度不高。一般可以作为小型包装容器，也可以作大型包装容器的非受力壁板。刨花板一般分为两类。

1. 平压法刨花板

平压刨花板所受的压力与板面垂直，刨花排列的位置与板面平行。这类刨花板分为单层、3层及断变3种。根据使用可进行覆面、涂饰等二次加工，也可直接使用。

2. 挤压法刨花板

挤压刨花板所受压力与板面平行。这类刨花板分为实心和管状空心两种，必须经覆面加工后，才能使用。

刨花板幅面尺寸基本上与胶合板相同，厚度尺寸为6mm、8mm、10mm、13mm、16mm、19mm、22mm、25mm、30mm等。刨花板的检验应根据规定办理，主要是：尺寸准确、组织均匀、坚固、表面平整、洁净、无缺角、断裂、翘曲、开胶、脱落等现象。刨花板的性能与所采用的黏合剂类型和制作工艺不同而异。其物理、力学性能如表3-22所示。

表3-22 刨花板物理、力学性能标准

指标名称	单位	挤压板	平压板	
			一级品	二级品
绝干容重	kg/m^3	450～750	450～750	450～750
平面抗拉强度	MPa	—	>4	>0.3
静弯曲强度	MPa	>1	>0.4	>15
吸水厚度膨胀率	%	—	<6	<10
绝对含水率	%	9±4	9±4	9±4

(六) 包装用竹制品

竹材属于内长树类，种类很多，为亚洲的特产。我国有200种左右，产量极大，主要生长在南方各省区，年产量在20亿根以上。能代替木材制作包装用制品而使用的竹材主要有以下3种：

毛竹或称江南竹、孟宗竹，长10～25m，直径10～20cm。毛竹产量很大，占竹材总产量的一半左右，其质坚韧，用途极广。

苦竹或称刚竹、台竹，长6～22m，直径10cm左右。产量比毛竹少，用途仅次于毛竹。

淡竹，长约10m，直径3～10cm，质坚韧致密，易于劈细，多作为上等工艺品的原料。

竹材具有生长快、质轻、强度高、弹性大、不易骤然折断、比木材价廉等优点，但竹材易于吸湿和失水，引起体积不稳定而开裂，且易被虫菌蛀蚀。因此，竹材只能代替木材的部分用途。

竹编胶合板在我国很多地方已逐步采用，制成各类大、中、小型包装箱，用于机械设备包装、出口机电产品包装，代替大量木材，又节省资金，成本比木材包装降低一半左右。

竹材除了制成竹胶板代替木材制成包装箱外，还可编织成竹筐，包装蔬菜、水果以及一般的小型机电产品，还可以作为菱镁砼包装材料中的筋材，用于制作各种机电产品的包装箱等。

第四节　金属包装材料

一、金属包装材料概述

金属包装材料是传统包装材料之一。金属包装容器从暂时储存内装物品的功能演变到今天的食品罐头、饮料容器、运输包装及集合包装容器等；从生产到流通、消费形成一贯流动容器，成了长期保存内装物品的手段，可以说金属容器给人类的日常生活带来了很大的变革和进步。随着现代化的冶金工业的发展，为工农业各部门大量提供各种金属，成为现代化生产的基础，广泛使用于工业产品包装、运输包装和销售包装中，金属包装容器成为最主要的包装材料之一。目前，在各类包装材料中，日本和欧洲各国，金属占14%左右，仅次于纸和塑料包装，占第三位，而美国包装消费金属材料比塑料要多，约占第二位。我国的金属材料占包装材料总量的8%左右，仅次于塑料包装材料。金属包装材料具有极优良的综合性能，且资源极其丰富，特别是在复合材料领域找到了用武之地，成为复合材料中主要阻隔材料层，如以铝箔为基材的复合材料和镀金属复合薄膜的成功应用就是很好的证明。

（一）金属包装材料的性能特点

金属包装材料的应用虽然仅有一百多年的历史，但发展很快，品种繁多，被广泛用于物流包装与商流包装中，主要是因为金属包装材料有以下性能特点：

①金属包装材料的机械性能优良、强度高，可以制成薄壁、耐压强度高的金属包装容器，使包装产品的安全性有了可靠的保障，并便于储存、携带、运输和装卸。

②金属包装材料的加工性能优良，加工工艺成熟，能连续化、自动化生产。金属包装材料具有很好的延展性和强度，可以轧成各种厚度的板材、箔格，板材可以进行冲压、轧制、拉伸、焊接制成形状大小不同的包装容器；箔材可以与塑料、纸等进行复合；金属铝、金、银、铬、钛等还可镀在塑料薄膜或纸张上。因此，金属能以多种形式充分发挥其优良的、综合的防护性能。

③金属包装材料具有极优良的综合防护性能。金属的水蒸气透过率很低，完全不透光，能有效地避免紫外线的有害影响。其阻气性、防潮性、遮光性和保香性大大超过了塑料、纸等其他类型的包装材料。因此，金属包装能长时间保持商品的质量，货架寿命长达3年之久，这对于食品包装尤其重要。

④金属包装材料具有特殊的金属光泽，也易于印刷装饰，这样可使商品外表华贵富丽，美观适销。另外，各种金属箔和镀金属薄膜是非常理想的商标材料。

⑤金属包装材料资源丰富，能耗和成本也比较低。

金属包装材料虽然具有以上特性，但也有不足之处。主要是：化学稳定性较差，耐蚀性不如塑料和玻璃，尤其是钢质包装材料容易锈蚀。因此，金属包装材料多须在表面再覆盖一层防锈物质，以防止来自外界和被包装物的腐蚀破坏作用，同时，也要防止金属中的有害物质对商品的污染，如金属材料中不同程度地含有重金属离子 Pb、Fe、Sn 等，这些重金属离子能够与商品作用，特别是食品，不仅污染食品，而且这些重金属离子对人体危害较大。

（二）金属包装材料的分类

金属包装材料分为钢材和铝材两大类。而每一类又包含若干品种，各有自己的适用范围。

1. 钢材

钢材来源较丰富，能耗和成本也较低，至今仍占金属包装材料的首位，包装用的钢材主要是低碳薄钢板。低碳薄钢板具有良好的塑性和延展性，制罐工艺性好，有优良的综合防护性能，但冲拔性能没有铝材好。钢质包装材料的最大缺点是耐蚀性差，易锈，必须采用表面镀层和涂料等方式才能使用。按照表面镀层成分和用途的不同，钢质包装材料主要有下面几类：

（1）物流包装用钢材

主要用于制造运输包装和大型容器，如集装箱、钢箱、钢桶等，以及捆扎材料。

（2）镀锌薄钢板

又称白铁皮，是制罐材料之一，主要用于制作工业产品包装容器。

（3）镀锡薄钢板

又称马口铁，是制罐的主要材料，大量用于罐头工业，也可用来制作其他食品和非食品罐头容器。

（4）镀铬薄钢板

又称无锡钢板，是制罐材料之一，可部分代替马口铁，主要用于制作饮料罐。

2. 铝材

铝质包装材料的使用历史较短，但由于铝具有某些比钢优异的性能，特别是铝资源丰富，铝的提炼方法有了很大的改进，故铝作为包装材料近年发展很快，在某些方面已取代了钢质包装材料。

铝材的主要特点是重量轻、无毒无味、可塑性好、延展性、冲拔性能优良，在大气和水汽中化学性质稳定，不生锈、表面洁净有光泽。铝的不足之处是在酸、碱、盐介质中不耐蚀，故表面须涂料或镀层才能用作食品容器，而且它的强度比钢低，成本比钢高，故铝材主要用于销售包装，很少用在运输包装上。包装用铝材可以下面几种形式使用。

（1）铝板

为纯铝或铝合金薄板，是制罐材料之一，可代替部分马口铁，主要用于制作饮料罐。

（2）铝箔

采用纯度在99.5%以上电解铝板，经过填充延制成，厚度在0.20mm以下，一般包装用铝箔都是和其他材料复合使用，作为阻隔层，提高阻隔性能。

（3）镀铝薄膜

因为是在塑料薄膜或纸张在其上面镀上极薄的铝层。可成为铝箔的代用品而被广泛地使用，其阻隔性能比铝箔略差，但耐刺扎性优良，在实用性能方面超过了铝箔。这种镀铝薄膜材料常用于制作衬袋材料。

二、包装用钢铁材料

（一）低碳薄钢板

根据包装工业中的特点，金属包装材料大多制成桶、罐类等包装容器，其生产制作过程是将薄钢板经冲压、成型或拉拔、成型，这就要求金属包装材料具有一定的强度和足够的塑性和韧性。因此，包装用的钢材主要是含碳量低于0.25%的低碳薄钢板，它是采用平炉或转炉生产的镀锌用原板和酸洗薄钢板。低碳薄钢板的厚度在0.25～2mm范围内，共有23个不同厚度。

低碳薄钢板机械强度高，加工性能良好，具有优良的综合防护性能，遮光性强，导热率高、耐热性和耐寒性优良，易于印刷装饰，是制作运输包装金属容器和金属罐的主要材料。

1. 物流包装用金属容器

低碳薄钢板制成的金属容器强度高、密封性好，载重量大，能长期反复使用，十分适用于运输包装。在运输包装中低碳薄钢板主要制成各种大型容器，如集装箱、钢桶、钢箱、钢托盘等。

（1）集装箱

集装箱是大型密封的包装箱，具有1m^{3}以上的容积。各种物品采用集装箱作运输包装，具有安全、简便、迅速、节省人力和包装材料的优点，并适用于各种运输工具的联运和机械化装卸，是一种先进的运输方式。能显著减少货损，对贵重、易碎、怕潮的高档商品尤其必要。集装箱在途中转运时，不动箱内货物，直接进行换装，并能进行快速装卸。

(2) 钢箱

钢箱是一种较集装箱为小型的运输包装容器，用于代替木质周转箱，适用于工业产品的运输包装。钢箱坚固耐用，商品破损率小，可节约大量木材和物流包装费用，减少损失。现已大量用于自行车、玻璃、机电产品、汽车配件等产品的物流包装。

(3) 钢桶

钢桶主要用于液体货物的运输和储存，如蜂蜜、食用油及化工产品（农药、溶剂）等。用于装储食品如蜂蜜的钢桶，其内壁必须涂刷有机涂料（如环氧树脂 609）以防生锈及溶出重金属离子铅、铁、锌等污染食品，并延长钢桶的使用寿命。近年来还出现了一种新型液体产品储运容器——钢塑桶，由外层为钢桶和塑料内胆装配而成，此种钢塑桶特别适合于不能用钢桶储运周转的腐蚀性较强的化学试剂、药品或液体食品，如酱、醋、饮料等。

2. 钢质金属罐基材

钢质罐材均系以低碳薄钢板为基材，再经表面防锈镀层而成的板材。主要有：镀锡薄钢板（俗称马口铁），镀锌薄金板、镀铬薄钢板等。

（二）镀锌薄钢板

镀锌薄钢板又叫白铁皮，是在酸洗薄钢板后，经过热浸镀锌处理，使钢板表面镀上厚度为 0.02mm 以上的锌保护层。因为锌的电极电位比铁低，化学性质比较活泼，在空气中能很快生成一层氧化锌即使擦破了镀锡层，由于锌先发生氧化而保护了铁，会大大提高钢板的耐腐蚀性能。用镀锌板制成容器后，就不必再进行表面防腐处理，因此，镀锌薄钢板广泛用来制作金属包装容器，特别是镀锌薄钢板所制的容器，强度高、密封性能好，是在工业产品包装中应用较多的一种包装材料。

（三）镀锡薄钢板及镀铬薄钢板

镀锡薄钢板简称镀锡板，俗称马口铁，是两面镀有纯锡的低碳薄钢板。马口铁是传统的制罐材料，至今仍是制作食品罐头的主要罐材。马口铁有光亮的外观，良好的耐蚀性和制罐工艺性能，易于焊接，适于涂料和印铁，但其冲拔性能比不上铝板，因此，大多制成以焊接和卷封工艺成型的 3 片罐结构，也可以做成冲拔罐。马口铁除大量用于罐头工业外，还制作糖果、饼干、茶叶、奶粉等听盒，也可用于某些工业产品如化学产品、化妆品等的罐装和盒装。此外，还是玻璃瓶罐的良好的制盖材料。

镀铬薄钢板简称镀铬板，又称无锡钢板。是 20 世纪 60 年代初为减少用锡而发展起来的一种马口铁代用材料。它是表面镀有铬和铬的氧化物的低碳薄钢板。镀铬板的抗蚀性能比镀锡板稍差，因此，镀铬板的铬层和氧化铬层厚度比镀锡板锡层和氧化膜层厚 20 倍左右，且须经内外壁涂料后能使用。涂料后的镀铬板，其涂膜的附着力特别优良，比镀锡板对各种涂料的附着力普遍都增加3～6倍。镀铬板的加工成型性和强度与镀锡板相似，但由于铬层较薄且韧性差，在罐头封口时，封口部分涂层易裂或擦伤，导致生锈，需加补涂。镀铬板因表面镀铬不能锡焊，而采用缝焊法或黏结剂黏结法。

镀铬薄钢板主要用于制作腐蚀性较小的啤酒罐和饮料罐。为方便冰镇，一般均采用彩印商标及装潢，印铁效果良好。

三、包装用铝材

（一）铝包装的特点

铝材是钢以外的另一大类包装用金属材料。除具有金属材料所固有的优良的阻隔性、气密性、防潮性、遮光性之外，还具有下列一些特点。

1. 重量轻

铝是轻金属，比重为2.7，约为铁的1/3，因此，铝包装具有重量轻的优点，可节约运输费用。

2. 加工性能好

铝的延展性、拉拔性能优良，因此，铝罐均为一次拉拔的两片罐，铝可以做得很薄，还能以铝箔和镀铝的形式用于包装。

3. 不生锈

铝在空气和水蒸气中不生锈，表面光洁美观，不必再镀金属保护层，而经表面涂料后要耐酸、碱、盐介质。

4. 无味无臭

铝材无味无臭，不影响被包装物的风味质量，再加上无硫化物和重金属污染，这对食品、医药品和化妆品的包装尤为重要。

5. 循环使用

铝罐可回收再生利用，从而降低成本和能耗。目前，国际市场对铝包装的主要争议是认为铝的生产能耗太高，增加了包装成本。对这点解决的办法是加强铝罐的回收，再生铝可节能95%。缺铝的日本非常重视铝罐的回收工作。由于铝包装有上述一系列的优点，故现在铝包装的应用方兴未艾。

包装用铝材主要以铝板、铝箔和镀铝薄膜3种形式应用。铝板主要用于制作铝质包装容器，如罐、盆、瓶及软管等；铝箔多用于制作多层复合包装材料的阻隔层，制成的铝箔复合薄膜用于食品包装（主要为软装）、香烟包装、药品、洗涤剂和化妆品等方面的包装；镀铝薄膜是复合材料中的一种形式，这是一种新型复合软包装材料，它是以特殊工艺在包装塑料薄膜或纸张表面（单面或双面）镀上一层极薄的金属铝，即成为镀铝薄膜。这种镀铝薄膜复合材料主要用做食品，如快餐、点心、肉类、农产品等的真空包装，以及香烟、药品、酒类、化妆品等的包装及装潢、商标材料。

（二）包装用铝和铝合金薄板及其制品

1. 铝板

铝是一种轻金属，在大气中非常稳定，加工工艺性能优良，是一种应用非常广泛的金属。1930 年起采用铝来制作包装容器，由于铝制金属容器加工方便，轻便耐用，防护性能良好，因此，包装产品方面应用的范围很广，用量也大。目前，世界上生产铝最多的国家是欧美等国，每处生产的铝中，大约有 7%～10%总数达 60 万吨用于产品包装。制作铝包装容器的板材多采用纯铝或铝合金板材。

铝合金（主要是铝-镁、铝-锰合金）板材的强度较纯铝为高。由于铝对酸、碱、盐不耐蚀，因此，铝板均须经涂料后使用。铝板主要用于制作铝质包装容器如罐、盒、瓶等。此外，铝板因加工性能好，是制作易开瓶罐的专用材料。

2. 铝冲拔

铝板是一种新型的制罐材料，加工性能优良，但焊接较困难，因此，铝板均制作成一次冲拔成型的两片罐。目前，铝罐生产线的速率可达 120～150 个/分钟。铝罐轻便美观，外壁不生锈，罐身无缝不泄漏，且由单一金属制成，保护性能好，用于鱼、肉类罐头无硫化斑，用做啤酒饮料罐无风味变人等现象。铝罐的一个缺点是强度较低，较易碰凹，但只要改进运输包装，这个问题就能较好地解决。

目前，铝冲拔罐在欧美应用较多，约占金属罐的 1/3，主要用于销售量很大的啤酒饮料罐，一般制成易开罐形式。非食品包装的喷雾罐中也有部分为铝罐。今后，铝罐与传统的马口铁罐会有激烈的竞争。

（三）铝箔及铝箔复合材料

1. 铝箔

用于包装金属箔中，应用最多的是铝箔。铝箔是采用纯度为 99.3%～99.9%的电解铝或铝合金板材压延而成，厚度在 0.20 毫米以下。一般包装用铝箔系和其他包装材料复合使用，作为阻隔层，提高其阻隔性能。生产上为了降低包装成本希望尽量减薄铝箔的厚度，但当铝箔过薄时会产生针状小孔，使阻隔性能下降。因此，必须努力提高铝箔的生产技术，使针孔发生率尽量减少。针孔的多少和大小可根据其透气、透湿数据来衡量。另外，对铝箔还要求具有较高的机械性能的同时又要保持一定的柔软性，以减少折裂。

我国现在生产的工业用铝箔有 4 种宽度范围，18 种不同厚度，其系列产品如：

铝箔宽度有：10～39mm、39～130mm、130～220mm、220～600mm。铝箔厚度 0.005mm、0.0075mm、0.01mm、0.012mm、0.014mm、0.016mm、0.020mm、0.025mm、0.030mm、0.040mm、0.050mm、0.060mm、0.070mm、0.080mm、0.100mm、0.120mm、0.150mm、0.200mm。

铝箔虽然很薄，但作为包装材料，具有以下优点：

①重量轻，有利于降低运输费用。

②阻隔性与遮光性良好。能防潮、不透气及具有保香性能，可以防止包装物的吸潮、氧化和挥发变质。

③耐热性很好，高温和低温时形状稳定，并可作为烘烤的容器使用。

④保护性强，使包装物不易受细菌、真菌和昆虫的损害。

⑤光的反射和光泽好。对热和光均有较高的反射能力，其反射率达83%～85%，因此，展销效果优良。

⑥机械特性良好，能满足自动包装机械使用。

⑦二次加工、模压性和压花性好。

⑧印刷和复合适应性好。便于着色，很容易与纸、塑料等贴合。

⑨无毒、不易产生公害。

铝箔虽然具有上述优点，但铝箔由于本身强度不算高，耐撕裂性差，折叠时易裂口，不耐酸碱介质，不能热黏合封口，因此，很少单独使用。绝大多数铝箔是与塑料薄膜、纸张等材料经过复合加工，以复合材料的形式使用。这样既保持了铝箔的优良性能，又弥补了铝箔在某些包装性能方面的不足。复合状态用的铝箔厚度可降至0.007～0.009mm，含铝箔的复合材料比起无铝箔的复合材料，其阻隔性尤其是遮光性高，能满足真空、无菌、充氮等包装技术的要求，是一种适应性强、适用范围广的新型包装材料，既可用作软包装材料，又可用作半硬或硬包装材料。现已广泛用于食品包装，并已取代部分金属罐。为了节能和防止废弃瓶罐所造成的公害，过去的镀锡铁皮罐和玻璃瓶饮料容器已被大量使用立式铝箔袋（果汁）和纸包装容器（内贴铝箔）等来取代。

2. 铝箔复合薄膜

铝箔复合薄膜属软包装材料，由铝箔与塑料薄膜或纸张复合而成。常用的塑料薄膜有聚乙烯、聚丙烯、聚对苯二甲酸乙二醇酯（简称聚酯）、聚偏二氯乙烯、尼龙等。铝箔的厚度多为0.007～0.009mm或0.012～0.015mm，复合后已有足够的阻隔作用。据统计，铝箔复合薄膜70%用于食品包装，17%用于香烟包装，13%用于药品、洗涤剂和化妆品等。

3. 铝箔复合容器

铝箔复合材料还可用于制作半硬质和硬质容器，主要制品为复合罐。这是国外流行的一种新型半硬或硬包装形式，是金属、玻璃和塑料容器的良好代用品。

复合罐的形状与普通金属罐一样，有圆柱形、椭圆形、方形、六角形等。罐的结构由罐身、罐盖与罐底3部分组成，各由不同材料制成。罐身一般为3层结构，里层为涂有聚偏二氯乙烯的铝箔，中层为塑料复合薄膜，外层为单层或多层纸板卷绕而成。铝箔的厚度一般较大，常用厚度为30～40微米，最大可达150微米，根据容器大小而定，容器较小则铝箔也较薄。罐底盖可用马口铁、铝合金、塑料或复合纸板制成并可采用易开罐盖结构，复合罐的密封阻隔性好，可用于无菌包装、真空包装或控制气体包装，广泛用来包装各种干、湿食品、快餐食品、饮料、调味品、奶粉、食用油以及机械油、清洁剂等。食品的货架寿命一般在一年以上。由于复合罐包装经济、轻便，易于装潢，用后易处理，因此，是一种特别受欢迎的容器，欧美各国目前都在包装业中大力推广，年销售量达几十亿只。

（四）镀铝薄膜

1. 镀铝薄膜的性能、种类和应用

镀金属薄膜是一种新型复合软包装材料，其中镀铝薄膜是应用最多的一种。此外，还可镀金、银、铜等。采用特殊工艺在包装塑料薄膜或纸张表面（单面或双面）镀上一层极薄的金属铝，即成为镀铝薄膜。由于镀铝层较脆，容易破损，故一般在其上再复合一层保护用塑料膜如聚乙烯、聚酯、尼龙等。镀铝层厚约 300 埃（Å），具有与铝箔复合材料相同的优良性能。

①阻隔性优良，货架寿命长，适用于食品、药品等的包装。

②具有金属光泽，光反射率可达 97，使商品增添货贵高档感，提高商品附加值。

③镀铝层导电性能好，能消除静电，因此，封口性好，尤其包装粉末状产品时不污染封口部位，保证了包装的密封性，在大大减少了渗漏情况。

④镀铝层厚度可任意选择。

⑤易于印刷加工。

除以上相同特性外，镀铝薄膜还有优于铝箔复合材料之处。

①具有优良的耐折性和良好的韧性，很少出现针状孔和裂口，无柔曲龟裂现象，因此，隔氧性也更为优越，这对包装敏感和易失味的食品，以及保持外观美是重要的。

②部分薄膜可不镀金属，使消费者可看到内装物品。

③镀铝层比铝箔薄得多，因此，成本也比较低。

镀铝薄膜的基材（载体膜）是塑料膜和纸。最常用的塑料薄膜有聚酯（PET）、尼龙（NY）、双向拉伸聚丙烯（BOPP）、聚乙烯（LDPE）、聚氯乙烯（PVC）等。前 3 种镀铝薄膜有极好的黏结力和光泽，是性能优良的镀铝复合材料。镀铝聚乙烯薄膜则因价格低、装潢性好而受欢迎。镀铝聚丙烯薄膜还可制成易启封的封口，用于药品的易开包装。值得一提的还有镀铝基材，其优点首先是成本比塑料膜低，和铝箔/纸复合材料相比较，即更薄而又价廉，性能也不错。而它的加工性能则较名箔/纸好得多，如模切标签时利落整齐，印刷中不易产生卷曲，不留折痕，因此，大量取代铝箔纸而成为新型商标标签及装潢材料。

鉴于以上种种优点，镀铝薄膜是一种既成功又经济的新型复合包装材料。近 10 年来，在欧美等国以及我国得到大量推广应用，已在不少产品包装上取代了铝箔复合材料（例在香烟包装方面，镀铝纸正在逐步取代铝箔纸）。镀铝薄膜主要用做食品如快餐、点心、肉类、农产品等的真空包装，以及香烟、药品、酒类、化妆品等的包装以及商标材料。

第五节　物流包装辅助材料

在包装工业中，除了要用塑料、纸、木材、金属等包装材料外，还需要一些其他的材料与这些材料配合才能够形成一个完整的包装，这些材料称为包装辅助材料。包装辅助材料主要包括各种黏合剂、涂料、包装件用的捆扎材料以及封缄材料等。

一、黏结剂

黏结剂又称黏合剂，是一种生活中不可缺少的材料。黏结剂已渗入到各个领域，在交通工具、航空航天工业、建筑、家具等领域中广泛使用，在包装业和印刷业中也是如此，如在制作纸盒、纸箱等包装容器中，是离不开的一种材料。

（一）黏结剂的组成及分类

1. 黏结剂的组成

黏结剂一般由几种成分组成，通常是以具有黏性或弹性体的天然产物或合成高分子化合物（无机黏结剂除外）为基料，并加入固化剂、填料、增韧剂、稀释剂、防老剂等添加剂组成的一种混合物。对于一种具体的黏结剂来说，并不都需要这所有组分。这主要决定黏结剂的性质和使用要求。

（1）基料

这是黏结剂的主要而必需的成分，又称为基体，也称黏结剂的骨架。它具有使黏结剂赋于黏附的特性。基料通常是由一种或几种高分子化合物混合而成。如淀粉、天然橡胶、合成橡胶、合成树脂等。对基料的主要要求有：

①对被黏结制品材料应有良好的黏附性和润湿性。

②应具有一定的基料强度和韧性。

③对被黏结制品材料不产生化学反应及腐蚀，而且耐使用介质的作用。

④应具有一定的耐热性能，能经受得住使用温度的变化。

⑤基料本身应具有一定的耐老化性能，并能溶入一定的有机溶剂中。

有时，单独使用一种热固性树脂作基料，常不能满足黏结剂多种性能的要求。因此，常在基料中加入橡胶或热塑性树脂或其他热固性树脂，以改善黏结剂的性能。如，在热固性树脂中加入橡胶，可增加黏结层的柔韧性，从而使冲击、弯曲、剥离强度得到提高。

（2）固化剂又称硬化剂或熟化剂

它能使线型分子形成网型或体型结构，从而使黏结剂固化。一般按基料固化反应的特点和需要形成黏结层膜的要求（如硬度、韧性等）以及使用时的情况等来选择固化剂，也可以根据使用要求与具体条件进行选择。

（3）填料

填料的加入可以增加黏结剂的弹性模量，降低线膨胀系数，减少固化收缩率，增加黏度、抗冲击韧性，提高使用温度、耐磨性能、胶接强度。改善黏结剂耐水、耐介质性能和耐热老化性能等。此外，由于填料的加入也相应地降低了黏结剂的生产成本。

当然，填料的加入也有不利的一面，即增加了黏结剂的重量，增加了黏度而不利于涂布施工，丧失了透明度，容易造成气孔等。

（4）增韧剂

增韧剂能改善黏结剂的性能，增加韧性、降低脆性，提高黏结层的抗剥离、抗冲击能力，且可以改善黏结剂的流动性、耐寒性与耐振性等。但同时会使黏结剂的抗剪强度、弹性模量、耐热性能等有所降低。增韧剂按其是否参与固化反应情况，可分为惰性增韧剂与活性增韧剂。惰性增韧剂是高沸点液体或低熔点固体有机物，与基料有良好的相溶性，它不参与黏结剂的固化反应，仅为机械混合。活性增韧剂起增韧作用，它参与黏结剂的固化反应，并进入到固化产物最终形成的一个大分子链结构之中。

（5）稀释剂

稀释剂的主要作用是降低黏度，以便于涂布施工。同时，也延长黏结剂的使用时间。

稀释剂分为两大类：一类为非活性稀释剂又称为溶剂，如丙酮、甲乙酮、乙酸乙酯、苯、甲苯等。它不参与黏结剂的固化反应；另一类是活性稀释剂，既可以降低黏结剂的黏度，又参与黏结剂的固化反应，如环氧丙烷丙基醚、甘油环氧树脂等。因此，能克服因溶剂挥发不彻底而使黏结剂的性能下降的缺点，但活性稀释剂一般都有毒性，易使皮肤过敏，使用时应慎重。

（6）促进剂及着色剂

在热固性黏结剂中，凡能加速固化反应或降低固化反应温度的物质叫固化促进剂，如环氧树脂黏结剂中常用的叔胺、酚类、硫脲等。

使黏结剂赋予所要求的颜色，称为着色剂。可使黏结剂黏结或黏补好的制品外表美观。

在黏结剂的组成中，除了上述几个组分外，还可以加入其他特殊组分，如抗紫外线老化剂、抗蚀剂等。

2. 黏结剂的分类

黏结剂的品种繁多，用途各异，一般按照黏结剂的基料性质来进行分类：有机黏结剂和无机黏结剂两大类。

（1）有机黏结剂

有机黏结剂有天然黏结剂和合成黏结剂。天然黏结剂有：骨胶、虫胶、淀粉、糊精、松香等。合成黏结剂品种很多，主要有树脂型黏结剂、橡胶型黏结剂和混合型黏结剂。天然黏结剂常用于黏结纸张、木材和皮革等，天然黏结剂的来源少，性能不够完善，逐渐有趋向淘汰的趋势。

合成黏结剂发展很快，品种很多，性能也很优良。树脂型黏结剂的黏结强度高，硬度、耐热、耐介质的性能都很好，但具有一定的脆性，韧性和起黏性较差。橡胶型黏结剂有很好的起黏性和柔韧性、抗振、抗弯曲性能比较好，但强度和耐热性比较低。混合型黏结剂是将树脂与橡胶或多种树脂、橡胶混合使用，相互掺混，取长补短，既提高强度，又增加柔韧性。

合成树脂型黏结剂又可分热固性树脂黏结剂和热塑性树脂黏结剂两大类。热固性树脂黏结剂是通过加热固化后成为坚硬的不熔不溶的物质，再加热不会变软。如环氧树脂、脲醛树脂、不饱和聚酯树脂、聚氨酯等。热塑性树脂黏结剂加热会软化，冷却后变硬，有一定的强度，再受热又会软化。如聚醋酸乙烯酯、聚氯乙烯、聚酰胺、聚乙烯醇等。

（2）无机黏结剂

无机黏结剂有磷酸盐类黏结剂、硼酸盐类黏结剂、硅酸盐类黏结剂。在包装业上用得最多的是硅酸盐类黏结剂。如硅酸钠黏结剂（也称水玻璃）。

（二）包装常用黏结剂

1. 天然黏结剂及无机黏结剂

天然黏结剂是人类应用最早的黏结剂，按来源可分为动物胶、植物胶和矿物胶等，而按化学结构则可分为葡萄糖衍生物、氨基酸衍生物及其他天然树脂等。无机黏结剂也称为无机胶，如水泥、石膏、水玻璃及其他无机黏结剂都有非常广泛的应用范围。

葡萄糖衍生物黏结剂是从植物中提取出的胶质，包括淀粉、糊精、阿拉伯树胶及海藻酸钠等。淀粉糊在热的时候黏度较低，冷却时黏度和凝胶强度都增大。以尿素、硫脲作糊化剂时黏度较低，而以硼砂与氧结合，则具有交联效果，使糊液黏度升高，在一定浓度时流动性消失。

氨基酸衍生物黏结剂主要是氨基酸组成的蛋白质类黏结剂，用于包装工业中的这类黏结剂主要有酪朊、骨胶等。酪朊使用时先加水使其膨胀，再加入一些碱性附加剂使其易于溶解，然后加热、搅拌，使其配成25%的溶液。新加的碱性附加剂可选用硼砂、氨水、氢氧化钠、磷酸钠、碳酸钠、硅酸钠等。

酪朊黏结剂特别适用于木材制品（包括软木、纸张、胶合板、纤维板等）的黏结加工，以及木材与金属、陶瓷、塑料、玻璃等异种材料的黏结。若在酪朊黏结剂中加入橡胶乳液等柔软的黏结剂，将会产生更好的作用。

骨胶是骨胶朊衍生的蛋白质总称，属于硬蛋白，水解后便变为明胶，明胶除纯度高、品质好以外，与骨胶没明显的区别。

骨胶对皮革、纸张、金属、木材等都有很强的黏合力，被广泛用于包装工业中。如胶合板、木材的黏结，可涂在纸的背面制成胶黏带，用以密封硬纸板及皱纹纸的包装箱，也用于纸袋、纸盒的黏结。

在天然黏结剂中，除葡萄糖衍生物、氨基酸衍生物外，还有一些其他的动植物树脂和矿物树脂。如木素、单宁、生漆、松香、虫胶、沥青等。生漆、松香、虫胶、沥青在包装工业中应用较多。如松香树脂黏结剂可直接用作金属材料，尤其是金属箱包装材料的黏结。虫胶黏结剂特别适用于金属的黏结及塑料等的黏结。

无机黏结剂是一类包括范围相当广泛的黏结材料，如水泥、石膏、硅酸盐等。

2. 合成树脂黏结剂

合成树脂黏结剂是当今产量最大、品种最多、应用最广，也是对国民经济和科学技术发展影响最大的黏结剂。

合成树脂黏结剂可分为的热塑性、热固性和复合型3种类型，而热塑性黏结剂又有热熔黏结剂、溶剂型黏结剂、乳液型黏结剂之分。

（1）乳液型黏结剂

乳液型黏结剂一般以水为介质、成本较低、无毒、色浅，有良好的稳定性和作业适应性，而且聚合物乳液的树脂的相对分子量可以很高，因此，黏结剂膜的强度较好。乳液黏结剂不用加热或固化剂就能较快地固化。乳液黏结剂的最大缺点是耐水性不佳、蠕变性较大，当然，这两个缺点可通过提高树脂的相对分子量得到一定的改善。乳液型黏结剂最具代表性的是聚醋酸乙烯及其共聚物。

聚醋酸乙烯乳液黏结剂在黏结剂市场上占有很大位置。由于稳定性好，能和填料、增塑剂等很好地混合，黏度可以自由调节、有良好的早期黏结强度等优点。聚醋酸乙烯乳液可单独使用，也可与脲醛树脂掺混，主要用于木材的黏结，如胶合板、塑料层合板等木材与木材、木材与塑料薄膜的黏结加工。与脲醛树脂并用不仅可以精度降低成本，而且可以提高黏结层的抗水性和耐热性。聚醋酸乙烯乳液还可作为纸张的黏结，用于自动包装、硬纸板加工，铝箔与玻璃纸的层压等。

（2）溶剂型黏结剂

溶剂型黏结剂是包装中比较常用的一大类黏结剂。将热塑性聚合物、天然橡胶或合成橡胶等物质用适当的溶剂溶解，即可制成溶剂型黏结剂。大部分溶剂型黏结剂是以有机溶剂为溶剂，也有部分是以水为溶剂的。溶剂型黏结剂主要有以下两种：

①聚乙烯醇溶剂型黏结剂。聚乙烯醇的单体是不稳定的，因此，不能由单体直接聚合而制得，而是由醋酸乙烯在甲醇中的聚合物，经水解而制得。

②纤维素衍生物溶剂型黏结剂。纤维素衍生物树脂及混合纤维素树脂都可以制成溶液型黏结剂。包装工业中常用的纤维素衍生物黏结剂有硝酸纤维素黏结剂、醋酸纤维素黏结剂、乙基纤维素黏结剂、甲基纤维素黏结剂。

除上述介绍的两类外，还有聚醋酸乙烯、聚丙酸乙烯、聚酰胺等。

（3）热熔型黏结剂

热熔型黏结剂是一种不含溶剂或水的热塑性树脂为基材的固体黏结剂。其受热时熔融，与被黏物黏结，黏结界面在冷却后固化，而具有一定的黏结强度。这类黏结剂又称为热熔胶。

热熔型黏结剂是多组分黏结剂。它以热塑性树脂为黏结料，加入增黏剂和石蜡等配制而成。按不同性能要求，可适量加入增塑剂、抗氧剂和填料等。

由于热熔型黏结剂具有固化速度快、多功能、黏结范围广，在包装、纸制品加工、木工、纤维加工等部门已有悠久的应用历史。目前，又在某些领域中开拓了新的用途。如罐头的封合，过去全都采用机械方法，现已采用热熔型黏结剂黏结。

（4）热固性树脂黏结剂

热固性黏结剂是以热固性高分子化合物为主要黏结物质的黏结剂，它可以是单组分的，也可以是两种以上组分的。

大多数热固性树脂黏结剂是由含多官团的线型聚合物或单体，在固化剂或引发剂的作用下，发生不可逆的化学反应，或在加热等其他因素的作用下转变成不溶不熔物，从而获得一定的黏结能力。

热固性黏结剂耐热性、耐水性及耐腐蚀性好，蠕变小，黏结强度高，常用于要求强度高的结构件的黏结。对于主要是薄膜、金属箔、纸和片材的黏结，热固性黏结剂一般应用得较少。

用作热固性黏结剂的主要树脂有：氨基树脂、酚醛树脂、环氧树脂、聚氨酯树脂等。

（5）复合型树脂黏结剂

热塑性树脂黏结剂和热固性树脂黏结剂各有其特点，为了在某些特殊的场合以及在结构件上应用，往往需要具有综合性能的黏结剂一复合型树脂黏结剂。复合型树脂黏结剂品种很多，在包装工业中使用最多的是乙烯—醋酸乙烯共聚物、丁腈—酚醛树脂等。乙烯—醋酸乙烯共聚物在前面已介绍过，在此仅介绍丁腈—酚醛树脂。

丁腈橡胶因含有腈基，而对金属有很好的黏合强度。如果再加上羧基，则使金属的黏结性有进一步的提高。用这样的活性基化合物与酚醛树脂复合，在加热时，一方面，酚醛和丁腈橡胶中的双键结合而固化；另一方面，丁腈橡胶中的腈基和酚醛树脂的羟甲基反应，具有和硫化同样的交联作用。

3. 橡胶黏结剂

橡胶是一类对各种物质都有良好黏结性能初期黏结力大的黏结剂。同时，橡胶所具有的弹性，对不同膨胀系数的材料的体积收缩或膨胀，对忍受冲击与振动的部件，都有相当出色的缓冲作用，但天然橡胶耐油和耐溶剂性能很差，与之接触会明显地膨胀或溶解。因此，在实际应用中都采用改性橡胶黏结剂或合成橡胶黏结剂。在包装工业中使用较多的是丁腈橡胶和丁苯橡胶等。

（1）丁腈橡胶黏结剂

丁腈橡胶是由丁二烯和丙烯腈乳液聚合的共聚物，丁腈橡胶黏结剂一般以丁腈橡胶为主体。为了提高黏结强度，可加入改性树脂如改性酚醛树脂、醇酸树脂、聚氯乙烯树脂等。为了提高与金属的黏合性，可加入氯化橡胶。为了改进黏附性，还可使用双酯类、松脂酸或豆酮树脂等。为了增加柔软性和耐寒性，可使用邻苯二甲酸二丁酯等。为了提高丁腈橡胶黏结剂的稳定性，可使用三甲基二氢喹啉等防老剂。

丁腈橡胶黏结剂的外观层是淡棕色到深棕色的黏稠液体，含固量为25%～30%，喷涂用的黏度为150～500cP，刷涂用的黏度为1500～4000cP。储存稳定性较差，储存期一般不宜超过6个月。

丁腈橡胶在常温下的耐水性很出色，可以在高温的场合下长期应用，但在40℃以上的水中或在较高温度的水蒸气中强度就会下降。它还有良好的耐化学介质性，耐油性也比其他黏结剂要好。

丁腈橡胶黏结剂可根据用途制成溶液型、乳液型或低聚合度液态3种类型，适用于金属、塑料，尤其适用于黏结聚氯乙烯板材、聚氯乙烯泡沫塑料、聚氯乙烯织物等软质聚氯乙烯材料，如聚氯乙烯与金属、木材、硬质纤维板等制造的复合材料。

(2) 丁苯橡胶

丁苯橡胶是由丁二烯与苯乙烯在25～50℃（高温下苯橡胶）或在10℃以下（低温丁苯橡胶）乳液聚合制得的无规共聚物。丁苯橡胶的固有黏性较差，很少单独作黏结剂用，大多采用其他树脂来改进如黏性、内聚强度和耐热性等这样一些性能。提高丁苯橡胶黏结剂性能的树脂有松香、松香脂和一些热塑性酚醛树脂等。

丁苯橡胶可溶解于烃类溶剂中，并很容易分散而得到低黏度的胶液。丁苯橡胶可以通过下述方式制成黏结剂。

①直接辊压在黏附物件上。

②与增黏树脂一起分散和溶解于溶剂中形成黏结剂溶液。

③与乳化剂一起分散于水中制成乳胶。

二、涂料

涂料旧称油漆。随着科学技术的发展，各种有机高分子化合物（树脂）作为原料广泛地被利用，使油漆产品的面貌发生了根本变化，因此，沿用油漆一词从科学意义上来说，就不够恰当了。准确的名称为“有机涂料”，简称涂料。它是一种有机高分子胶体的混合物，大多数呈溶液或粉末状，涂布于物体表面上，能形成完整而坚韧的保护膜。所形成的保护膜称为涂膜，又称漆膜。如酚醛涂料、醇酸树脂涂料。涂料在包装工业中主要是起防腐蚀、装饰与色标的作用。

（一）涂料的组成及分类

1. 涂料的组成

涂料一般由不挥发组分和挥发组分（溶剂或称稀释剂）两部分组成。它在物体表面涂布后，其挥发组分的成膜物质简称涂料的固体分（或固体含量），挥发组分则称挥发分。

成膜物质按在涂料中所起的作用，又可分为主要成膜物质、次要成膜物质和辅助成膜物质3种。主要成膜物质可以单独成膜也可以黏结颜料等物质共同成膜。因此，它也是涂料中的黏结剂。由于它是涂料的基础，因此，也常称为基料、漆料或漆基。

主要成膜物质也称固着剂，由于它的作用是将其他分黏结成一个整体，并能附着在被涂基层表面形成坚韧的保护膜，因此，这种物质应具有较高的化学稳定性，多属于高分子化合物。如天然及合成树脂，以及成膜后能形成高分子化合物的有机物质，如植物与动物油料。

次要成膜物质也是构成涂膜的组成部分，但它不能离开主要成膜物质而单独构成涂膜，这种成分就是涂料中使用的颜料。在涂料中加入颜料，不仅使涂膜性能得到改善，而且使涂料品种有所增多。

颜料是一种不溶于水、溶剂和漆基的粉状物质，但能扩散于介质中形成均匀的悬浮体。颜料在涂膜中不仅能遮盖被涂面和赋予涂膜以绚丽多彩的外观，而且还能增加涂膜的机械强度，阻止紫外线穿透，提高涂膜的耐久性和抵抗大气的老化作用。有些特殊颜料更使涂膜具有抑制金属腐蚀、耐高温等特殊效果。

在涂料的组分中，除主要成膜物质、颜料和溶剂外，还有些用量虽小（千分之几～十万分之几）但对涂料性能及涂膜起重要作用的辅助成膜物质（通常称为助剂）。

涂料中所使用的辅助成膜物质品种很多，按它们的作用特性，目前，国内外常用的辅助成膜物质有表面活性剂、催干剂、固化剂、增塑剂等。

溶剂是用来溶解和稀释涂料的挥发性液体，在涂料中往往含有很大比重。它可以使涂料的黏度降低，便于施工涂覆。另外，还可以增加涂料储存的稳定性及提高涂料对物体表面的润湿性，使涂料便于渗入物体的空隙中去，增加涂层的附着力。因此，溶剂是涂料中的一个重要组分，没有它，涂料的制备、储存、施工都会带来困难。根据溶剂的性质，选择适宜的溶剂是非常重要的。

2. 涂料的分类和命名

涂料的分类在国际间很不一致，下面介绍我国涂料的分类方法。

（1）涂料的分类原则

涂料产品分类是以其主要成膜物质为基础，若主要成膜物质有多种，则按其在涂膜中起决定作用的一种为基础。结合我国情况，将涂料划分为18类，如表3-23所示。

表3-23　涂料的分类

序号	代号	名称	序号	代号	名称
1	Y	油脂	10	X	乙烯树脂
2	T	天然树脂	11	B	丙烯酸树脂
3	F	酚醛树脂	12	Z	聚酯树脂
4	L	沥青	13	H	环氧树脂
5	C	醇酸树脂	14	S	聚氨酯
6	A	氨基树脂	15	W	元素有机聚合物
7	Q	硝基纤维	16	J	橡胶类
8	M	纤维酯及醚类	17	E	其他
9	G	过氯乙烯树脂	18		辅助材料

（2）涂料命名原则

涂料的命名原则规定，产品名称由颜料或颜色名称，成膜物质名称加基本名称所组成。基本名称采用了一部分过去已有的习惯名称，如清漆、调和漆、磁漆、烘漆、底漆等。

（3）涂料编号原则

涂料型号分3部分：第1部分是成膜物质，用汉语拼音字母表示；第2部分是基本名称，用两位数字表示；第3部分是序号。

例：

C 04 -5

—序号

—基本名称（磁漆）

—成膜物质（醇酸树脂）

另外，辅助材料分两部分，第一部分是辅助材料种类，第二部分是序号。辅助材料种类，按用途划分：X——稀释剂，F——防潮剂，G——催干剂，T——脱漆剂，H——固化剂。

例：

F -2

—序号

—辅助材料种类（防潮剂）

（二）常用包装涂料

涂料工业发展很快，品种繁多，按其主要成膜物质不同，可分为若干系列。其中，主要有以单纯油脂为成膜物质的油性涂料，如清漆、厚漆、油性调和漆；以油、天然树脂为成膜物质的油基涂料，如磁性调和漆；以合成树脂为主要成膜物质的各类涂料三大类。鉴于包装工业上常用涂料多以合成树脂为主要成膜物质，因此，下面介绍此类涂料。

1. 酚醛树脂涂料

酚醛树脂涂料又称酚醛漆，其主要成膜物质是酚醛树脂（或改性酚醛树脂）。酚醛树脂用于涂料业中已有很长的历史，主要是代替天然树脂与干性油配合制漆。酚醛树脂作为主要成膜物质可以使漆膜有一定硬度并具有光泽、快干、耐水、耐酸碱等性能，被广泛应用。尤其是酚醛树脂的成本较低，所以，酚醛树脂漆在涂料工业中占有很大比重。

2. 醇酸树脂涂料

醇酸树脂涂料是目前涂料中产量最多的一种合成树脂涂料，不仅其本身可以制成多种性能优越的品种，而且与其他类型树脂的混溶性很强，从而能提高和改进各种类型树脂漆的物理化学性能，因此，醇酸树脂涂料应用较广。

3. 氨基树脂涂料

氨基树脂涂料是以氨基树脂和醇酸树脂为主要成膜物质的一种涂料。脲醛树脂、三聚氰胺甲醛树脂等都称为氨基树脂，它们由三聚氰胺、尿素、甲醛缩合而成的，但单纯的氨基树脂经过加热固化后的漆膜很硬脆，附着力差，不能单独制漆。一般都与不干性油改性醇酸树脂混合制漆（如短油度蓖麻油及椰子油改性的醇酸树脂）。这样氨基树脂改善了醇酸树脂的硬度、光泽、烘干速度、漆膜外观以及耐碱、耐水、耐磨的性能。醇酸树脂也改善了氨基树脂的脆性、附着力。由此所得的漆膜将兼有两种树脂的综合特性。

氨基树脂涂料具有下列特点：

一是清漆色浅，不易泛黄；二是漆膜坚硬、附着力好、机械强度高、耐气候性好、装饰性很好；三是具有一定耐水、耐油、耐磨性能。

4. 环氧树脂涂料

环氧树脂涂料具有很多独特的性能，被广泛地应用于国防工业、民用工业和包装工业上，发展很快，品种越来越多，产量也越来越大，但在实际生产中，并不是全部用纯环氧树脂制成，因为环氧树脂还存在一些不足的地方，如耐气候性较差，耐酸也不好等。为了更好地利用环氧树脂性能，降低成本，提高某些性能，需加入其他树脂进行交联或改性，以满足使用的要求。

环氧树脂涂料被广泛用于包装容器上，如作为软管（牙膏、鞋油等）、罐头、包装容器内壁涂料等。另外，目前在食品罐头涂料中使用较多的是以高分子量环氧树脂和酚醛树脂共聚而成的环氧酚醛涂料，可用于菜、肉类、禽类、水产食品罐头的内壁。

5. 丙烯酸树脂涂料

丙烯酸树脂涂料是一种比较新型的涂料。由于石油化工业的迅速发展，合成丙烯酸树脂的单体品种增加，其成本大幅度地降低，而使其成为发展速度最快的合成树脂涂料之一。

丙烯酸树脂涂料具有如下一些特点：

①具有优良的色泽及良好的保色、保光性能。这是由于丙烯酸树脂在大气中及紫外线照射下不易发生断链、分解或氧化等化学变化，其颜色及光泽可以长期保持稳定，并可制成中性涂料，可调入铜粉、铝粉、使涂层具有类似金银一样光辉夺目的色泽，并且不会变暗，涂料长期保存也不会变质。

②具有良好的耐热性（可在 180℃以下使用），耐化学性及突出的防湿、防霉等性能，也可以通过改变配方及工艺来控制漆膜的硬度、柔韧性、耐冲击性、抗水抗油等性能。

由上述可知，丙烯酸树脂涂料是一种优良的装饰性涂料，用于各类罐头容器内外壁、蒸煮消毒的保护性涂装、包装用木器品、轻金属表面的涂装等方面。

三、封缄及捆扎用材

（一）封缄用材

1. 瓶盖与瓶塞

对瓶盖有密封可靠，方便取用，防止偷换，安全无害，便于装饰等基本要求。常见的瓶盖种类有王冠盖、显开启盖、带式盖、螺旋盖、特殊盖等。

瓶塞主要用于食品包装，包括软木塞和塑料塞。

软木塞主要有直塞和冠塞两种。直塞主要用于密封葡萄酒；冠塞是从直塞演变而来的，其密封面可紧压在瓶口及瓶颈内侧，主要用于密封加气葡萄酒。

2. 密封衬垫

为了使瓶盖和瓶口紧密接触，严密封合，一般瓶盖的密封主要靠衬垫来完成。常用的衬垫有软木衬垫、橡胶衬垫以及塑料衬垫。

软木衬垫原用整块软木制成，但天然软木产量有限，并常有孔洞，出现漏水、漏气现象，故现已很少使用。现在使用的主要是组合软木衬垫（将软木切碎后，经过筛选出需要大小的粒子，加进黏合剂制成一定直径的固体圆棍，经过老化，圆棍可按规定厚度切成圆片，在圆片上涂上蜡即可使用）。

橡胶衬垫的原料来源广泛，生产设备要求低，且弹性好，因此，具有较好的封闭性能，但橡胶衬垫不宜用于饮料，尤其是含酒精的饮料，否则会产生胶皮味，影响产品本身。

塑料衬垫表面平整光滑，结构紧密，不易透气透水，垫片具有一定的弹性和韧性，可制成中间薄、周围厚、用料省、密封性能好的衬垫，加上其原料广、成本低、自动化程度高，适于大规模生产。

（二）捆扎用材

在包装中捆扎材料主要包括塑料捆扎带（俗称打包带）和塑料绳，主要用于瓦楞纸箱及其他散装食品、蔬菜的捆扎，作用是将物品集中捆扎在一起压缩体积，增加包装的强度，便于装卸，也有封缄、防盗、防止包装物散失或散塌的作用。

胶带在包装工业中应用也很广泛，如纸箱纸盒的封口和捆扎、集束捆扎等。带胶的商标、标签、铭牌等，实质上也是一种定型的胶带。

案　例

我国茶叶包装材料的变迁

茶叶包装是指茶叶在流通过程中保证其产品的使用价值和价值的顺利实现而采用的一个具有特定功能的系统。作为饮品的商店茶叶是以终端产品进入到消费者手中，其包装的最基本要求是密封、避光、避气、避湿，因此，考究茶叶精帧包装、保证原质品位、携带使用便捷是直接激发消费者购求欲望的动力。目前，茶叶包装更具有代表时代特色和社会进步的象征，由过去的散装纸包、塑料袋包、罐装发展到了现在流行的高档精美礼品纸质盒（罐）装、铝箔精致小泡装，琳琅满目、绚丽多彩、千姿百态的茶叶包装已成为茶文化的重要组成部分。

一、早期的茶叶包装

改革开放前，茶叶处于国家统购、统销时代，茶叶包装主要有木箱、铁听、纸袋、竹罐、瓷罐、锡罐等。

（一）木箱

木箱是一种最古老、最常用的包装容器，用于茶叶的外包装。木箱具有较好的刚性、缓冲性能，能抗弯曲破裂。有木板茶箱和胶合板茶箱，木板茶箱是我国五六十年代使用的出口茶箱，用木材较多。胶合板茶箱内衬牛皮纸和铝箔，主要用于出口茶。茶箱规格有：

350mm×350mm×350mm、460mm×460mm×460mm、400mm×400mm×600mm、400mm×500mm×600mm等，后两种为国际标准箱。如今由于木材资源减少，成本增加，木箱已逐渐被纸箱取代。

（二）铁听

铁听是一种传统的茶叶小包装，用马口铁做成的各式各样的茶听。茶罐造型有圆形、方形、长方形、扁形、六角形等多种。铁听可以重复使用，这种包装对于保护茶叶的色、香、味、形效果很好。铁听容量大小规格有50g、100g、250g、500g、1000g等。外观装潢以几何图案和风景画面为主流，附字号及广告文辞。

（三）纸袋

纸袋主要是用牛皮纸和铝箔复合制成，以牛皮纸为内衬见多，其特点是柔韧结实而富有弹性，有较强的耐破度和良好的抗水性。铝箔有阻光和防水的性能，表面平滑，印刷效果好。纸袋重量轻可折合捆绑，运输、携带方便，价格较低，使用较普遍。规格有200g、250g、500g等，其缺点是密封性不强、易破损、不便重复使用。

（四）瓷罐

瓷罐包装在茶叶包装中曾占有一定比重，用其包装茶叶不仅不失茶的色、香、味，而且不易霉变，其造型独特，又是很好的艺术品。瓷罐有："白如玉、薄如纸、明如镜、声如磬"的景德镇瓷罐，也有古朴典雅的越瓷、建瓷罐；按形状分有鼎形瓷罐，也有宝葫芦、老寿星形的瓷罐等，种类繁多，制作精美典雅，绚丽多彩。但是，陶瓷作为容器有易碎、体重的缺点，现在使用渐少。

（五）锡罐

锡罐是一种传统高档的茶叶包装容器，品种不很多，常见的有葫芦形、圆柱形等。锡罐对保存茶叶的品质风味极好，因为锡有很强的抵抗各种天然腐蚀能力，且保香能力特别强。1745年，瑞典东印度公司的哥德堡号船触礁沉没后，在230多年后的1984年打捞出海，船上370吨茶叶浸没海底，尚有1000余公斤茶叶由于锡罐封装严密未受水浸变质。但由于锡罐过于笨重，强度不高，而且成本较高，一个二两装的锡罐在几十元钱，因此，这种包装难于得到发展。

二、现在的茶叶包装

20世纪90年代以后，随着科学技术的飞速发展，茶叶包装的科技含量不断增加，包装向精美实用、新颖别致、一式多样的方向发展。目前，市场上茶叶包装已突破了原有的传统模式，出现了纸箱、纸罐、金属罐、衬袋盒装、复合薄膜袋、竹（木）盒、玻璃罐等。

（一）纸箱

纸箱是用瓦楞纸板为原料加工而成的，具有成本低、轻便、易加工、便于存放、可回收等优点，一般加内衬袋用于大包装，也普遍作为罐、盒的外包装箱。箱面还可按照不同要求，印刷商品的图案、文字、标志等。瓦楞纸箱已逐步代替了木箱和金属箱，目前，大多应用于对外输送茶叶的包装材料，主要在茶叶加工厂中大量使用。其纸箱规格各厂家根据需要自行设计，通用的主要有：400mm×400mm×600mm、400mm×500mm×600mm、460mm×460mm×460mm、435mm×435mm×435mm、470mm×380mm×470mm、410mm×380mm×450mm 等。装茶时内衬一层牛皮纸袋和铝箔袋，或用一只聚乙烯塑料袋。

（二）金属罐包装

金属罐是用镀锡薄钢板或镀锌薄钢板制成，罐形有八角形、圆筒形和扁形等，有单层盖和双层盖两种。从密封上来分，有一般罐和密封罐两种。一般罐采用封入脱氧剂包装法，以除去包装内的氧气，密封罐可用于真空包装。金属罐对茶叶的防护性优于复合薄膜，而且外表美观、高贵。

（三）衬袋盒

（罐）装包装盒是纸复合，罐的上下盖是纸盖或金属（铁或铝）盖，罐身是用胶版纸/纸版铝箔/聚乙烯等复合而成的。此外，还有一种易拉罐茶听、该罐上方盖为易拉盖（铝制），泡袋茶叶从下方一一装入，再用硬塑料盖从下方底部紧紧嵌套，启用时只能从上方打开拉盖。这些包装既具有复合薄膜袋包装的功能，又具有纸盒包装所具有的保护性、刚性等功能，有很强的保鲜效果，可与铁罐媲美，而价格比铁罐低10%～30%，防潮、防锈、保香、隔热的各性能都优于传统的铁罐，集纸、塑、金属之长于一身，具有造型美观、坚固轻巧、使用方便、经济环保等优点。若不是装小泡袋茶，最好在盒内套层塑料袋，以增加防护效果更好。其造型有圆罐、四角罐、六角罐、八角罐、扁纸罐等。规格有50g、100g、200g、250g、500g 等。外包装是可作为赐赠的礼品盒，礼品盒一般有两罐、4 罐、6 罐装，加外盒及手提袋。

（四）竹（木）盒

多用作礼品包装。这种容器通常造工精细，表面印有美轮美奂的图案，具有良好的装饰性。目前使用较普遍的是木制包装，木制包装古色古香、造型独特，将雕刻、镶嵌、书法等多种艺术手段应用其中，其间不乏名家之作，极富中国传统文化气息，有较强的市场感染力，有一定的收藏价值。此外，还有独立艺术画框、按键有电子音乐灯照效果的画柜式电子音乐礼盒。竹（木）盒装主要缺点在于密封效果差，不利于茶叶的长期保存，因而常采用铝箔覆膜袋作为内包装，或在木盒的内包装上采用锡箔等，或将茶叶先装于罐内再用竹（木）盒作外套，以尽可能地保证茶叶的密封性。竹（木）盒价格相对较贵也是阻碍其推广的原因之一。

（五）复合薄膜袋包装

包装茶叶的复合薄膜有很多种，如拉伸聚丙烯/聚乙烯、防潮玻璃纸/聚乙烯/纸/铝箔/聚乙烯、双轴拉伸聚丙烯/铝箔/聚乙烯等，复合薄膜具有优良的阻气性、防潮性、保香性、防异味等。目前，市场上使用较好的是聚酯/铝箔/聚乙烯复合，其次是拉伸聚丙烯/铝箔/聚乙烯复合材料，这些通称铝箔复合膜，是日常茶叶小包装中防潮、阻氧、保香性、遮光性能最好的一种。复合薄膜袋包装形式多种多样，有三面封口形、自立袋形、折叠纽扣形等。另外，复合薄膜袋印刷着色性能好，热封合性好，用来做销售包装设计，更具有独特的效果。因此，茶叶包装有很多是采用复合薄膜袋包装。

三、别具一格的乌龙茶包装

近年来，乌龙茶包装独出心裁、别具一格，是进步最快、艺术性最高、附加值最好的一种包装。一般采用无菌包装、充氮或真空包装。我国台湾乌龙茶、闽南乌龙茶由于外形卷曲紧结，呈球形，紧缩包装后能保证外形原状，不容易断碎，大多采用复合铝箔袋抽真空包装，有利品质较长时间的保存。目前，通用的真空包装机按最大包装容量来分有1.5kg装、2.5kg装、5kg装等不同机型，每种机型均可分别包装一泡装（7g、10g）和50g、100g、250g、500g以及3kg、5kg等袋装茶叶。闽北乌龙茶（如武夷岩茶肉桂、水仙）和广东乌龙茶因外形条索呈扭曲长条状，如果采用抽真空（负压）包装，茶叶易断碎，大多采用复合铝箔袋、聚乙烯袋常压包装。

目前，闽南乌龙茶和台式乌龙茶的中高档茶包装普遍用小泡装（复合铝箔袋抽真空），以一泡装窄袋（可内装茶7～8g）为最普遍，同时也有用一泡装宽袋（可内装茶8～10g）的，复合铝箔袋上有1个或2个小缺口，便于启用时把小泡袋撕开；有的包装时为显示其茶的高贵“身份”，还用塑料小泡袋先装好茶叶，再放入复合铝箔袋小泡装中抽真空。此种包装方法有几个优点，其一，方便泡饮，一泡袋（宽袋或窄袋）即一次使用茶量，无须再称量；其二，携带方便，外出或与友人相聚，随身掏出，既方便又时尚；其三，便于储藏；其四，提升茶叶品赏价值，小袋包装明显提升档次和品位，给人高贵文雅的感觉，也是如今乌龙茶的必备内包装形式之一。

思考题

1. 简述塑料包装材料的优缺点。
2. 简述包装常用塑料材料的品种和性能。
3. 常见的金属包装材料有哪些？
4. 简述铝质包装材料的性能特点及使用范围。

5. 常见的包装辅助材料有哪些？
6. 黏合剂的主要分类方法和组成。
7. 常见黏合剂有哪些？各有什么特点？
8. 简述涂料的选用原则。
9. 简述不同种类涂料的作用。
10. 纸包装为什么在包装工业中占有主导地位？
11. 主要包装用纸有哪些？各有什么特点？
12. 主要包装用纸板有哪些？物理特性是什么？
13. 木材在包装材料方面的主要应用有哪些？

第四章　物流包装技术

本章学习目的：本章主要就商品在流通过程中的质量变化、防霉腐包装、防湿包装、防虫害包装、防振包装、收缩包装和拉伸包装、防锈包装、有毒物品包装技术等进行了论述。这些技术是物流包装过程中应用的主要技术，掌握和熟悉了这些技术，就可以在物流过程中灵活应用和组合使用，提高物流包装质量。

物流包装技术主要有物理防护包装技术（防潮包装技术、气调包装技术、危险品包装技术）、力学防护包装技术（主要指防振包装技术或称缓冲包装技术）、生化防护包装技术（防锈包装技术、防霉包装技术、无菌包装技术、防虫害包装技术）和辅助包装防护技术（捆扎包装技术、封合包装技术、收缩与拉伸包装技术）四大类。

包装技术是包装工程的一个重要组成部分。包装技术就是研究产品包装的3个阶段，即前期的工作阶段（包括包装材料和容器的制造、清洗、干燥、供给等）、主要工作阶段（包括处理、成型、充填、封装、裹包、计量，捆扎、贴标、选别等）、后期工作阶段（堆垛、储存、运输等），所用到的技术的机理、原理、工艺过程和操作方法等。

包装技术涉及艺术、科学技术与经济等各个方面，是综合性的应用技术。因此，包装技术的选择、研究，应该遵循科学、经济、牢固、美观和实用的原则，综合考虑各方面因素。主要是被包装物品的性质，外界环境状况，包装材料、包装容器和包装机械的选择，经济因素，有关的标准和法规。

第一节　商品在流通过程中的质量变化

商品在流通过程中的质量变化，主要是由于商品自身的运动或生理活动的结果。商品自身运动的快慢或生理活动的旺盛与迟滞，又和商品在流通环境中的条件（如日光、温度、湿度、大气成分等）的影响有关。为了减少商品在流通过程中的质量变化，防止商品损耗和损失，就要通过商品质量变化的现象，商品质量变化的规律，研究相应的科学的包装技术和包装方法，保护商品安全地通过流通领域进入消费领域。环境因素对物流包装技术的主要影响详见表4－1。

表 4-1　　环境因素对物流包装技术的主要影响

类型	环境因素	主要影响
直接影响	地表（地形、地貌、植被、土壤）、温度、振动、冲击、加速度、扬尘、太阳辐射、压力、电磁辐射、噪声等	降低物流设备的机动能力和操作人员能见度，引发包装物振动、冲击等；降低物流设备性能，引发包装物碰撞等
间接影响	温度、湿度、盐雾、生物、微生物、污染物、臭氧等	使包装物及商品缓慢腐蚀、变质、劣化，最终损坏，影响物流活动及商品性能

商品在流通过程中质量变化的形式很多，概括起来有物理变化、化学变化、生理生化变化等。

一、商品的物理变化

物理变化是指只改变物质本身的外表形态，而不改变其本质，没有新物质生成。很多商品发生物理变化后有的数量减少了，有的质量降低了，有的甚至完全丧失了使用价值。商品的外表形态可分为气态、液态、固态 3 种，不同形态的商品在一定的温度、湿度或压力下，会发生相互变化，称为“三态变化”，表现形式有商品的挥发、溶化、熔化、凝固、干缩等。

（一）挥发

挥发是指液体商品或经液化的气体商品，在空气中液体表面能迅速汽化变成气体散发到空气中去的现象。挥发属于“三态变化”中的液态变气态的变化。液态商品发生挥发现象，是由于液态商品表面的分子比较活跃，表面的蒸汽压力大于空气中的压力，因此，液态商品表面上的分子不断地散发到空气中去。液态商品的挥发速度与环境温度的高低、商品本身的沸点、空气的流动速度、液态商品表面接触空气的面积等因素有关。环境温度高、商品本身的沸点低、空气的流动速度快、液态商品表面接触空气的面积大、挥发的速度就快，反之挥发的速度就慢。液态商品的挥发，不仅会使商品数量减少，有的还严重影响商品的质量，特别是有的挥发气体，不仅影响人体健康，甚至还会引起燃烧爆炸。因此，对沸点低、易挥发的商品应研究采用密封性能强的包装方法进行包装，以防在流通过程中的挥发。

（二）溶化

溶化是指某些固体商品在潮湿空气中能吸收水分，当吸收水分达到一定程度时，就溶化成液体的现象。溶化是属于“三态变化”中的固态变液态的变化形式。有的商品发生溶化现象是由于其具有吸湿性和水溶性两种性能。商品的吸湿性，是指商品吸着或放出水分的性质。商品的水溶性是指商品吸收水分后，逐渐溶解在所吸收的水分中成为液体的性能。

影响商品溶化的因素，主要有商品成分、结构和性质等内在因素与空气相对湿度、气温等外界因素两个方面。空气相对湿度的大小，对商品溶化影响很大，易溶性商品虽具有吸湿性和水溶性，但在空气相对湿度很低时，仍然不能从空气中吸收水分而溶化；相反含有结晶水的商品，还可能散失水分而“风化”。因此，只有在一定的相对湿度条件下，商品才可能吸湿而溶化。空气的相对湿度越大，易溶性商品就越容易吸湿而溶化。

各种商品在不同的湿度下，吸湿能力也不同，这和每种商品都有自己的吸湿点有关。商品的吸湿点是指商品在一定的温度和压力下开始吸湿的相对湿度。一般而言，随着环境温度的升高，商品的吸湿点就会不断下降，使商品易于吸湿溶化。因此，对于易溶化的商品，掌握其在不同温度下的吸湿点，对于防止商品溶化损失，确保商品安全，具有十分重要的意义。

（三）熔化

商品的熔化是指某些商品受热后发生变软以至变成液体的现象。商品的熔化除受环境温度的影响外，还与商品本身的熔点密切相关。熔点越低、越易熔化；反之越难熔化。易于发生熔化的商品，如医药商品中的油膏类、胶囊等；百货商品中的香脂、发蜡、蜡烛等；化工商品中的松香、石蜡和金属盐类中的硝酸锌等。这类商品熔化的结果有的会造成商品流失；有的会使商品和包装粘连在一起；有的商品将产生体积膨胀，胀破包装；有的还可能玷污其他商品等。因此，对易熔化商品的包装，一般应研究采用密封性能好、隔热性能好的包装方法，尽量减少因环境温度的升高而影响商品的质量。

（四）渗漏

渗漏主要是指液体商品，特别是易挥发的液体商品由于包装容器密封不良，包装质量不符合内装商品的性能要求，搬运装卸时碰撞振动，使包装受损等，而发生商品渗漏现象。此外，某些液体商品包装质量较差，有的容器有砂眼、气泡或焊锡不匀、接口不严等；有些包装材料耐腐蚀性差，受潮锈蚀；有的液体商品因气温升高，体积膨胀或汽化，使包装内部压力加大而胀破包装容器；有的液体商品在低温或严寒季节，也会发生体积膨胀造成包装容器破裂，致使商品受到损失。

还有些商品如玻璃、陶瓷制品、搪瓷制品、铝制品、皮革制品、粉状商品等，在搬运过程中，受到碰、撞、挤压和抛掷等外力的作用下，会发生破碎、变形、结块、脱落散开等形态上的变化，致使这类商品的质量降低或完全丧失了它们的使用价值。

二、商品的化学变化

化学变化是指不仅改变物质的外表形态，而且在变化时生成了其他的物质。商品在流通过程中发生化学变化，就是商品质变的过程，严重时会使商品完全丧失使用价值，商品在流通领域中发生化学变化的形式很多，常见的有化合、分解、水解、氧化、老化等。

（一）化合

商品在流通领域，受外界条件的影响，会出现两种或两种以上的物质相互作用，生成一种新物质的化合反应。如吸潮剂的吸湿过程，就是一种化合反应。

（二）分解

分解是指某些化学性质不稳定的商品，在光、热、酸、碱及潮湿空气的影响下，会发生化学变化，由原来的一种物质生成两种或两种以上的新物质。商品发生分解后不仅数量减少而且质量降低，有时产生的新物质还可能有危害性。

（三）水解

水解是指某些商品在一定条件下，遇水而发生分解的现象。水解的实质是分子与水作用而发生复分解。如硅酸盐、肥皂等，其水解产物是酸和碱，具有与原成分不同的性质。高分子有机物中的纤维素、蛋白质发生水解，导致链节断裂、强度降低。

（四）氧化

氧化是指商品与空气中的氧和其他物质放出的氧接触，发生与氧结合的化学变化。商品的氧化不仅会降低商品的质量，而且有的还会在氧化过程中产生热量，发生自燃，有的甚至发生爆炸事故。易于氧化的商品很多，如某些化工原料、纤维制品、橡胶制品、油脂类商品等棉、麻、丝等纤维织品，如长期与日光接触，会发生变色现象，就是由于织品的纤维材料被氧化的结果。有些商品在氧化过程中要产生热量，如果热量不易散失，又会加速氧化过程，使温度逐步升高达到自燃点时，就会发生自燃现象。

（五）锈蚀

锈蚀是指金属制品特别是铁制品在潮湿空气或酸、碱、盐类物质的影响作用下发生腐蚀的现象。金属制品的锈蚀不仅会使金属制品的重量减少，更为严重的是会影响制品的质量和使用价值。

（六）老化

老化是指某些以有机高分子聚合物为成分的商品，如橡胶、塑料制品及合成纤维织品等，受日光、热和空气中氧等因素的影响，而发生发黏、龟裂、强度降低以致发脆变质的现象。

橡胶制品容易发生老化现象的基本原因是橡胶分子与氧化合后破坏了橡胶烃的分子结构。因此，日光、高温、潮湿空气等都会加速橡胶制品的老化过程。

塑料制品发生老化是由于合成树脂的分子结构发生变化而造成的。如主链断裂，分子量降低，使塑料变软、发黏、机械性能变坏；若分子发生交联，就会使塑料变僵、变脆、丧失弹性和发生龟裂，如分子链的侧基改变，就会使塑料制品出现变形、龟裂以及性能改变等。合成纤维织品老化是在日光、热和空气中的氧等因素作用下，发生变色、强度降低，甚至逐渐脆化变质。

三、商品的生理生化变化

商品的生理生化变化，是指有机体商品本身所进行的一系列变化。如粮食、果蔬、鲜鱼、鲜肉、鲜蛋等商品，在流通过程中，受各种外界条件的影响，往往会发生各种各样的生理生化变化。这些变化主要有呼吸、发芽和胚胎发育等。

（一）呼吸作用

呼吸作用是指有机体的商品在生命活动过程中，不断地进行呼吸，分解体内有机物质产生热能，维持其本身的生命活动的现象。呼吸停止就意味着有机商品生命力的丧失。呼吸作用是有机体在氧与酶的参与下进行一系列的氧化过程。被呼吸作用分解的物质称为呼吸基质，基质中最主要的是糖类中的葡萄糖。呼吸作用可分为有氧呼吸和缺氧呼吸两种类型。

有氧呼吸是有机体商品中的葡萄糖在空气中氧的作用和呼吸酶的催化下，经过氧化还原，转化为二氧化碳和水，并释放出热量。这种氧化过程叫做有氧呼吸。有氧呼吸产生热量并分解出水分，有利于微生物的繁殖，加速霉变。

缺氧呼吸是指在无氧的条件下，有机体利用分子内的氧进行呼吸作用，葡萄糖在各种酶的催化下，分解成酒精、二氧化碳和释放出热量，这种过程叫缺氧呼吸。这种呼吸作用，葡萄糖还未完全分解，产生出来的酒精属中间产物，这个化学反应过程与发酵酒一样，因此，又把它看成是发酵作用。缺氧呼吸产生的酒精如积累过多，会促使有机细胞中毒死亡，其结果会使粮种发芽率降低，果实和蔬菜腐烂等。

（二）发芽

有些有机体商品粮食、果蔬等在流通过程中，若水分、氧气、温湿度等条件适宜就可能发芽，其结果会使粮食、果蔬的营养物质在酶的作用下转化为可溶性物质，供给有机体本身的需要，从而降低有机体商品的质量。如各种粮食发芽都会降低加工成品率和食用价值。马铃薯发芽则产生有毒物质。同时，发芽萌发过程中通常伴随发热生霉，不仅增加损耗，而且降低质量，粮食种子则会丧失播种价值。

（三）胚胎发育

这里主要指的是鲜蛋的胚胎发育。鲜蛋在流通过程中如果温度适宜，胚胎往往会发育成为血环蛋，大大降低鲜蛋的质量。为抑制鲜蛋的胚胎发育，要研究选用合理的商品包装。

有机体商品除进行生理生化变化外，还可能污染微生物，发生霉变，发酵、蛋白质腐败等变化，并可能招致虫蛀，而造成商品破坏。霉变是有机体商品容易发生的变化；发酵主要是污染了酵母菌、乳酸菌、醋酸菌等，使商品发生分解作用，蛋白质腐败主要是由于细菌污染食品而发生蛋白质分解的现象。

四、商品质量变化的外界因素

商品在运输、储存等流通过程中，要与空气接触，有时受日光的直接照射。由于空气的成分，特别是其中的氧、水蒸气、有害气体、细菌、霉菌等的作用，温度、湿度、压力及日光射照的影响，商品会发生霉腐、虫蛀、锈蚀、老化、溶化、干裂、退色、挥发、燃烧和爆炸等物理、化学、生化变化，使商品的质量下降，甚至报废。因此，研究这些外界因素与商品质量变化的关系，对于探讨商品包装的技术条件有重要的意义。

（一）环境温、湿度对商品质量的影响

商品中都含有水分，其含水分的多少因商品的组成成分及结构而异。对大多数商品而言，水分是组成商品的必要成分。环境温、湿度的变化必然引起商品含水量的增减，引起商品质量的变化，引起储存环境中微生物、虫害的生长、繁殖和死亡。因此，商品的水分与环境温、湿度的大小密切相关。

商品中所含的水分根据存在状态和性质，可以分为结合水和游离水。结合水是以氢键的形式与商品成分中胶体系统内的亲水性物质。牢固结合的水和商品体的其他物质共同决定商品的使用价值，如果失去这部分水，商品质量就会受到影响。游离水是吸附在商品表面或结构中毛细管内的游离状态的水，又称为自由水。这种水具有一般水的性质，在一般情况下，它是商品水分变化的主体，它是霉腐微生物等生物因子进行生命活动所需的水分来源。由此可见，商品本身水分的变化，一般情况下是游离水的变化，它将随着环境温、温度的变化而变化。

环境温度的变化对商品中的含水量有着密切的关系，而且直接影响商品质量的变化，在相对湿度不变的情况下，温度的变化可以提高或降低商品中的含水量，同时，湿度的变化还可引起某些易溶、易熔、易挥发液体，以及有生理机能的商品发生质与量的变化，使商品在数量上和质量上受到损失。

（二）空气中的氧和日光照射对商品质量的影响

在空气中通常有 1/5 的氧存在。商品发生化学和生化变化绝大多数与空气中的氧有关，氧是很活泼的气体，能与许多商品直接化合，使商品氧化，不仅降低商品质量，而且有时还会在氧化过程中产生热量，发生自燃，有时还会发生爆炸事故。如氧能加速五金商品的锈蚀，加速害虫的长生繁殖。商品霉变也有氧的作用。在腐败微生物中，缺氧就会受到抑制甚至死亡；含有不饱和成分的油脂和肥皂，接触空气中的氧能逐渐氧化、酸败。有

一些具有生理机能的商品要借氧进行呼吸，如粮食、果蔬、鲜蛋等。由此可见，氧对商品的质量变化起着极大的影响。因此，要针对商品的具体性能，研究相应的包装技术与方法，控制包装内的含氧量。

日光也是影响商品变质的一个重要因素，日光中包含着各种频率的色光（可见光谱），红外线约占43%，紫外线约占7%。红外线有增热作用，可以增加商品的温度，降低商品的含水量。紫外线对微生物有杀伤作用。大多数细菌只要日光照射1～2小时就死亡，其他微生物光照1～4小时大多数也要死亡。但是，有些商品在日光的照射下发生剧烈或缓慢的破坏作用，而且还可能达到自燃点引起火灾。

（三）商品在流通过程中遭受的外力对其质量的影响

商品在流通过程中需经过各种运输工具的运输及运输途中车船码头、中转仓库的储存与搬运、装卸，致使商品受到振动、冲击等因素的影响，而使其质量受损。如我们目前常用的交通运输工具有汽车、火车、轮船、飞机等，而各种运输工具的减振系统皆不相同，因此，其运载商品受到的振动情况也不同，火车的振源主要来自车轮，通过路轨接头处或轨道面凹凸处的冲击振动；车轮的偏心；道路的起伏不平；车辆的摘挂、上下坡、过岔道、启动、紧急制动等因素。以上振源在一定条件下可以单独起振也可能同时作用，引起更为复杂的叠加振动。轮船的振动源主要来自主机及螺旋桨的不平衡，尤其当螺旋桨部分露出水面时，振动更大。此外，波浪的撞击也能引起振动。飞机的振源一般来自发动机及气流突变所发生的抖动，飞机起落时，突然瞬间着地或由于跑道不平则往往引起冲击振动。此外，商品在储存运输过程中的层层堆码，使底层商品承载过重，以及商品在装卸、搬运过程中的意外跌落等因素产生的外力对商品质量的损害。因此，为了保护商品在流通过程中避免或减轻各种外力的损害，就要研究相应的包装技术与方法。

第二节　防霉腐包装技术

有机物构成物品诸如农产品、食品、卷烟、纺织品、毛制品、橡胶制品、皮革制品、纸与纸板等，容易受霉菌侵袭而发生霉变和腐败，故需要对这些物品实施防霉包装技术。

一、霉变过程及防霉包装技术要求

有机构成的物品在外界因素（温湿度、氧气、pH值等）适宜时，就会发生霉变，不仅影响外观，而且还会导致物品品质下降。

（一）霉变的过程

水分是霉菌生长的关键因素，霉菌在物品上生长、繁殖、新陈代谢的过程就是霉变的过程，一般需要经过4个环节：

1. 受潮

当物品吸收外界水分，使水分含量达到霉菌生长所需要的水分，霉变开始发生。

2. 发热

霉菌生长繁殖产生热量，一部分供自身的活动，剩余部分在物品中散发出来造成发热。

3. 长霉

霉菌在物品上生长繁殖，开始长出菌丝，扩大形成霉点，进而增大形成菌斑。霉菌新陈代谢产物中的色素使菌斑变成黄、红、绿、褐、黑、白等色。

4. 腐败

随着霉菌的不断繁殖，物品的营养成分被消耗，内部结构被破坏，失去原有的性能并产生霉味，外观污染，使物品变质并丧失使用（食用）价值。

（二）防霉包装技术要求

防霉包装技术要求主要是对包装材料、包装环境、物流环境等方面的要求。

1. 对包装材料的要求

同物品直接接触的包装材料，对产品不得有腐蚀作用，不得选用产生腐蚀气体的材料；不得选用吸水率和透湿率较高的材料；对于抗霉性较差的材料，应按有关标准和规定预先进行防霉处理；聚苯乙烯发泡塑料及同类材料制成的包装容器，必须干燥，以防相对湿度高导致霉变。

2. 对包装环境要求

包装环境应保持卫生和干燥，无积水和有害介质；在包装作业过程中，保持物品及包装容器的清洁，不得有油渍、灰尘等污染物进入容器内；任何环境下都不得给霉菌留下养料或包装容器及被包装物表面沾染营养物。

3. 对物流环境的要求

储存场所应该干燥，并有适当的隔层以阻止潮气从地下上升，以免外包装吸潮长霉；仓库堆垛或堆放包装件之间、包装件与墙之间保持适当的距离，以利于巡视、通风及处理，防止长霉。

常用的防霉包装技术有化学药剂防霉包装、气相防霉包装、气调防霉包装、温控防霉包装等技术。

二、化学药剂防霉腐包装技术

化学药剂防霉腐包装技术主要是使用防霉防腐化学药剂将待包装物品、包装材料进行适当处理的包装技术。有的将防霉腐剂直接加在某个生产工序中，有的是将其喷洒或涂抹在商品表面，有的需浸泡再予包装。但是，这样处理会使有些商品的质量与外观受到不同程度的影响。

利用防霉防腐剂的杀菌抑菌机理主要是使用菌体蛋白质凝固、变性，有的使之与菌体酶系统结合，影响菌体的代谢，有的使之降低菌体表面张力，增长细胞膜的通透性，而发生细胞破裂或溶解。

使用防霉防腐剂时应选择具有高效、低毒、使用简便、价廉、易购等特点的防腐剂。防霉防腐剂有两大类：一类是用于工业品的防霉剂，如多菌灵、百菌清、灭菌丹等；另一类是用于食品的防腐剂，如苯甲酸及其钠盐、脱氢醋酸、托布津等。

三、气相防霉腐包装技术

气相防霉腐包装技术是使用具有挥发性的防霉防腐剂，利用其挥发产生的气体直接与霉腐微生物接触，杀死或抑制霉腐微生物的生长，以达到商品防霉腐的目的，而且由于气相防霉腐是气相分子直接渗透于商品上，对其外观和质量不会产生不良影响，但要求包装材料和包装容器具有透气率小，密封性能好的特点。

气相防霉腐剂有多聚甲醛防霉腐剂，多聚甲醛是甲醛的聚合物，在常温下可徐徐升华解聚成有甲醛刺激味的气体，能使菌体蛋白蛋凝固，以杀死或抑制霉腐微生物，使用时将其包成小包或压成片剂，与商品一起放入包装容器内加以密封，让其自然升华扩散。但是，多聚甲醛升华出来的甲醛气体在高湿高湿条件下可能与空气中的水蒸气结合形成甲酸，对金属有腐蚀作用。因此，有金属附件的商品不可使用。另外，甲醛气体对人的眼睛黏膜有刺激作用，因此，操作人员应做好保护。

另外，还有一种是环氧乙烷防霉腐剂。环氧乙烷能与菌体蛋白质、酶分子的羧基、氨基、羧基中的游离氢原子结合，生成羟乙基，使其代谢功能障碍而死亡。环氧乙烷分子穿透力比甲醛大，因而杀菌力比甲醛高，又可在低温低湿下发挥杀菌作用，因此，应用于不能加热、怕受潮商品的杀菌防霉腐较为理想。但是，环氧乙烷能使蛋白质液化，并能破坏粮食中的维生素和氨基酸，还残留有毒的氯乙醇，因此，环氧乙烷只可用于日用工业品的防霉腐，不宜用作粮食和食品的防霉腐。

四、气调防霉腐包装技术

气调防霉腐是生态防霉腐的形式之一。霉腐微生物与生物性商品的呼吸代谢都离不开空气、水分、湿度这 3 个因素，只要有效控制其中一个因素，就能达到防止商品发生霉腐的目的，如只要控制和调解空气中氧的浓度，人为地造成一个低氧环境，霉腐微生物生长繁殖和生物性商品自身呼吸就会受到抑制。

在密封包装的条件下，通过改变包装内空气组成成分，以降低氧的浓度，造成低氧环境来抑制霉腐微生物的生命活动与生物性商品的呼吸强度，从而达到对被包装商品防霉腐的目的，这就是气调防霉腐包装的原理。

气调防霉包装是充以对人体无毒性，对霉腐微生物有抑制作用的气体，目前主要是充二氧化碳和氮气。二氧化碳在空气中的正常含量是 0.03%，微量的二氧化碳对微生物有刺激生长作用，当空间浓度达到 10%～14%时，对微生物有抑制作用，如果空间浓度超过 40%以上时，对微生物就有明显的抑制与杀死作用。包装材料必须采用对气体或水蒸气有一定阻透性的气密性材料，才能保持包装内的气体浓度。

气调防霉腐包装技术的关键是密封和降氧，包装容器的密封是保证气调防霉腐的关键。降氧是气调防霉腐的重要环节，目前人工降氧方法主要有机械降氧和化学降氧两种方法。

机械降氧法主要有真空充氮法和充二氧化碳法。化学降氧是采用脱氧剂来使包装内的氧气浓度下降。

五、温控防霉腐包装技术

温控防霉包装技术是通过控制商品本身的温度，使其低于霉腐微生物生长繁殖的最低界限，抑制酶的活性。它一方面抑制了生物性商品的呼吸、氧化过程，使其自身分解受阻，一旦温度恢复，仍可保持其原有的品质；另一方面抑制霉腐微生物的代谢与生长繁殖达到防霉腐的目的。

温控防霉腐所需的温度与时间应按具体商品而定。一般情况下，温度越低，持续时间越长，霉腐微生物的死亡率越高。按温度的高低和时间长短，分冷藏和冻藏两种。冷藏防霉腐包装是适于含水量大又不耐冰冻的易腐商品，短时间在0℃左右的冷却储藏，如蔬菜、水果、鲜蛋等。在冷藏期间霉腐微生物的酶几乎都失去了活性，新陈代谢的各种生理生化反应缓慢，甚至停止，生长繁殖受到抑制，但并未死亡。冻藏是适于耐冰冻含水量大的易腐商品，较长时间的在－18℃～－16℃的冻结储藏，如肉类、鱼类。在冻藏期间，商品的品质基本上不受损害，商品上的霉腐微生物细胞内水分变成冰晶脱水，冰晶又损坏细胞质膜而引起死伤。

温控防霉腐包装应使用耐低湿包装材料。

六、其他防霉腐包装技术

（一）干燥防霉腐包装技术

通过降低密封包装内的水分与商品本身水分，使霉腐微生物得不到生长繁殖所需水分来达到防霉腐目的。它主要通过在密封的包装内置放一定量的干燥剂来吸收包装内的水分，使内装商品的含水量降到其允许含水量以下。

（二）电离辐射防霉腐包装技术

能量通过空间传递称为辐射，射线使被照射的物质产生电离作用，称为电离辐射。

电离辐射的直接作用是，当辐射线通过微生物时，能使微生物内部物质分解而引起诱变或死亡。其间接作用是射线使水分子解离为游离基，游离基与液体中溶解的氧作用产生强氧化基团，此基团使微生物酶蛋白的—SH 氧化，酶便失去了活性，因而使其诱变或死亡。

电离辐射防霉腐包装目前主要应用 X 射线与 γ 射线，包装的商品经过电离辐射后即完成了消毒灭菌作用，经照射后，如果不再污染，配合冷藏条件，小剂量辐射能延生保存期数周至数月。大剂量辐射可彻底灭菌，长期保存。

（三）紫外线、微波、远红外线和高频电场防霉腐包装技术

紫外线的波长范围为 1000～4000Å，其中，波长为 2000～3000Å 的紫外线具有杀菌作用，尤以 2650～2660Å 杀菌力最强。紫外线穿透力很弱，因此，只能杀死商品表面的霉腐微生物。

待包装物品和包装容量或材料在一定距离内经紫外线照射一定时间即杀死商品表面和容器（材料）表面的霉腐微生物，再予包装则可延长包装有效期。

微波是频率为 300～300000MHz 的超高频电磁波。含水和脂肪成分多的物体容易吸收微波的能量，吸收后转变为热能。

微波杀菌机理是微生物在高频电磁场的作用下，吸收微波能量后，一方面，转变为热能而杀菌；另一方面，菌体的水分和脂肪等物质受到微波的作用，它们的分子间发生振动摩擦而使细胞内部受损与产生热能，促使菌体死亡。微波产生的热能在内部，因此，热能利用率高，加热时间短，加热均匀。

远红外线是频率高于 300000MHz 的电磁波，其作用与微波相似，其杀菌机理主要是远红外线的光辐射和产生的高温使菌体迅速脱水干燥而死亡。

高频电场的杀菌机理是含水分高的商品和微生物能"吸收"高频电能转变为热能而杀菌。只要商品和商品上的微生物有足够的水分，同时，又有一定强度的高频电场，消毒杀菌瞬间即可完成。

第三节　防潮包装技术

潮湿是引发物品变质的重要因素之一，它能降低物品的性能，甚至使其失去使用价值。防潮包装主要隔绝大气中的水分对包装物品的作用，防止吸潮物品潮解变质，防止含有水分的食品、果品等脱湿变质，防止食品、纤维制品、皮革等受潮霉变，防止金属及其制品锈蚀等。

一、物品吸湿环境及特性

防潮包装要求在包装时将封入容器内的水分予以排除，并限制因包装材料的透湿性而渗入包装容器之内的水蒸气量，使被包装物品处于临界相对湿度以下。因此，必须注意物品的吸湿环境及特性。

（一）包装物品的吸湿环境

各种物品吸湿特性不同，对水分的敏感程度也不一样，包装物品在流通过程中，所接触到的空气水分含量也经常变化，因此，对防潮包装的防潮性能要求也不相同。正确选择

包装工艺及其材料，必须根据包装物品的吸湿特性和所处的外界环境条件。

（二）包装物品的吸湿特性

大部分包装物品都具有吸湿性，吸水量是随着接触空气的相对湿度增大而增大，直至达到饱和状态。任何包装物品都不是绝对干燥的，含有一定量的水分，在允许的相对湿度范围内，吸湿量和蒸发量相等，即达到允许的含水量，才能保证物品的性能，超过这一范围就会改变允许的平衡含水量，使包装物品发生潮解，造成损失。

二、防潮包装基本技术

防潮包装物品一般都是易吸收水分或表面吸附水分而发生潮解、霉变和腐蚀的物品。因此，充分了解物品的吸湿特性，明确防潮目的和等级要求，选用适当的防潮材料和技术，才能够达到良好的防潮效果。

（一）防潮包装的目的

①防止含有水分的食品、蔬菜、瓜果等因脱湿（干燥）而发生变质，或降低其性能。
②防止食品、纤维制品、皮革等有机物品受潮而促进霉菌繁殖生长。
③防止金属材料及其制品受潮变色和生锈。
④防止易吸湿物品（如肥料、水泥、面粉、医药等）潮解变质。

（二）防潮包装的防护等级

根据物品的性质、储运期限与物流过程的湿度条件，防潮包装分为 3 个等级，详见表 4-2，与此相对应的气候也分为 3 种，它根据包装储运气候与环境的温湿度条件进行分类，详见表 4-3。

表 4-2　　防潮包装等级与储运条件

等级	包装储运条件		
	储运期限	气候种类	物品性质
Ⅰ	1—2 年	A	对湿度敏感物品，易长霉、生锈和变质物品，以及贵重、精密物品
Ⅱ	0.5—1 年	B	对湿度程度敏感物品，较贵重、精密物品
Ⅲ	半年以下	C	对湿度不敏感物品

表 4-3　　储运环境气候类别

气候种类	A	B	C
气候特征	高温高湿	中温中湿	常温常湿

续 表

气候种类		A	B	C
气候条件	温度（℃）	＞30	20～30	＜20
	相对湿度（%）	＞90	70～90	＜70

（三）防潮包装的技术措施

选用低透湿度或透湿度为零的包装材料、包装容器，将物品与外界环境的潮湿空气相隔绝，以免外界环境潮湿空气对包装物品产生直接影响，当包装材料、包装容器的透湿度为零时，外界环境潮湿空气不产生任何影响；对于低透湿度的包装材料、包装容器，外界环境的潮湿空气缓慢地、少量地渗透包装材料和包装容器壁，对物品产生轻微的影响。但是，当储运时间超过有效期限时，外界环境的潮气渗透量增大，当超过临界相对湿度60%时，包装物品因受潮而发生腐蚀。

防潮包装的干燥方法有两种：一是静态干燥法，是将一定数量的干燥剂装入封闭的包装物品内，吸去内壁内部水蒸气防止包装物品受潮，其防潮能力决定包装材料的透湿性、干燥剂的性质和数量、包装容器空间大小等因素，一般情况适应于小型包装和有限的防潮包装。二是动态干燥法，采用降湿机械，将经过干燥降湿的空气输入包装产品内，置换潮湿空气，达到控制包装内相对湿度的目的，使包装物品保持干燥状态。这种方法适合大型包装和长期储存包装。

三、防潮包装方法及设计

一般的防潮包装方法有两类：一类是为了防止被包装的含水产品失去水分，保证产品的性能稳定，采用具有一定透湿率的防湿包装材料进行包装，即防止包装物内水分失去的防潮包装。另一类是为了防止被包装物品增加水分，保护物品质量的包装。这是在包装容器内装入一定数量的干燥剂，吸收包装内的水分和吸收从包装外渗进来的水分，以减缓包装内湿度上升的速度，以延长防潮包装的包装有效期。

（一）防止被包装物品失去水分的防潮包装方法及其设计

对这一类防潮包装进行设计时，要根据被包装产品的性质、防湿要求、形状和使用特点来合理地选用防潮包装材料，设计包装容器和包装方法，并对防潮性进行必要的测算。同时必须具有以下各项具体参数。

①被包装物品的净重 W（g）；

②被包装物品的含水量 C_1（%）；

③被包装物品允许最大含水量 C_2（%）；

④包装材料面积 s（m^2）

⑤防潮包装有效期 t（24h）；

⑥包装储存环境的平均气温 θ（℃）；

⑦包装储存环境的平均湿度 h_1（%）；

⑧包装内的湿度 h_2（%）。

设包装的条件如上所列，则允许透进包装的水蒸气量 q（g）为：

$$q=W\times(C_2-C_1)\times10^{-2} \tag{4-1}$$

又由包装材料的面积 s 和防湿包装有效期 t，可求得包装材料的透湿度 Q_θ（克/米^2，24 小时）

$$Q=\frac{q}{s\times t}=\frac{W\times(C_2-C_1)\times10^{-2}}{s\times t} \tag{4-2}$$

由式（4-2）求得在储存包装的环境温度 θ℃，包装内外湿度差（$h_2\sim h_1$）条件下，包装材料的最大透湿度。在用这类透湿度的包装材料进行包装后，能保证和保持包装内所含水量不超过被包装产品允许的最大含水量（C_2%）。

为了按一般规定的以温度 40℃来表示透湿度，则可以按下式计算：

$$R=\frac{W\times(C_2-C_1)\times10^{-2}}{S\times T\times(h_1-h_2)\times K} \tag{4-3}$$

式中：R——在 40℃时测得的透湿量（g）；

K——包装存放环境温度 0℃时不同包装材料的系数，其值如表 4-4 所示。

表 4-4　各种包装材料在不同温度下的 K 值

	40	35	30	25	20	15	10	5	0
聚苯乙烯	1.11×10^{-2}	0.85×10^{-2}	0.63×10^{-2}	0.48×10^{-2}	0.35×10^{-2}	2.57×10^{-3}	1.84×10^{-3}	1.31×10^{-3}	0.92×10^{-3}
软聚氯乙烯	1.11×10^{-2}	0.73	0.49	0.31	0.20	1.26	0.78	0.46	0.28
硬聚氯乙烯	1.11×10^{-2}	0.80	0.58	0.41	0.29	1.99	0.36	0.90	0.61
聚酯	1.11×10^{-2}	0.73	0.48	0.31	0.20	1.29	0.81	0.48	0.29
低密度聚乙烯	1.11×10^{-2}	0.70	0.45	0.28	0.18	1.05	0.63	0.36	0.21
高密度聚乙烯	1.11×10^{-2}	0.69	0.44	0.27	0.17	1.00	0.59	0.33	0.19
聚丙烯	1.11×10^{-2}	0.69	0.43	0.25	0.16	0.92	0.53	0.29	0.17
聚偏二氯乙烯	1.11×10^{-2}	0.65	0.39	0.22	0.13	0.74	0.40	0.21	0.11

在任意温度条件下的透湿量可按下式求出：

$$Q_\theta=R\cdot K\cdot\Delta h \tag{4-4}$$

式中：Δh——在任意温度 θ℃时，包装内外相对湿度差。

产品进行防潮包装后，该防潮包装的有效期可以通过式（4-2）换算求得，如式(4-5)所列，将该包装采用的防潮包装有关参数代入即可。

$$t=\frac{W\times(C_2-C_1)\times 10^{-2}}{R\times S\times(h_1-h_2)\times K} \tag{4-5}$$

（二）防止被包装物品增加水分的防潮包装方法及其设计

防止被包装物品增加水分的防潮包装方法是在包装内存放适量的干燥剂。这类防潮包装必须采用透湿度小的防潮包装材料，因为包装内存放干燥剂后增大了包装内外的湿度差，如果所使用的包装材料透湿度较大，则会使包装外的水分更快地进入包装内，使包装内有限的干燥剂很快失去作用，造成被包装物品的受潮变质。

在设计使用干燥剂的防湿包装时，应根据包装的目的和包装条件来计算干燥剂的用量。在设计时必须给出计算参数是：

①测定出所使用防潮材料的透湿度 R（$g/m^2\cdot 24h$）。

②根据被包装物品与湿度的关系，决定包装内部的湿度值 h_2（%）。

③根据所使用干燥剂的吸湿等温曲线，求出包装内相对湿度 h_2（%）所对应的干燥剂最大含水量 C_2（%），并选定干燥剂的原始含水量 C_1（%）。

④设计出包装容器的表面积 S（m^2），包装有效期 t（天），假设外部环境温度为 θ℃，相对湿度为 h_1（%），则根据 θ℃和 h_1（%）条件决定系数 K 的值。

将以上各参数代入式（4-3），即可求得干燥剂的用量 W（g）。

第四节　防虫害包装技术

物品在流通过程中，会受到虫害的侵袭，它不仅蛀蚀动植物性物品，破坏物品的组织结构，使物品破碎或出现洞孔，而且害虫的新陈代谢中的排泄物还会污染物品，影响物品的品质和外观，因此，对一些易虫蛀、虫咬物品应进行防虫害包装，破坏害虫的生长、生存和繁殖条件，扼杀和抑制其生长繁殖。

一、防虫害包装技术概述

（一）利用包装破坏害虫的生长环境

所有害虫都与其生长环境密切相关，环境是影响其生长、发育、繁殖的主要因素。防虫害包装就是根据害虫的生活习性和生存环境条件，人为地控制和创造不利于害虫生存的环境条件，可抑制其生长、发育及传播蔓延，甚至直接灭杀害虫。同害虫生长密切相关的环境条件主要有温度、湿度、空气、光线等。此外，害虫生长海域物品的化学组成有关，容易被虫蚀的物品都是富含有机养分，如粮食、干果、毛织品、蚕丝织品、人造纤维织品、天然草织品、毛皮及其制品等，均含有丰富的蛋白质、氨基酸、脂肪、糖类及纤维素等有机营养成分，这些营养成分被害虫消化利用，造成物品虫蚀而被破坏。因此，对于纺织品、毛皮、衣物、纸张、木材、农产品及其加工的等需要采取防虫害包装技术来保护物品。

（二）防虫害包装技术的基本原理

防虫害包装技术是利用各种物理方法和化学药剂作用于害虫肌体，破坏害虫的生理机能和肌体结构，恶化它的生存环境，迫使害虫死亡或抑制害虫繁殖，达到杀虫防蚀的目的。

1. 高温防虫害包装

它是利用较高的温度抑制害虫的发育和繁殖。当环境温度上升到 40～45℃时，一般的害虫生长都受到抑制；当温度达到 45～48℃时，大多数害虫将处于昏迷状态（夏眠）；当温度超过 48℃时，大多数害虫死亡。

2. 低温防虫害包装

它是利用低温抑制害虫的发育和繁殖，并使其死亡。一般环境温度在 8～15℃时，害虫停止活动；当温度降到－4～8℃时，大部分害虫处在冷麻痹状态，害虫长时间处在这样的环境中就会死亡；－4℃是致死害虫的临界线，当温度降到临界线，由于虫体体液在冻结前释放出热量，使体温回升，已经冻僵的害虫还会复苏，如果继续保持低温，害虫回真正死亡。

3. 气调防虫害包装

它是利用改变包装容器内的气体成分，使害虫处在不良的生存环境，达到防治害虫的目的。一般情况下，当氧浓度在 5%～7%时，害虫维持 1～2 周死亡；当氧浓度在 2%以下，杀虫效果更为理想；二氧化碳杀虫所需要的浓度一般高达 60%～80%。

4. 电离辐射防虫害包装

它是利用射线破坏害虫的新陈代谢和生命活动，使其不育或死亡，达到害虫防治的目的，辐射用射线主要有 X 射线、γ 射线、快中子射线等，应用较多的是 γ 射线。因 γ 射线的穿透能力强，能量较大，并可将其制成固定或流通式的辐射源装置，操作方便。

5. 化学药剂防虫害包装

它是利用化学药剂来抑制或杀死害虫，保护包装物品的防护措施。由于化学药剂是利用其毒性对害虫的毒害作用，使用时注意安全，并且对于食品不宜使用。同时还要注意环境条件，确保人、物、畜的安全。

除上述防虫害包装原理外，湿度对害虫的影响同样重要，一方面，它直接影响害虫水分生理活性；另一方面，间接影响害虫食物的含水量。水分是害虫消化作用、营养物质循环、排泄物的排出、渗透压的调节等生理活动必需的溶剂，也是体温调节必不可少的。害虫体内的水分占体重的 50%左右，害虫体内水分主要是从食物中获取，当食物水分含量低于 8%时，害虫难易生存。害虫体内水分散失，主要通过水分的蒸发作用。当外界环境空气相对湿度降低时，水分的蒸发就快，害虫体内散失水量增加。湿度主要影响害虫生长发育速度和生殖能力。

二、防虫害包装技术

防虫害包装技术是通过各种物理因素（光、热、电、冷冻等）或化学药剂影响和破坏害虫的生理机能和肌体结构，劣化害虫的生活环境，迫使害虫死亡或抑制害虫繁殖，以达到防虫害的目的。在物流包装中常用的防虫害包装技术有以下几种。

（一）高温防虫害包装技术

高温防虫害包装技术就是利用较高的温度来抑制害虫的发育和繁殖。表4－5就是杂拟谷稻害虫与温度的关系。

表4－5　　害虫杂拟谷稻死亡与温度的关系

温度		造成50%死亡所需时间			
℃	F	卵	幼虫	蛹	成虫
44	111.2	14h	10h	20h	7h
46	114.2	1.2h	1h	1.5h	1.2h
48	118.4		8min	12min	26min
50	122.0		4.7min	4.5min	4.9min

高温杀虫包装技术可以采用烘干杀虫、蒸汽杀虫等方法来进行。烘干杀虫一般是将待装物品放在烘干室或烘道、烘箱内，使室内温度上升到65℃～110℃，也可以按照待装物品的品种规格，容易滋生害虫种类的特性定温度和升温时间的要求，进行烘烤处理。蒸汽杀虫是利用高热的蒸汽杀灭害虫，一般利用蒸汽室，室内温度保持在80℃左右，需要处理的受害物品，在室内处理15～20分钟，害虫可以完全杀死。

（二）低温防虫害包装技术

低温防虫害包装技术是种用低温抑制害虫的繁殖和发育，并使其死亡。一般仓库害虫在气温下降到7℃时就不能繁殖，并大部分开始死亡。各种冷冻设备如冷冻机、低温冷藏库等，都能将温度降到0℃以下，足以达到防虫的目的。

害虫对于外界低温具有一定的抗寒能力，为了破坏害虫的抗寒性，加速其死亡，在低温处理时，应注意以下两个问题。

①害虫的抗寒性与其食物的含水量有密切的关系。害虫的食物中含水量越高，则它的抗寒性就越强，因此，在防虫包装中要在内装物品含水量的允许范围内，尽量减少物品中的水分，以降低害虫的抗寒性，加速其死亡。

②害虫的抗寒性与冷却速度有密切的关系，冷却越慢则害虫体内热量散失越慢，冷却状态越稳定；反之冷却速度越快，体温在较高的温度下，体液骤然进入到结晶状态，则可以加快害虫死亡。

（三）电离辐射的防虫害包装技术

电离辐射防虫害包装技术是利用X射线、γ射线、快中子等的杀伤能力使害虫死亡或者不育；从而达到防虫害的目的。X射线是一种不带电的粒子流，也是波长从0.1埃到100埃的电磁波，有很高的穿透能力。放射性物质的原子核是不稳定的，它不断放出α、β、γ三种射线。其中γ射线是一种光子流，波长短于X射线。它的性质与一般的可见光、紫外线、X射线相似，所不同的是它的能量很大，对害虫的杀伤力强。快中子是一种质量和质子相近的中性粒子，不带电，穿透力特别强，辐射效应高于γ射线。

（四）微波与远红外线防虫害包装技术

微波是指波长为1mm～1m的电磁波。频率为300～300000MHz，也称为超高频。微波在传输过程中，不同的材料对微波会产生不同的反射、吸收和穿透现象。用微波处理的材料通常会不同程度地吸收微波的能量，特别是含水和含脂肪的物质，它们吸入微波能量以后能把它转变为热量。

微波杀虫是害虫在高频的电磁场作用下，虫体内的水分、脂肪等物质受到微波的作用，其分子发生振动，分子之间产生剧烈的摩擦，生成大量的热能，使虫体内部温度迅速上升，可达60℃以上，因而致死。微波杀虫具有处理时间短、杀虫效力高、无残害、无药害等优点。但是，微波对人体健康有一定影响，可以引起贫血、嗜睡、神经衰弱、记忆力减退等病症，因此，操作人员不要进入有害虫剂量（150MHz以上）的微波范围，应采取必要的防护措施。

远红外线具有与微波相似的作用，主要是能迅速干燥储藏物品和直接杀死害虫。如害虫竹蠹的死亡临界温度为48℃，利用远红外线的光辐射和产生的高温（可高达150℃），可使竹制品内部的竹蠹全部死亡。远红外线杀虫的优点与微波杀虫的优点基本相似，是一种有成效的防治害虫的包装技术方法。

另外，还有将包装材料进行防虫剂、杀虫剂处理，或在包装容器中加入杀虫剂或驱虫剂，借以保护内装商品免受虫类侵害。如除虫菊和丁氧基葵花香精的混合物可以使用于多层纸袋，且这种混合物是一种安全的杀虫剂。

第五节　防振包装技术

在物流过程中，包装件会受到来自运输、配送、装卸搬运、堆码等活动的冲击、振动和压力的作用，如果不加防护会导致物品损坏。防振包装技术主要是为减少这些外力作用而采取的防护措施。

一、防振包装的作用

防振包装又称缓冲包装，它是防振和缓冲结合起来考虑的包装技术。在各种包装方法中占有重要地位。产品从生产出来到开始使用，要经过一系列的储存、堆码、运输和装卸过程，置于一定的环境之中。在任何环境中，都会有力作用于物品之上，并使物品发生机械性损坏。为了防止物品遭受损坏，就要设法减小外力的影响。所谓防振包装是指为减缓内装物受到的冲击和振动、保护其免受损坏所采取一定防护措施的包装。

（一）物品所处的环境

物品被包装后形成包装件。从包装到顾客拆除包装，主要经过堆积、运输和装卸等物流过程。堆积过程主要受静压力作用，运输过程主要受震动力作用，装卸过程主要受冲击力作用。克服静压力对产品的影响主要靠包装容器、包装材料的强度；克服振动和冲击的影响主要靠防振措施。

1. 振动环境

运输中所形成的振动环境最为典型。运输振动环境是十分复杂的，并且具有随机的特性。外界振动通过包装传到内装物上，当振动中的主频率等于内装物中某一部分的固有频率时，这一部分就发生共振，这时最易发生损坏。

2. 冲击环境

不管采用什么运输方式，在发货、到货中常遇到的最严重的冲击来自装卸操作，这是由于包装件掉落在地板上、码头上或平台上引起的。掉落的形式有多种，如平直落地、角隅落地、棱边落地等。形式不同，所传输的冲击也不同，其中以包装件平直落在无弹性的水平面上时所传输的冲击最严重。

冲击的形式有人为性和偶然性两种，但从概率角度来看，冲击环境的存在是必然的。

（二）物品所受外力

1. 包装件下落时的运动

包装件从某个高度下落时，由于重力加速度的作用，速度不断增加；与地面碰撞时，在极短的瞬间速度就会由最大变为零。

取重力加速度为 980cm/s^2，用符号 g 表示，则包装件触地时的速度为

$$v=gt \tag{4-6}$$

式中：v——自由落下速度（cm/s）；

t——落下时间（s）。

包装件触地的瞬间有很大的负加速度，使速度迅速降低，进而达到停止。在这个瞬间，被包装的产品对缓冲材料产生猛烈的压缩，而缓冲材料则对产品产生作用力，其力大小为

$$P=ma \tag{4-7}$$

式中：m——产品质量（kg）；

a——瞬时加速度（cm/s^2）。

瞬时加速度 a 的值，显然比重力加速度值要大很多倍。这个倍数是由物体下落时间 t 的比值决定的。停止得越快，即 t 越小，则 a 值越大；物体下落的时间越长，即 t 越大，则 a 值越大。

a 值是用来表现冲击力大小的，为了比较 a 值和重力加速度的大小，引入加速度系数 G，

$$G=\frac{a}{g} \tag{4-8}$$

这里，G 是无因次量，用 G 的大小可以衡量产品环境的好坏。

2. 冲击力的大小

包装件未掉落之前所具有的能量仅是位能，即

$$E=W\ (h+x) \tag{4-9}$$

式中：$W=mg$——重量；

h——包装件下落高度；

x——当研究包装与地面碰撞时，为外包装变形量；当研究物品与缓冲材料作用时，为缓冲材料的压缩变形量；

触地的瞬间，位能全部转变为动能，即

$$E'=\frac{1}{2}mv^2 \tag{4-10}$$

式中：P——作用力，地面对包装件的作用力或包装的内装件对缓冲材料的压缩力。

当速度降为零时，能量又转变为对包装件做功，即

$$E''=\int_0^x P\mathrm{d}x \tag{4-11}$$

根据能量守恒定律，设 P 为不变的常量，则有：把 $P=ma$，$W=mg$ 代入上式，由上两式可知冲击力和包装件（或被包装的内装物）的重量与落下高度和变形量 X 有关，加速度系数和冲击成正比，反映冲击力大小。

（三）各种运输方式的加速度系数

在运输中，情况很复杂，振动和冲击交替或同时产生，对产品的危害可归结为所产生的加速度最大值的大小。

1. 铁路运输

装载货物的列车不是均速由起点到终点的，如火车的启动和停车、急刹车、道轨的不合格、车辆编组作业、通过道叉、甩车等。产生的加速度方向，有前后、上下、左右，各种情况下加速度系数 G 的可能值分别如下：

车辆编组紧急刹车时为 5～4。

正常行驶，列车上下振动频率为 3～5Hz 进行摇动、车体弹性振动频率为 6～10Hz

时，为0.1～0.6，最大可达1。

列车左右振动频率为1～2Hz的摇动，车体弹性振动频率为4～6Hz正常行驶时，一般为0.1～0.2，最大可达1.2。

2. 汽车运输

汽车运输情况比铁路运输远为复杂，因为车型、行车速度、公路路面状况等，都对振动和冲击产生很大影响，特别是路面的好坏影响最大。包装货物在车厢上固定情况不同，所产生的影响也不同，如没有固定牢，受到颠簸后会产生跳起式振动，G值可达1，相当于从5～30cm高度自由落下时的冲击。特别不平的道路，会发生G为3～5的冲击。若路面不平，货又未捆好，甚至能发生G为5～20的冲击。

表4-6　汽车的振动加速度

行车情况		加速度系数G值		
		上下方向	左右方向	前后方向
一般公路（20～40km/h）	道路良好	0.4～0.7	0.1～0.2	0.1～0.2
	道路不良	1.3～2.4	0.4～1.0	0.5～1.5
车速为35（km/h）时急刹车		0.2～0.7	—	0.6～0.7
铺装公路（10～50km/h）	满载	0.6～1.0	0.2～0.5	0.1～0.4
	空载	1.0～1.6	0.6～1.4	0.3～0.9
	超过2cm的障碍	1.6～2.5	1.0～2.4	1.1～2.3
车速为50～60（km/h）时刹车		0.2	0.3	0.1～0.8

表4-6所示为用6t卡车在混凝土铺筑的良好道路与不良的碎石道路上行驶，8t载重车在混凝土铺装的路面上行驶时的振动加速度值。

3. 船舶运输

船舶振动主要是水的波浪引起的。船的振动主要有纵摇和横摇两种方式。前者为上下，后者为左右。船载包装货物的振动除了受船本身振动大小影响外，还受船舱的位置、船的大小、动力装置的位置的影响。一般船头上下振动最大，G值在0.3以下，在外海最大可达2。1000吨级海洋货船，上下振动G可达0.2～0.8，左右振动G可达0.2，前后振动在0.1之下。

4. 飞机运输

飞机在飞行中一般只产生振动，振动大小主要受机种、空中气流的影响。一般飞行振动，G在0.05～0.6范围内，恶劣气流条件时，可达1～2。振动频率范围很宽，在5～120Hz之间。

（四）包装件的落下高度

包装件在装卸作业过程中，最易遭受外力，产生冲击损失，但机械装卸作业和人工装卸作业所产生的冲击是很不相同的。

机械装卸作业时，用叉式升降机进行粗暴作业的话，能产生 G 为 1 的冲击加速度；传送带上移动物品时，G 值一般小于 1；运送的终点和中继点 G 可能达到几十以上。起重机、吊车进行装卸时，包装件垂直下落和横移与其他物品撞碰时，会产生 G 大于几十甚至上百的冲击力。人工装卸时，对于包装件的不同重量、体积、形状和操作环境，所产生的冲击是不同的。对不同的产品如何施以包装？一般以最易落下高度为准。也即防振包装后要保证在最易落下高度范围内跌落时，不损坏内装物。

包装件的最易落下高度是通过经验得到的，包装件最易落下高度 h 与包装件重量 w 有如下关系：

$$h=300\times w^{-\frac{1}{2}}\ \text{(cm)} \tag{4-12}$$

一般包装件的最易落下高度可参照表 4－7。

表 4－7　一般包装件的最易落下高度

重量（kg）	装卸方式	落下高度（m）
0～9.1	投掷	1.08
9.2～22.8	一般搬运	0.84
22.9～114	二人搬运	0.70
115～228	一般机械装卸	0.56
229～454	一般机械装卸	0.42
＞455	大型机械装卸	0.37

从表 4－7 可知，包装件越重，最易落下高度越低，越稳定。但是，不能因为产品轻而忽视防振包装。对于防振包装件进行落下冲击试验的落下高度，各国都有规定，表 4－8 是我国原电子工业部和上海仪表电信工业局的规定标准。

表 4－8　我国原电子工业部冲击试验落下高度标准

带包装的受试设备重量（kg）	落下高度（cm）
＜10	80
10～25	60
26～50	45
51～75	35
76～100	30

表 4-9　　日本冲击试落下高度标准

包装件总重量（kg）	包装最大尺寸（cm）	落下高度（cm）		
		条件 1	条件 2	条件 3
<25	90	90	70	40
25～50	90～120	60	50	30
50～75	120～150	50	40	20
75～100	150	40	30	10

表中落下高度是指包装件试件最低点与地面的最短距离。表 4—9 中条件 1 系指包装件多次运输堆放，粗暴装卸；条件 2 系指包装件 1、2 次运输堆入，比条件 1 缓和些；条件 3 系指机械装卸、小车运送和采用容器运送。

（五）允许加速度系数

产品的允许加速度是指产品遭受机械性损坏时所能承受的最大加速度值。此值大小可以表示所能承受的冲击力大小。允许加速度同样以重力加速度的倍数表示，记为 G_m，称其为允许加速度余数。对于同一产品来说，当遭受最大加速度作用时，破坏程度也不一样，因此，一般把一批产品的 95%所能承受的最大加速度值视为允许加速度。

以下几种破坏都是由于加速度所造成的：

1. 匀质产品的变形和破裂

由匀一材料构成的产品，下部受加速度的作用，在任意瞬间所受的作用力是物品的重量 w 与瞬间加速度系数 G 的乘积，即：

$$P=W\cdot G$$

当 $G\geqslant G_m$ 时，下部就要遭到破坏，主要形式是变形或脆性破裂。

2. 外壳破坏

包装件中的容器和产品的外壳受到超过允许加速度的加速度作用时，会产生变形和破裂。

3. 应力集中

由于产品的结构不合理，当受到超过允许加速度作用时，作用力就集中于某一局部，如超过材料强度时，就会产生变形和破裂。

4. 部件的移动

有的产品，其部件是用黏合剂黏着的或是能滑动的，当受加速度作用时，作用力超过黏合力或滑动摩擦力后，部件就产生移动，造成部件的脱落或损坏。

5. 振动破坏

若外力以某个频率作用于产品，当这频率和产品的本身固有频率相同时，就发生共振现象，造成物品的损坏。

为了要防止上述原因造成产品损坏，就要采用防振包装。防振包装按产品允许加速度的大小分为 3 等：

第一级，脆弱产品，$G_m \leqslant 40$。

第二级，较弱产品，$G_m = 41 \sim 90$。

第三级，一般物品，$G_m > 91$。

表 4 - 10 所示为产品的允许加速度的实例。

表 4 - 10　　产品的允许加速度实例表

产品名称	G_m
大型电子计算机、导弹的制导装置、高级电子仪器	<10
石英晶体振荡器、精密测量仪器、航空仪表	15～25
大型电子管、频率变换装置、精密指示仪器、电子仪器、大型工业机器	25～40
小型电子计算机、寄存器、大型发射机、录音机、彩色电视机、一般仪表、飞机备件	40～60
电视机、发报机、照相机、真空管、光学仪器、流动无线电装置、鸡蛋、暖水瓶	60～90
一般无线电装置、冷藏车、收音机、小型钟表	90～120
机械类、小型真空管、陶瓷器	>120

二、防振包装的方法

防振包装的作用主要是克服冲击和振动对被包装物品的影响。克服冲击所采用的方法通常叫缓冲；所用材料叫缓冲材料；克服振动而采用的方法通常叫防振、隔振，所用材料叫防振材料、隔振材料。防振包装是综合考虑了冲击和振动的影响而采用的方法，所用材料叫防振缓冲材料或叫防振材料，缓冲材料。

防振包装方法，根据所选用的防振材料性质和产品的形状、特性而不同，要选择适当的方法，首先要了解防振材料。防振材料是置于被包装产品和外包装之间用来吸收冲击、振动等外力而保护包装产品的，因此，防振材料是防振包装中的关键问题之一。

（一）防振材料

1. 防振材料的分类

(1) 按形状分类

①松散状，包括碎纸屑、木丝、发泡碎片、碎布头等。

②流动性衬垫状，包括块状、薄板状、粒状、花生状、贝壳状、环状、管状、通心粉状等物料。

③袋状，把松散状、衬垫状物料装入袋中。

④成型品，根据被包装品的形状和部位而制作的成型防振材料。

⑤板框架状，包括各种隔板、衬垫、框架、压板等较大的防振材料。

⑥防振结构，主要指螺旋形弹簧、板状弹簧等。

（2）按材质分类

①纤维素类，诸如木丝、纸屑、纸浆、稻草、麦秆、合成纤维等。

②动物纤维类，诸如猪鬃、羊毛、毛毡等。

③矿物纤维类，诸如玻璃纤维、石棉、矿物棉等。

④气泡结构类，诸如天然橡胶、合成橡胶、泡沫塑料、气泡塑料薄膜、气泡片材、发泡板材和就地发泡材料等。

⑤纸类，诸如瓦楞纸板、开槽隔板、玻璃纸衬料、旧报纸和皱纹纸等。

⑥防振装置类，诸如弹簧、悬挂装置等。

2. 防振材料具有的特性

如前所述，防振材料的作用是用来缓和包装件中内装物在运输、装卸等物流过程中所受的冲击和振动外力的。为此，就要求防振材料具有高度压缩和复原性（弹性），具体地来说有以下几点：

①能吸收冲击能量，使其减弱。

②能吸收振动外力，使其衰减。

③具有复原性。当加上负荷时产生变形，除去负荷后，能恢复原来形状的程度叫复原性。复原性又分静复原性（受静压荷重时）和动复原性（受冲击和振动）两种。对于吸收能量大而复原性不好的材料不宜作为防振材料。

④对温度、湿度具有稳定性。一般材料都要受温度和湿度的影响，作为防振材料，应在一定的温度、湿度范围内保持防振特性。一般纤维材料中的纤维素易受湿度影响，而热塑性塑料防振材料则易受温度影响，温度升高，材料变硬，防振性能降低。表4-11列举了各种材料最低安全温度。

表4-11　　各种材料最低安全使用温度

材料	最低安全温度（℃）
聚氨酯泡沫塑料	－30
泡沫橡胶	－20
动物纤维	－40
聚苯乙烯泡沫塑料	－20
聚乙烯泡沫塑料	－50

⑤吸湿性要小。吸湿性大的材料有两个危害，一是降低防振性能，二是引起所包装的金属制品生锈和非金属制品变形变质。纸、木丝等吸湿性强，不宜用来包装金属制品。连续发泡的泡沫塑料也易吸水，也不宜用于金属制品的包装，非连续发泡的泡沫塑料不易吸水，适用于金属制品包装。

⑥酸碱性要适中。防振材料的水溶出物的 pH 值，应在 6～8，与被包装物品直接接触时，pH 值最好为 7，否则在潮湿条件下易使被包装物品腐蚀。

表 4 - 12 定性地比较了常用防振材料的部分特性。

表 4 - 12　　　　常用防振材料的特性比较

特性项目 / 防振材料	复原性	冲击性	比重	腐蚀性	吸水性	含水性	耐菌性	耐候性	柔软性	加工性		温度范围	燃烧性
										成型性	黏胶性		
聚乙烯泡沫塑料	好	优	低	无	无	无	良	良	优	良	良	大	易
聚苯乙烯泡沫塑料	差	优	低	无	无	无	良	良	差	优	良	小	易
聚氨酯软泡沫塑料	好	良	低	无	大	有	良	良	优	良	良	大	易
丝状泡沫塑料	因材而异	良	低	无	因材而异	一	良	良	优	—	—	因材而异	易
聚氯乙烯软泡沫塑料	差	良	低	小	无	无	良	差	优	不可	良	小	自熄
动物纤维防振成型材	好	优	低	小	好	有	不良	差	优	优	不良	大	易
成型硬橡胶垫	无	优	高	小	大	小	不良	不良	优	良	良	小	易
木丝	差	不良	一般	小	大	小	不良	不良	良	—	—	大	易
瓦楞纸	差	不良	一般	小	大	小	不良	良	不良	不可	良	大	易
醋酸纤维	差	良	高	无	无	无	良	良	优	优	—	小	易
金属弹簧	好	不良	高	无	无	无	良	良	差	不可	不可	大	燃

3. 几种主要的防振材料

(1) 泡沫塑料

泡沫塑料可定义为具有细孔海绵状结构的发泡树脂材料。通常是将气体导入并分散在液体树脂中，随后将发泡的材料固化。泡沫塑料有多种，如聚乙烯泡沫塑料、聚氯乙烯泡沫塑料、聚苯乙烯泡沫塑料、聚氨酯泡沫塑料、聚丙烯泡沫塑料等热塑性树脂泡沫塑料；又如各种热固性酚醛树脂，尿醛树脂，环氧树脂制成的泡沫塑料。

泡沫塑料的性能决定于本身材质和发泡程度及泡沫性质。泡沫性质取决于气泡结构。气泡结构分成两种，其一是独立气泡，一个个气泡各成薄壁独立状；其二是连通气泡，各气泡相互连通成为一体。一般塑料发泡体的气泡直径平均为 50～500μm，气泡膜厚度在 1～10μm，在 1cm^3 的泡沫塑料中有 800 万～8000 万个气泡。热塑料发泡，往往使用各种发泡剂，发泡剂不同，用量不同，会得到不同发泡倍率和不同气泡结构。表 4 - 13 所示为几种主要泡沫塑料的性质比较。

表 4－13　　几种主要泡沫塑料性质比较

	聚乙烯	软聚氨酯	聚苯乙烯	软质聚氨乙烯
密度（g/cm^3）	0.4～0.03	0.06～0.02	0.03～0.016	0.10～0.05
气泡	独立	连续	独立	独立
机械强度	强	弱	脆	较强
吸水性	极少	吸水	较少	较少
最高使用温度（℃）	85	120	80	60
耐药品性	极好	好	差	差
耐燃性	可燃	可燃（有毒气）	可燃（有毒气）	自熄（有毒气）
柔软性	较硬	软	硬	较软
耐候性	好	差	差	差
冲击特性	好	不好	不好	较好

（2）气泡塑料薄膜

气泡塑料薄塑和泡沫塑料是不同的，它采用专门的加工方法，在两层塑料薄膜之间封入空气，在一面形成一个个突出的气泡。气泡塑料薄膜的材料一般为聚乙烯薄膜，基层面薄膜的厚度为形成突出气泡薄膜的厚度的两倍。气泡的形状主要有圆筒形、半圆形和钟罩形。具体尺寸见表 4－14。

表 4－14　　气泡塑料薄膜的气尺寸

气泡形状	直径（mm）	高度（mm）	气泡数（m^2）
圆筒形	9.5	4.8	9700
半圆形	2.5	6	—
钟罩形	31.5	18	990

气泡塑料薄膜的防振作用在于封入气泡内的空气具有弹性，能吸收冲击能量。由于充入空气，这种材料比重很小，还具有不腐蚀金属，没有吸湿性和有较好的防潮性。这种材料在每平方厘米负荷 20 克条件下可以长期使用。用这种材料可以直接包装产品，特别适用于包装小型机械产品和药品等。由于这种材料的特殊结构，使其不适宜包装重量较大，负荷集中的尖锐制品，以免刺破气泡而使其失去防振作用。

（3）兽毛填充橡胶防振材料

把猪毛、马毛、合成纤维等用天然橡胶作为弹性黏合剂将其黏合，制成防振胶垫，即兽毛填充橡胶防振材料。由于组成的纤维和黏合剂都具有弹性，制造时又使其有很大的空隙率，因此，吸收冲击能量能力很强。根据其密度不同，可以制成超软质范围内的各种品种，并有纵横方向的区别，比重在0.043～0.1g/cm。

这种防振材料适用于包装仪器仪表和精密机械时采用，也作为军用包装的防振材料。根据内装物的重量、脆硬程度和接触面积等条件选择不同品种的防振胶垫。

（二）防振包装方法

防振包装的主要方法可以分为3种：全面防振包装、部分防振包装和悬浮式防振包装。

1. 全面防振包装法

所谓全面防振包装法，是指内装物和外包装之间全部用防振材料填满以进行防振的包装方法。这种包装方法一般采用丝状、薄片状及粒状缓冲材料，便于对形状复杂的物品能够很好地填充，承受冲击振动时可有效地吸收能量，分散外力。它适用于小批量、不规则物品的包装，缓冲材料与物品接触面大，承受应力较小，选择较小的缓冲材料，可以节约用料，降低包装和运输费用。根据所用防振材料不同可分为以下几种：

（1）压缩包装法

用缓冲材料把易碎物品填塞起来或进行加固，这样可以吸收振动或冲击的能量，并将其引导到内装物强度最高的部分。所用缓冲材料一般为丝状、薄片状和粒状，以便于对形状复杂的产品也能很好地填塞，防振时能有效地吸收能量，分散外力，有效保护内装物。

（2）浮动包装法

和压缩包装法基本相同，所不同之处在于所用缓冲材料为小块衬垫，这些材料可以位移和流动。这样可以有效地充满直接受力的部分的间隙，分散内装物所受的冲击力。

（3）裹包包装法

系采用各种类型的片材把单件内装物裹包起来放入外包装箱盒内。这种方法多用于小型、轻质物品的包装上。

（4）模盒包装法

系利用模型将聚苯乙烯树脂等材料做成和制品形状一样的模盒，用其来包装物品达到防振作用。这种方法多用于小型、轻质物品的包装上。

（5）就地发泡包装法。

是以内装物和外包装箱为准，在其间充填发泡材料的一种防振包装技术。这种方法很简单，主要设备包括盛有异氰酸酯和盛有多元醇树脂的容器及喷枪。使用时首先需把两种材料的容器内的温度和压力按规定调好，然后将两种材料混合，用单管通向喷枪，由喷头喷出。喷出的化合物在10s后即开始发泡膨胀，不到40s的时间即可发泡膨胀到本身原体积的100～140倍，形成的泡沫体为聚氨酯，经过一分钟，变成硬性和半硬性的泡沫体。这泡沫体将任何形状的物品都能包住。发泡的具体程序为：

①用喷枪将化合物喷入外包装箱底部，待其发泡膨胀成面包状。

②在继续发泡的泡沫体上迅速覆盖一层2μm聚乙烯薄膜。

③将待包装物品放进泡沫体上呈巢形。

④在物品上再迅速覆盖一层 2μm 聚乙烯薄膜。

⑤再继续喷入聚氨酯化合物进行发泡。

⑥外包装装盖封口。

2. 部分防振包装法

对于整体性好的物品和有内包装容器的物品，仅在物品或内包装的拐角或局部地方使用缓冲材料进行衬垫即可。这种方法叫部分防振包装法。它是指采用缓冲衬垫（角衬垫、棱衬垫、侧衬垫）对物品拐角、棱或侧面等易损部位进行保护的技术方法。所用缓冲材料主要有泡沫塑料、瓦楞纸板、蜂窝纸板、充气塑料薄膜和橡胶弹簧等。

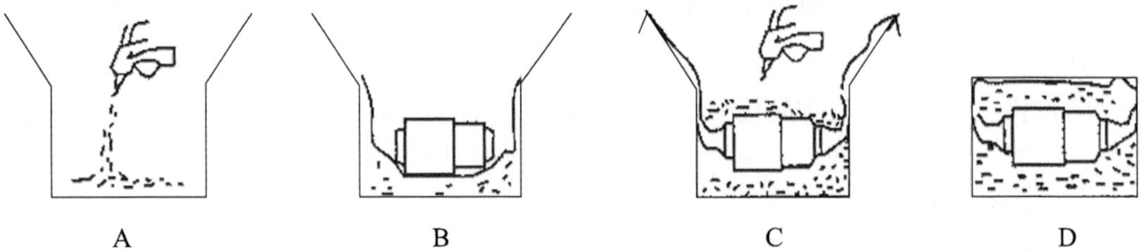

图 4-1　就地发泡包装法过程

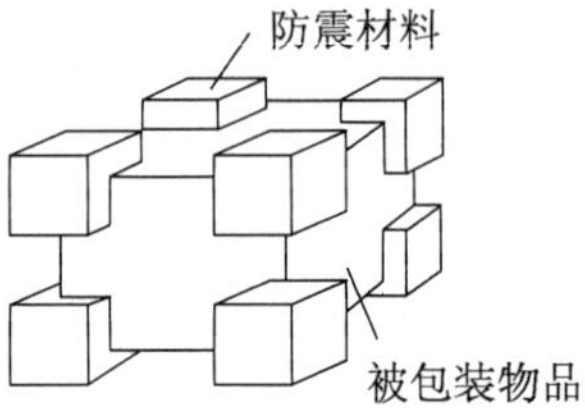

图 4-2　部分防振包装原理

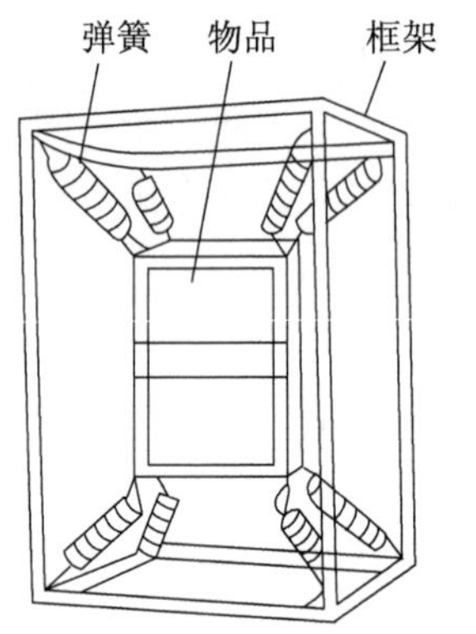

图 4-3　悬浮式防振包装原理

这种方法主要是根据内装物特点，对易损部位、受力集中部等进行缓冲包装，使用较少的缓冲材料，在最适的部位进行衬垫，力求取得最好的防振效果，大幅度减少缓冲包装材料的使用量，减少了包装和运输费用，降低包装成本。本法适用于形状规则的大批量物品的包装，目前，广泛应用于电视机、收录视、洗衣机、仪器仪表等的包装上，应用非常广泛。

3. 悬浮式防振包装法

对于某些贵重易损的物品，为了有效地保证在流通过程中不受损害，往往采用坚固的外包装容器，把物品用带子、绳子、吊环、弹簧等物吊在外包装中，不与四壁接触。这些支撑件起着弹性阻尼器的作用。图 4－3 所示为悬浮式防振包装原理图。这种包装适用于精密、脆弱物品的包装，如大型电子计算机、电子管和制导装置等。悬浮式包装在军用包装使用较多，要求包装容器有较高的强度。

第六节 收缩包装与拉伸包装技术

收缩包装技术是指利用有热收缩性能的塑料薄膜裹包物品或包装件，然后迅速加热处理，包装薄膜随即按一定的比例自行收缩，紧贴包装物品的一种包装方法。

拉伸包装技术是指利用拉伸塑料薄膜在常温条件下对薄膜进行拉伸，然后对物品或包装件进行裹包的一种包装方法。

这两种包装技术原理不同，但包装效果基本相同，都是将包装物品裹紧，都具有裹包的性质。

一、收缩包装技术

收缩包装技术开始于 20 世纪 60 年代中期，70 年代发展迅速。目前，已经在经济发达国家广泛应用，特别是在物流包装领域，应用范围不断扩大，是一种很有发展前途的包装技术之一。欧盟、美国及日本每年消费收缩薄膜 10 万吨以上；瑞典有 30％的物流包装已从瓦楞纸箱改变为收缩薄膜组合包装，在整个西欧各国的物流包装中有 15％采用了收缩包装。我国也正在推广应用收缩包装，并且进行批量生产收缩薄膜。

（一）收缩包装基本原理

对于在聚合物玻璃化温度以上拉伸并迅速冷却得到的塑料薄膜，如果重新加热，则能恢复到拉伸前的状态。收缩包装技术是利用薄膜的热收缩性能，即将大小适宜（一般比物品的尺寸大 10％）的热收缩薄膜套在被包装物品的外表面，然后用热风烘箱或热风喷枪加热几秒钟，薄膜会立即收缩，紧紧包裹在物品的外表面，从而达到便于流通的目的。

（二）收缩包装的主要特点

收缩包装技术具有很多优点，用于物流包装主要体现在以下几个方面。

①有良好的密封、防潮、防污染，可在露天堆放，节省仓库面积。如水泥、化肥等的集合包装，既牢固又轻便。

②包装工艺和设备较简单，有通用性，便于实现机械化，节省劳力和包装费用，并能部分地代替瓦楞纸箱和木箱等。

③收缩包装不仅将被包装物紧固在一起，而且薄膜本身具有缓冲性和韧性，能防止运输过程中因振动和冲击而损坏商品。

④体积庞大的商品，可以采用现场收缩包装方法，工艺和设备均很简单。如包装赛艇

和小轿车等。

收缩包装也有缺点，如包装颗粒、粉末或形状规则的商品，就不如装盒、装箱、装袋及裹包的效率高和方便，特别是需要热收缩通道、能源消耗，占用投资和车间面积均较大，实现连续化、高速化生产比较困难，用于物流包装尤其如此。

（三）收缩包装工艺

收缩包装工艺分为预包装和热收缩两个步骤进行，预包装是用收缩薄膜将物品包装起来，留出热封必要的口与缝；热收缩是将预包装的物品通过热收缩设备加热。

1. 预包装作业

在预包装开始时，首先选择收缩薄膜尺寸要合适，一般应比物品尺寸大10%～20%。如果尺寸过小，充填物品很不方便，而且有可能会因收缩张力过大，而造成薄膜拉破；如果尺寸过大，收缩张力不够，不能将物品包紧。收缩薄膜厚度可根据物品大小、质量好坏和所需要的收缩张力来决定，收缩薄膜形状一般分为平膜、筒状膜和对折膜3种，根据被包装物品的形状进行选择。

2. 热收缩作业

常用的热收缩包装操作方法分为两端开放式和四面密封式两种。两端开放式收缩包装方法是利用筒状薄膜或平膜先将物品裹在一个套筒里，然后再进行热收缩作业，包装完毕在包装物两端均有一个收缩口。两端开放式收缩包装方法如图4－4及图4－5所示。四面密封式收缩包装方法是将物品四周用筒状膜或平膜包裹起来，接缝采用搭接式密封。这种包装技术用于要求密封的物品包装。四面密封式收缩包装方法如图4－6和图4－7所示。

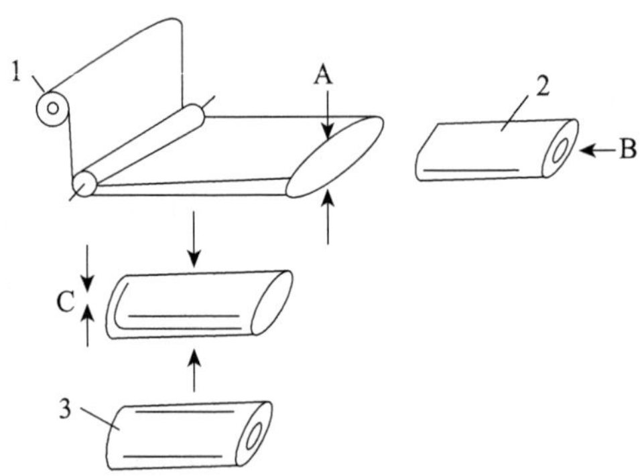

1—薄膜卷筒(筒状)；2—产品；3—包装件
A 开口；B 将产品推入筒状薄膜；C 切断

图4－4 两端开放式包装法（筒状薄膜）

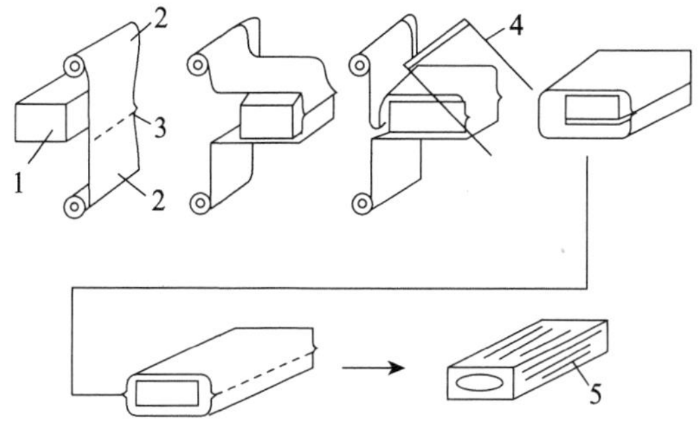

1—产品；2—薄膜卷筒；3—封缝；4—封切刀；5—包装件

图 4－5　两端开放式包装法（平膜）

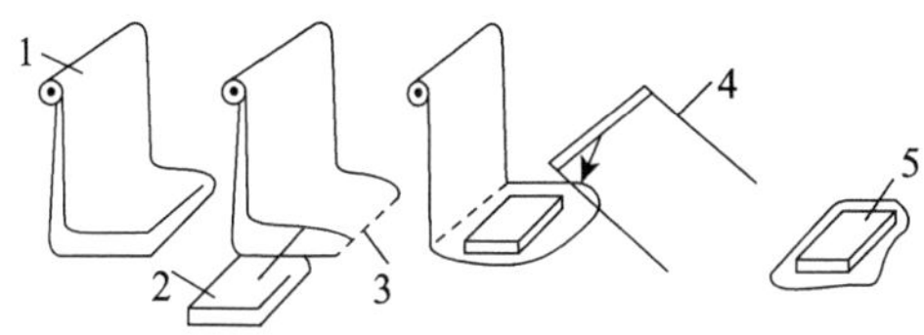

1—薄膜卷筒(对折膜)；2—产品；3—封缝；4—L形封切刀；5—包装件

图 4－6　四面密封式 L 型封口（用对折膜）

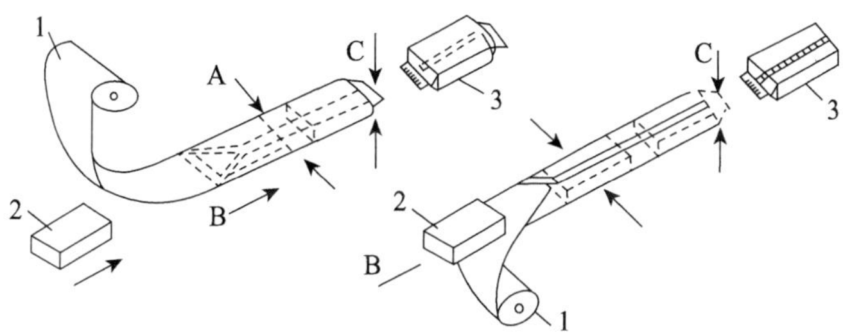

1—薄膜卷筒(平膜)；2—产品；3—包装件
A—纵封缝；B—将产品推入；C—封横缝切断

图 4－7　四面密封枕形袋式（用单卷平膜）

用托盘收缩包装是物流包装中发展较快的一种方法。主要特点是：产品可以一定数量为单位牢固地捆包起来，在运输中不会松散，能在露天堆放。托盘收缩包装过程见图 4－8。其中，①将装好商品的托盘放到输送带上；②套上收缩薄膜袋；③由输送带送入热收缩通道；④通过收缩通道；⑤包装完成。

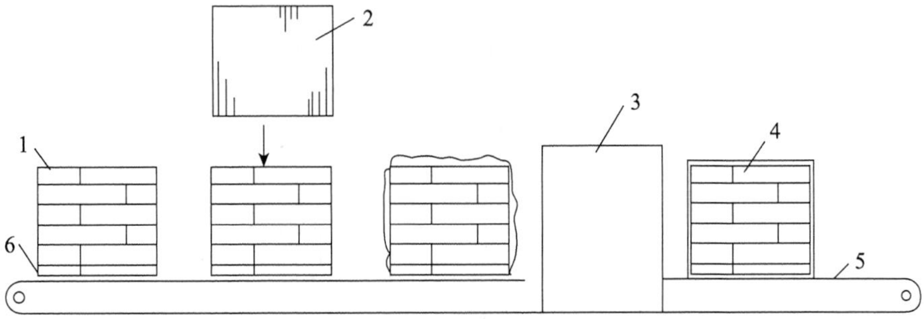

1—集装货物；2—收缩薄膜套；3—热收缩通道；
4—包装件；5—输送带；6—托盘

图4－8 托盘收缩包装过程

（四）热收缩包装主要设施及操作

热收缩所用设施称为收缩通道（也称热收缩隧道）。由输送带和收缩通道组成。热收缩过程是：将预包装件放到输送带上，传送带以规定速度运行，将其送进收缩通道，利用热空气吹向包装件进行加热，热收缩完毕离开收缩通道，自然冷却后，从输送带上取下。在体积大、热收缩温度较高时，往往在离开收缩通道后用冷风扇加速冷却。

加热室是一个箱形的装置，内壁装有隔热材料。其中有加热通风装置、恒温控制装置。通常有两个门，一进一出，由热循环风机吹出的风经过加热器加热成热风，经过吹风口吹向预包装件。加热器的加热方式可以用电热、燃油、煤气和远红外线等。要恰当地配置吹风口，并合理选择风量和风速，使包装件各部分大致能同时完成收缩。为加速收缩过程，保证均匀收缩，热风采用强制循环。加热器的温度采用温度自动调节装置来控制，使热空气的温度差不大于±5℃。热收缩通道见图4－9。

由于各种收缩薄膜的特性不相同，因此，应根据包装作业所用薄膜的性能合理选择热收缩通道的各种参数。表4－15介绍了常用收缩薄膜与热收缩通道的主要参数关系。

除采用上述热收缩通道进行热收缩作业外，对于大型托盘集装的产品或体积较大的单件异型产品，可以采用手提式热风喷枪进行现场热收缩。这种作业方法，简单迅速。用热功率为36000kcal/h的喷枪，包装一件体积2m^3，热收缩过程只需约2min。所用设备除喷枪外，只需一个液化气罐即可。这种方法方便而经济，值得在国内推广。

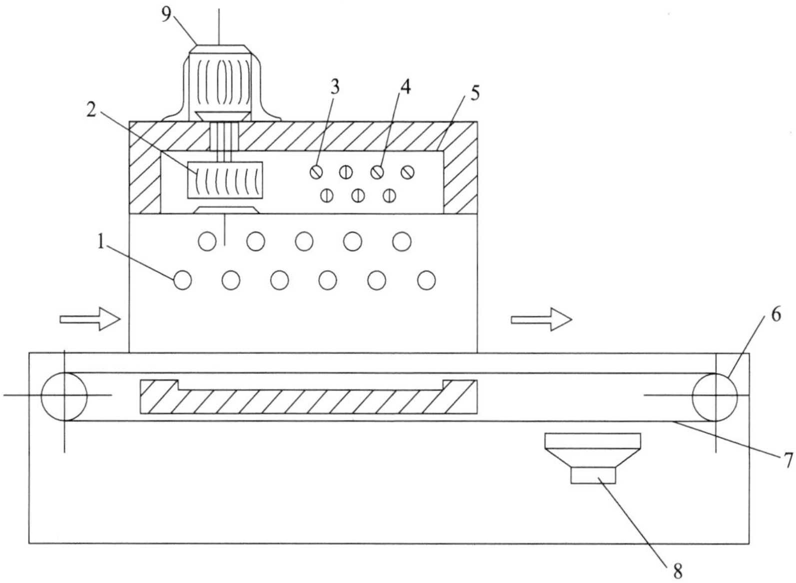

1—热风吹出口；2—热风循环用风扇；3—加热器；4—温度调节器；
5—绝热材料；6—驱动轮；7—输送带；8—冷却风扇；9—风扇电机

图 4－9　热收缩通道

表 4－15　　　常用收缩薄膜与热收缩通道的主要参数关系

薄膜	厚度（mm）	温度（℃）	加热时间（s）	风速（m/s）	备注
聚氯乙烯	0.02～0.06	140～160	5～10	8～10	因为温度低，对食品之类较适宜
聚乙烯	0.02～0.04	160～200	6～10	15～20	紧固性强
聚丙烯	0.03～0.10	160～200	8～10	6～10	缩时间长必要时停止加热
	0.12～0.20	180～200	30～60	12～16	

（五）收缩包装主要设备

1. 小型收缩包装机

主要用于包装水果和新鲜蔬菜，一般都用纸浆或塑料浅盘包装，如苹果、橘子、西红柿等，也可不用浅盘，如黄瓜、胡萝卜、香蕉等。因包装件尺寸小，多数采用枕形袋式包装，其结构与卧式枕形袋包装机相似。配套的热收缩通道温度，因包装材料而异，用聚氯乙烯薄膜时要求 90～180℃；用聚乙烯薄膜时要求 160～240℃。

2. L 形封口式包装机

一般使用卷筒对折薄膜，用手工送料，包装能力取决于包装件尺寸的大小和操作者的熟练程度，一般约为 10～15 包/分。

3. 板式热封包装机

用于两端开放式和四面密封包装，如包装多件纸盒或瓶、罐装产品。包装能力决定于包装件尺寸、产品重量和薄膜厚度。一般为15～25包/分。

4. 大型收缩包装机

用于装瓦楞纸箱和装大袋的产品集合包装。包装件长宽高一般在1m以上，有装于托盘上的，也有不用托盘的。

二、拉伸包装技术

拉伸包装1940年始于美国，主要是满足超级市场销售禽类、肉类、海鲜产品、新鲜水果和蔬菜等的需要。拉伸薄膜在包装过程中不需要热处理，适用于某些不能受热的物品包装，有利于节约能源，节省设备投资和材料，便于集合运输，降低运输成本。拉伸包装在托盘运输包装方面可替代收缩包装技术，应用前景广阔，很有推广及发展的前途。

（一）拉伸包装基本原理

拉伸包装技术是通过机械张力的作用，将薄膜围绕物品进行拉伸。由于薄膜拉伸后具有自黏性和弹性，将物品裹紧，然后进行热合。薄膜由于要经受连续张力的作用，因此，需要具有较高的强度。拉伸包装不需要热收缩设施与设备，节省固定资产投资及维护费用，也节约能源。因包装作业过程不需要加热，很适合遇热易变质的物品，如生鲜食品、冷冻及冷藏物品等。拉伸包装能够准确地控制裹包力，防止物品被挤碎；包装用薄膜具有透明性，可看见被包装物品，尤其是物流包装，比木箱、瓦楞纸箱易于识别被包装物品，能够做到防窃、防冲击和振动、防污染等。但是，拉伸包装的防潮性能较收缩包装效果差，拉伸包装所用薄膜具有自黏性，不易堆放。

（二）拉伸包装主要特点

根据拉伸包装技术的基本原理，拉伸包装具有以下特点：

①因为不需要热收缩设备，所以，节省固定资产投资、能源和固定资产维修费用。

②因为不加热，很适合包装怕加热的物品，如鲜肉、蔬菜和冷冻食品等。

③可以准确地控制裹包力防止物品被挤碎。

④薄膜是透明的，可以看清物品，特别是用于物流包装时，比木箱和瓦楞纸箱容易认识和清点物品。

⑤可以防窃、防火、防冲击和振动等。

⑥防潮性比收缩包装差，在运输包装中堆集的商品顶部需要另外加一块薄膜操作不便。

⑦因为拉伸薄膜有自黏性，当许多包装件堆在一起，搬运时会因黏结而损伤。

（三）拉伸包装工艺

1. 回转式拉伸包装工艺

将物品放在可以回转的平台上，将薄膜一端贴在物品上，然后旋转平台，边旋转边拉伸薄膜，转几周后切断薄膜，将另一端贴在物品上，包装时薄膜自上而下以螺旋形式缠绕物品，直至完全裹包住，两圈之间约有 1/3 部分的重叠。该工艺适用于堆码较高或高度不一致的物品，以及形状不规则或容重较轻的物品，包装效率较低，但可以使用宽幅薄膜包装不同形状的堆码高度的物品。

2. 移动式拉伸包装工艺

将物品放在输送带上，由推进器推动向前移动，两个薄膜卷筒直立于输送带两侧，并装有制动器。开始包装时，先将两卷薄膜的端部热封于物品上。当货物向前推动时，将薄膜包在物品上，同时将薄膜拉伸，前进一定位置，用封合器将薄膜收拢并切断，并将端部粘贴在物品的背后。

（四）拉伸包装操作方法

由于拉伸包装重量轻，成本低，发展迅速，应用广泛，主要用于托盘集合包装，有时也用于无托盘集合包装。用于物流包装的拉伸包装操作方法有两种：

1. 整幅薄膜包装操作法

用宽度与物品高度一样或更宽一些的整幅薄膜包装。这种方法适合包装形状方整的物品，既经济，效果又好，如用普通船装载出口货物的包装；20 千克大袋包装；沉重而且不稳定的货物；及单位时间内要求包装效率高的场合。缺点是材料仓库中需要储备多种幅宽的薄膜。常用设备的操作方式有两种。

（1）回转式操作法

如前所述，将物品放在一个可以回转的平台上，把薄膜端部粘在物品上，然后旋转平台，边旋转边拉伸薄膜进行缠绕裹包，转几周后切断薄膜，将末端粘在物品上。

将薄膜拉伸的基本方法有两种：一是用摩擦辊限制薄膜卷筒上被拉出的速度，从而拉伸薄膜，一般的拉伸率为 5%～55%；另一种是用两对回转速度不同的辊，薄膜输入辊的转速比输出辊的转速低一些，从而拉伸薄膜，拉伸率一般为 10%～100%。为了消除方形货物包装过程中四角处速度突增的不利因素，常装置气动调节辊，以保持薄膜拉力均匀。如图 4－10 所示。

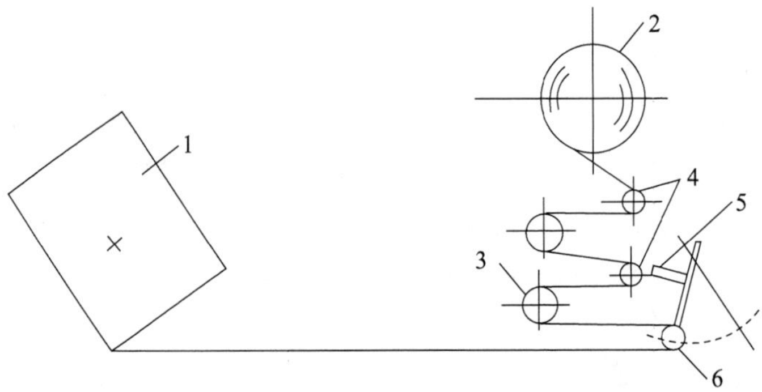

1—货物；1—薄膜卷筒；1—预拉伸辊；
4—导辊；5—气动调节机构；6—调节辊

图4-10　回转式拉伸包装

这种方法所用设备有半自动的，即在开始时粘上薄膜，结束时切断薄膜，由手工操作；也有全自动的。

（2）移动式操作法

如前所述，将物品放在输送带上，向前移动，在包装位置有一个龙门式的架子，两个薄膜卷筒直立于输送带两侧，并装有摩擦拉伸辊。开始包装时，先将两卷薄膜的端部热封于物品上。当物品向前移动时，将薄膜包在其上，同时将薄膜拉伸，到达一定位置，将薄膜切断，端部粘于物品背后。这种方法所用设备与回转式一样，也有半自动和全自动的。

2. 窄幅薄膜缠绕式包装操作法

用窄幅面薄膜（幅宽一般为50～75cm），自上而下以螺旋线形式缠绕直到裹包完成，两圈之间约有1/8部分重叠。这种方法适合包装堆积较高或高度不一致的物品，以及形状不规则或轻的物品。包装效率较低，但可使用一种幅宽的薄膜包装不同形状和堆积高度的物品。所用设备有手工操作或自动操作的。其基本原理见图4-11。操作过程如下：

①将货物堆放在回转平台上，将薄膜从卷筒拉出，端部黏结在货物上部。然后回转平台，并带着货物旋转，薄膜一边缠绕，同时被拉伸。

②开始操作时薄膜卷筒位于支柱的顶端，随着薄膜的缠绕，卷筒向下移动，薄膜就在物品表面自上而下，形成螺旋式包装。

③将货物全部包严后，用切刀切断，用热封板把薄膜端部黏结起来，包装完毕。

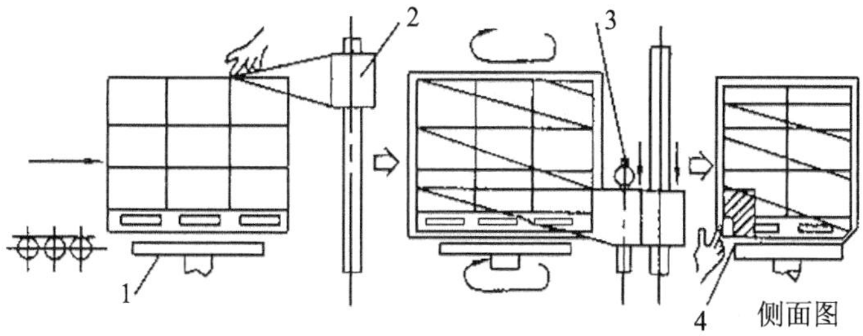

1—回转平台；2—薄膜卷筒；3—升降装置；4—热封板

图 4-11　拉伸包装窄幅薄膜缠绕式包装

三、收缩包装与拉伸包装的比较

这两种包装方法的特点，已分别在前面叙述过。它们有相同之处，也有不同之处，并各有利弊。为了便于选用，对它们做简单比较，如表 4-16 所示。

表 4-16　　收缩和拉伸包装技术比较表

	比较内容	收缩包装	拉伸包装
对产品的适应性	(1) 对规则形状的和异型物品	均可	均可
	(2) 对新鲜水果和蔬菜	特别适合	特别适合
	(3) 对单件、多件产品的销售包装；对有托盘和无托盘的运输包装	均可，货物可紧固于托盘	均可
	(4) 对冷冻的或怕受热的产品	不适合	适合
对流通环境的适应性	(1) 包装件存放场所	仓库、露天存放均可，不怕晒和雨淋、节省仓库面积	薄膜受阳光照射或高温天气将发生松弛现象，只能在仓库内存放
	(2) 防潮性（指运输包装件）	好，可进行六面密封	差，一般只进行侧面裹包，必要时可进行五面密封
	(3) 透气性（指运输包装件）	差	好，一般顶部不密封
	(4) 低温操作	不适合	可在冷冻室内操作

续 表

	比较内容	收缩包装	拉伸包装
设备投资和包装成本	（1）设备投资和维修费用	需热收缩设备，投资费用均较高	无须加热，投资和费用低
	（2）能源消耗	多	少
	（3）材料费用	多	比收缩包装少25%
	（4）投资回收期	较长	短
裹包应力		不易控制，但比较均匀	容易控制，但棱角处应力过大易损
堆垛适应性		好 包装件不会互相黏结	差 薄膜有自黏性，包装件之间黏结，搬运过程易撕裂，必要时可用单面有自黏性薄膜
薄膜库存要求		需要有多种厚度的薄膜	一种厚度的薄膜可用于不同的产品

总之，这两种方法，在应用和发展的进程中，材料、设备和操作方法，都经过不断的改进，起初收缩包装占有优势。近年来，拉伸包装特别在托盘集合包装方面，由于操作简便，节省能源，占有更多的优势。

在这两种包装方法之间进行选择时，必须从材料、设备、工艺、能源和投资等各方面，全面考虑。

第七节　集合包装技术

集合包装是将若干包装件或物品包装在一起，形成一个合适的搬运单元。以便于装卸、储存和运输，又称成组包装或集装单元。集合包装的种类很多，大致有集装箱、集装托盘、滑片集装、框架集装、无托盘集装以及集装袋等。

自20世纪50年代集合包装问世以来，经过30余年的发展，优越性日趋明显，对实现物流现代化起了很大的作用，被公认为是科学的、效果良好的物流包装方式。

一、集合包装的作用

集合包装在物流中的主要作用有以下几项。

（一）便于实现商品运输、装卸机械化

集合包装把零散货物集合成大的包装单元，运输中各环节都可以用叉式起重机和铲车

等装卸机械中转装卸，整件托盘货物还可以直接上下货架，大大节省了劳力，减轻了劳动强度，提高了装卸效率。

（二）简化货运环节，加速商品流通，提高物流效率

集合包装的商品能从发货单位仓库直接运到收货单位仓库，无论途中经过陆路或水路运输，都不用搬动集合包装内的货物。可以实现“门到门”服务。例如，景德镇的瓷器，从瓷厂仓库装入集装箱，直接运至国外收货厂商的仓库，途中经过多次周转，但都不用开箱装卸。

集合包装运输，能缩短商品装卸时间，如铁路用 50 吨车厢装运零散货物时，6 人装卸需要 3.5 小时，而用集装箱 3 人只需 15 分钟就可完成；一般万吨级货轮，用传统方式装卸需时 16 天，而用集装箱货轮，装卸时间不超过 24 小时。

（三）保证商品运输安全

集合包装，在运输过程中，无论经过多少周转环节，只需搬动集合包装件，无须搬动集合包装内的货物，有效地保护了商品，减少破损。同时，还能防止商品被窃或丢失。

（四）降低包装、运输等物流费用

首先，是节省包装材料，集装箱和托盘等可反复周转使用，大多数商品改用集合包装后，原来的外包装可降低用料标准，如原用木箱的可改为瓦楞纸箱，原来用 5 层瓦楞纸箱可改为 3 层楞纸箱等；有的商品改用集装箱运输还可省去外包装，如平板玻璃原来全国每年要用 2000 多万只木箱，如果改为金属框架集装，每年即可节省木材十几万立方米。

其次，可减少包装操作工序，减轻劳动强度，降低包装费用，如有的商品用集装箱运输，只要把商品按顺序装到箱内，箱上加上铅封，用铲车装运即可。托盘包装可将整组商品进行捆扎，省去了原来每小箱商品都要捆扎的工序。

集装运输还可以简化运输手续，实行联运。同时，提高了车船等运输工具的运载率，降低了运输费用。集合包装有些可以露天堆放，节省仓库容积。

（五）促进包装规格标准化

集装箱和集装托盘等集合包装的规格尺寸均有标准规定，为了有效地利用它们的容积，每种商品的外包装尺寸就需要适应标准规定。这就在一定程度上促进了包装规格的标准化。

二、集合包装方法

（一）集装箱集装

1. 集装箱与集装箱运输

根据国家标准《物流术语》（GB/T18354—2006），所谓集装箱是指具有足够的强度，

可长期反复使用的适于多种运输工具而且容积在 $1m^3$ 以上（含 $1m^3$）的集装单元化器具。20 世纪 50 年代，经济发达国家集装箱由陆路运输发展到水路。由于集装箱运输可节约包装材料，简化作业手续，提高装卸搬运效率，降低运输成本，便于自动化操作及管理，已经成为全球范围内货物运输的发展方向。集装箱是一种包装方式，也是一种运输器具，必须具备以下条件：

①结构上具有足够的强度，能反复使用。

②途中转运时，可以不动箱内货物，直接进行换装。

③备有便于装卸的装置，能进行快速装卸。

④有 $1m^3$ 以上的内容积。

2. 集装箱的分类和规格

集装箱可从以下几个方面分类：

①按用途分：有通用箱和专用箱。

②按装载重量分：有大、中、小 3 种，装载重量从 5 吨到 30 吨不等。

③按结构分：有开顶式、活顶式、无顶式、一端开门、两端开门、折叠式和框架式等。

④按装卸方式分：有侧装卸式、翻装卸式、衬卸式和压力式等。

⑤按制造材料分：有钢、不锈钢、铝、玻璃钢、木制胶合板和菱镁土等。

集装箱的规格分别由国际和国家标准制定。

世界各国为了适应国际联运的需要，于 1970 年由国际标准化组织制定了集装箱国际规格标准（ISO/TC104）。常用的有以下几种规格：1A、1AA（30 吨）；1B、1BB（25 吨）；1CC（20 吨）；10D（10 吨）；5D（5 吨）。

我国于 1978 年制定了货物集装箱外部尺寸和重量的系列（GB1413—78）。其中，规定集装箱重量系列采用 5D（5 吨）；10D（10 吨）；1CC（20 吨）；1AA（30 吨）4 种。5 吨和 10 吨集装箱主要用于国内运输；20 吨和 30 吨集装箱主要用于国际运输。

3. 通用集装箱的基本形式

通用集装箱为长方形立体，门开在端面，顶部和底部的四角均有起吊用的角件，中部设有一对或两对叉孔，贯穿宽度方向，以便用叉车装卸。

4. 集装箱的使用

采用集装箱进行货物的包装运输与其他包装技术不同，除集装箱本身外，还需有车站、码头的专用设施和运输工具等配套，如起吊、搬运设备和工具，集装箱码头和集装箱货轮等。

集装箱虽然可以重复使用，但投资较大，并需一定的维修费用。因此，对于一般货物最好采用租赁集装箱的方法，节省投资；对特殊货物，租赁专用集装箱有困难时，可采用自备特殊专用箱。

集装箱运输适应于物流量大、相对稳定的物品，在能够实现多式联运和“门到门”服务的条件下才能充分发挥优势，提高物流效率。集装箱运输形式一般分为整装货（Full Container Load，FCL）运输和拼箱货（Less Than Container Load，LCT）运输。整装货运输是指一批货物达到一个或一个以上集装箱内容积的75%或集装箱承载量的95%，由供应地车间或仓库装箱利用汽车运到物流中心或集装箱转运中心等物流据点，装火车或轮船或飞机进行长途运输。拼箱货运输是指一批货物不是整箱货的容积，或承载量在供应地车间、仓库或物流据点，根据货物流向、特性及重量，把到达同一目的地的货物拼装一个集装箱，然后再装火车或轮船或飞机进行长途运输。

5. 集装箱装箱配载

集装箱装箱配载指同种货物在箱内的装载形式与重量、不同货物配载形式及重量配比关系。集装箱装箱配载很大程度上决定了物流过程中的货损程度，为了消除或减少货损，必须编制集装箱货物装箱及配载计划，并着重考虑以下问题：

(1) 充分利用集装箱的容积和重量

必须熟悉各种类型集装箱的规格和特性，掌握集装箱容积利用率的计算方法及货物密度与集装箱容积的关系。

(2) 一般货物配载问题

主要是货物积载重心要低且稳，货物之间相容性要好。

(3) 特殊货物配载问题

特殊货物主要指重货和危险品货物。特殊货物配载要注意积载的平衡和集装箱容积的充分利用。危险货物按规定要求进行配载，严禁配载性能不同的危险货物。危险货物装箱时，其性能、容积、规格、储存、积载、标签等，必须符合有关危险货物物流包装要求。水路运输危险货物的集装箱必须装载船舶舱面的指定位置。

6. 集装箱货运交接方式

集装箱货运交接方式大致可分为以下四大类：

(1) 整箱交、整箱接 (FCL/FCL)

承运人以整箱为单位负责交接货物，货物的装箱和拆箱均由供货人和收货人负责。

(2) 拼箱交、拆箱接 (LCL/LCL)

货主将不足整箱的货物在供应地物流据点交给承运人，由承运人拼箱和装箱运达需求地物流据点，由承运人拆箱后，收货人凭单接货或物流据点配送。货物装箱、拆箱均由承运人负责。

(3) 整箱交、拆箱接 (FCL/LCL)

货主在车间或仓库装满货后整箱交给承运人，运达目的地物流据点，由承运人负责拆箱后，各收货人凭单接货或由物流据点进行配送。

(4) 拼箱交、整箱接 (LCL/FCL)

货主将不足整箱货物在供应地集装箱物流据点交给承运人，由承运人分类，将同一接收人的货物集中拼箱成为整箱，运达目的地后，承运人以整箱货物交给收货人。

上述4类交接方式中，以FCL/FCL最能体现集装箱作业的优越性，物流效率最高，经济效益最好。在实际作业和操作中，交接的具体地点一般有“门”（车间或仓库门）、“场”（港口或货运站堆场）、“站”（一般是指集装箱货运站或转运站）。“门到门”是最好的服务方式，适宜于 FCL/FCL；“门到场或站”适宜于 FCL/LCL；“场或站到门”适宜于 LCL/FCL；“场或站到场或站”适宜于 LCL/LCL。

7. 集装箱的装卸搬运

集装箱的装卸搬运方式有两种，一是叉举，它是指利用叉车进行集装箱装卸搬运，但集装箱必须设有叉槽结构，而且叉车的叉臂插入到叉槽内不少于集装箱宽度的 2/3。二是起吊，它是指利用起重机进行集装箱装卸搬运，共分为顶角件起吊、底角件起吊、钩槽起吊 3 种方式。

8. 集装箱内装物固定方法

集装箱装箱后内容积利用率不一定达到 100%，而重荷载剩余空间更大。若内装物固定不好，在装卸搬运及运输、配送等作用环节就会因冲击和振动而造成散垛、破损等。因此，集装箱内装物必须牢牢固定。

集装箱内装物常用两种固定方法：一是栓固带固定法，把栓固带的钩头插入集装箱的导轨插孔里，然后将带扣拉紧扣牢固定货物；二是空气袋塞固法，利用空气袋来充填货物装箱后所形成的间隙，将箱内货物挤紧固定。这种固定方法既可防止货物的相对移动，又可减轻物流作业中的冲击和振动。利用空气袋取代传统的方木、木片等充填材料，节约材料费用和紧固作业时间，并避免填充材料对紧固作业的环境污染。

（二）托盘包装技术

根据国家标准 GB 4122（包装术语基础），托盘包装是集合包装的一种，即将包装件或物品堆码在托盘上，通过捆扎、裹包或胶黏等方法加以固定，形成一个搬运单元，以便用机械设备搬运。托盘是一种重要的集装器具，其使用范围和使用数量在各种集装器具中居于首位，适合于机械化作业，有利于仓储的现代化管理，大幅度提高物流效率和管理水平。

托盘是方形或长方形扁平垫板。用来承装集合包装的货物组成集合包装件，随货物一起进行装卸和运输。有时也用于散装货物或车间和仓库半成品和产品的临时性堆垛和运输。

1. 托盘的种类和规格

·托盘按用途分：有可复用托盘和一次性托盘。

·托盘按材料分：有木制托盘、金属托盘、塑料托盘和瓦楞纸托盘等。

·托盘的规格有多种，国际标准化组织规定有 800mm×1000mm、800mm×1200mm、1000mm×2000mm 3 种。

此外，还有 1200mm×1600mm、1200mm×1800mm 的大型托盘。

国家标准规定的联运平托盘外部尺寸系列（GB 2934—82）为 800mm×1000mm、8000mm×1200mm、1000mm×1200mm 3 种。

托盘包装所集装的货物单元的体积一般为 $1m^3$ 以上。其高度为 1100mm 或 2200mm，载重为 500kg～2t。

2. 托盘的基本形式

集合包装常用托盘为木制联运平托盘，其技术条件见 GB 4995—85。木制平托盘的基本形状和各部分的名词术语见图 4－12。

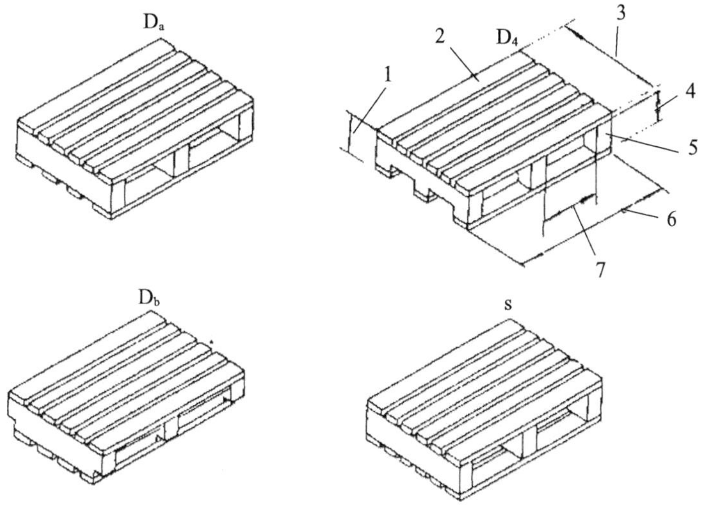

1—托盘高；2—铺板；3—托盘长；4—叉孔高；5—纵梁；6—托盘宽；7—叉孔宽

图 4－12　托盘结构与类型

托盘包装方法主要从两方面进行作业：一是集合方式，就是货物在托盘上如何堆积，称为堆垛或码垛；二是紧固方式，就是货物如何与托盘牢固地固定在一起。

(1) 集合方式

码垛有以下 4 种基本形式：

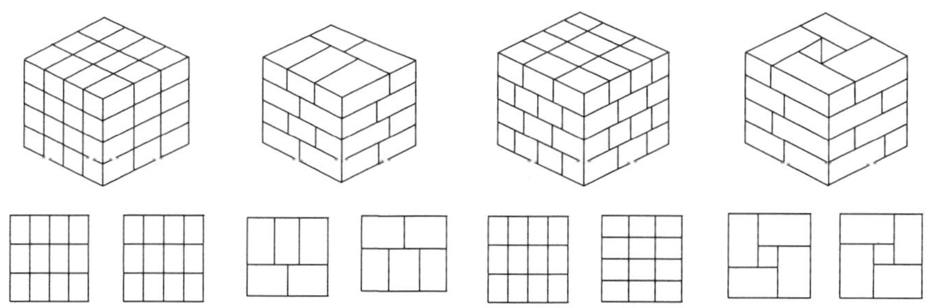

(a)　(b)　(c)　(d)

图 4－13　货物在托盘上码垛的基本形式

①块状垛。如图 4－13 (a) 所示，其特点是货箱的 4 个角上下对应，承载力大。但货箱之间没有联系，容易倒塌。

②砖状垛。如图 4－13 (b) 所示，上下左右各货箱均有联系，码垛后不易倒塌。但上下两箱的 4 个角不对应，削弱了承载能力。

③交叉码垛。如图 4－13 (c) 所示，与砖状垛的形式和作用相同。适合码成正方形垛。

④塞孔码垛。如图 4－13（d）所示，两层之间有交叉，不易倒塌，而且便于码成正方形垛。

（2）紧固方式

将货物与托盘坚固在一起的方式有以下几种：

①捆扎。捆扎可用于多种货物的集合包装。图 4－14（a）所示，为瓦楞纸箱包装的货物，货物载重由纸箱承担。货物码垛后，先于最上一层用捆扎带沿水平方向捆一道，然后在长宽两个方向各捆两道。图 4－14（b）所示，为柔性钢丝、电线、软管，用绕线架、卷轴或线圈等卷起来的货物捆扎情况。顶部需加框式盖板，宽的方向捆两道，长的方向捆 3 道，都是铅垂方向的。

②黏合。黏合方式有两种：一是在下面一层纸箱上涂几条胶而黏合，涂胶量要根据货箱的大小和轻重而定。如图 4－14（c）所示。另一种黏合方式是用胶带，在下面一层纸箱上，用两面涂胶的胶带黏合（胶带以厚纸板为基衬，厚 0.75mm，宽 10cm，长 50cm），黏合方式见图 4－14（d）。装框架或盖板。对要求防水的货物，如印刷品、布匹、纺织品等，排成多行集装，在上部和下部安装木盖和底，侧面安装框架。如下图 4－14（e）所示。

③收缩包装。用热收缩塑料薄膜制成一定尺寸的套，套于货物堆积的垛上，然后进行热收缩。经热收缩后的包装件，货物本身及托盘均坚固成一体不用捆扎。这种形式属五面封，托盘下部与大气连通。如图 4－14（f）所示。对需要防潮的货物，可在托盘上先放置一个浅套作为底，然后再套一个深套。热收缩之后，形成一个六面封的包装件。

④拉伸包装。用拉伸塑料薄膜，将货物和托盘一起缠绕裹包形成集合包装件。顶部不加塑料薄膜时，形成四面；顶部加塑料薄膜时，形成五面封。拉伸包装不能完成六面封。因此，不能防潮。此外，拉伸薄膜比收缩薄膜薄（20～30μm）捆缚力较差，只能用于轻量的集合包装。见图 4－14（g）。

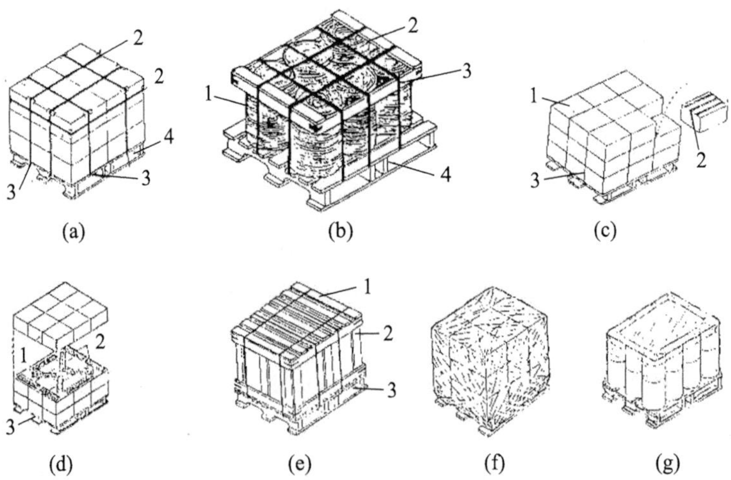

图 4－14　托盘固定方法

3. 托盘包装的主要特征

托盘包装的主要特征有以下几点：

①整体性能好，堆码平整稳固，在物流过程中可避免散垛、摔箱现象。

②适合于大型机械作业，与人工作业及小型作业相比较，托盘包装工作效率可提高3～8倍。

③可大幅减少货物在物流过程中发生振动、冲击、碰撞、跌落、倾倒及野蛮作业，保证货物周转的安全性。

④有利于大幅降低物流费用。采用托盘包装代替传统的包装，虽然增加了设备的购置维修费，高效的机械作业使家电物流费用降低45%，纸制品物流费用降低60%，杂货物流费用降低55%，平板玻璃、耐火砖物流费用降低15%。

4. 托盘包装的作业操作

为了保证科学合理、安全可靠地满足物流各环节的要求，托盘包装需满足以下条件：

①托盘包装规格。托盘包装尺寸计算应包括托盘、捆扎材料、加固附件及被码放包装的物品尺寸，需符合相关的国家标准规定，托盘包装的高度尺寸应小于或等于2200mm。

②重量要求。托盘包装的重量应小于或等于2000kg；托盘包装的重心高度不应超过托盘宽度的2/3；为适应质量限制，应尽量减小托盘的高度尺寸。

③表面利用率。这是托盘的重要参数之一，一般不低于80%。

④包装标志。托盘包装的标志应符合国家有关标准规定。

托盘包装的质量直接影响着物品在物流过程中的安全性，合理的托盘包装可提高包装质量和安全性，提高物流效率，降低物流费用。托盘包装作业方法一般有“从里到外”和“从外到里”两种。

①“从里到外”作业法。根据物品的结构尺寸一次设计内包装、外包装和托盘，产品离开生产车间被依次包装为小件包装（商流包装），然后再将小件包装进行运输包装，再把运输包装箱置于托盘进行集装，最后运给客户。由于运输包装的瓦楞纸箱在托盘平面上的堆放方式很多，需要对各种方式进行优化选择。

②“从外到里”作业法。根据标准托盘尺寸模数确定外包装尺寸作为运输包装箱的结构尺寸，再对产品进行内包装（商流包装），在确定运输包装箱尺寸时应遵循国际公认的硬质直方体的包装模数600mm×400mm，优先选用国家标准中的1200mm×800mm和1200mm×1000mm尺寸的系列托盘，充分利用托盘表面积，降低包装和运输成本。

（三）滑片集装技术

滑片集装技术是一种不用托盘而组成集合包装运输的新系统，它是由一张片料简单地折曲而成，仅在操作方向有折翼，一次性使用的滑片用瓦楞纸板制成，回收复用的滑片用硬纸板并在夹层附加增强材料制成，或者用硬质塑料制成。

滑片结构很简单，与托盘相比，具有成本低、装载量大、重量轻，占有仓储空间小、节约运费和提高安全性能等优点，但滑片在使用时必须有专用叉车，这种叉车的前方安装有推拉夹持装置，以进行推、拉、抓、放、左右或上下、前后移动升降等各种操作。目前在国内尚未推广使用。

（四）框架集装技术

框架集装是用钢制筐笼在托盘上组装，不用时可以拆卸折叠的集装运输工具。框架集装既可以把单一的筐笼装在托盘上，也可以几层连接起来在托盘上组装，以适应所需的高度。它具有轻便、便于搬运、承重大、牢固耐用和适应性强的优点。

（五）无托盘集装

无托盘集装就是不用托盘的集合包装形式。它是用套式收缩薄膜把货物集装成一个牢固的包装件。在集合包装中，有些货物体积大重量轻，如用瓦楞纸箱装的服装等；或者货物本身堆积起来有一定的刚性和承重能力，如袋装水泥、化肥等。这类货物可以不用托盘，而采用套袋封闭式收缩包装。先将货物按规定数量和方式堆积于方底塑料袋中，袋的深度约为堆垛高度的 2/3。然后再用一个方底袋从上面套在货物上，并使上下两个袋有部分重叠。经热收缩后就形成了一个全面封闭的包装件。为了装卸方便，常在底部留出叉车叉臂的位置。

无托盘集合包装可使包装费用大大降低，并且具有防潮性能、减少破损、节省仓容等特点。

（六）集装袋集装

集装袋是一种新型的包装方式，它是一种大型的载重量在 1t 以上的半散装货物的周转容器。集装袋用挠性包装材料制成袋的形状。用这种袋包装粉状和粒状商品，较传统的包装要降低费用 45%，一条重量仅 2.3kg 的聚丙烯编织袋能装 1t 货物。集装袋的适用范围很广，如淀粉、食盐、砂糖、化肥、化工原料、饮料、树脂、水泥等商品都可用其装运。集装袋的发展反映了用廉价包装取代传统包装的趋势。

制作集装袋的材料有编织或塑料薄膜结构的，还有橡胶、帘子布结构的。大多数集装袋为圆形大方口袋，四面有吊带，底部有活口，便于装卸，吊袋方式根据吊索装置不同分为顶部吊装、底部吊装、侧面吊装。

第八节　防锈包装技术

为了隔绝或减少周围环境中的水汽、氧气和其他污染物对金属制品表面的影响，防止发生锈蚀而采用的包装技术称为防锈包装技术，也称封存包装技术。在物流过程中金属锈蚀能导致金属制品的表面变色、生锈，降低其使用性能和价值，对金属制品有严重的破坏作用。金属制品锈蚀分为电化学锈蚀和化学锈蚀两种类型，一般金属制品的锈蚀主要是电化学锈蚀，即金属制品同大气中水汽、氧气接触时引起微电流作用而导致其锈蚀。

一、防锈包装的等级

用于包装封存的防锈技术是暂时性防锈，在物品投入使用时要求防锈包装材料容易除去或剥离。根据国家标准 GB4879《防锈包装》将防锈包装分为 4 个等级。详见表 4－17。对各等级的防锈包装要求及方法进行了规定，防锈有效期可达数月至数年。

表 4－17　　防锈包装等级及要求

等级	适用范围	防锈包装要求	
		前处理及防锈	包装方法
A 级	用于库内长期储存及储备，国内外长距离运输，防锈期：3～5 年	①包装物品经清洗干燥后，应完全无油污、汗迹及水痕，通过清洁度试验且须检查； ②选用 3 年以上防锈期的防锈材料进行封存	①密封容器包装； ②可剥性塑料包装； ③容器充氮包装； ④干燥空气封存包装
B 级	用于库内短期储存周转，发送到国内各地短途运输，已知运输和储存期。防锈期：2～3 年	①包装物品经清洗干燥后，应完全无油污、汗迹及水痕，要求通过清洁度试验检查； ②选用 2 年以上防锈期的防锈材料进行封存	①涂覆防锈油后用塑料袋或铝塑薄膜包装； ②气相防锈材料包装； ③封存容器包装； ④涂覆溶剂型可剥塑料包装； ⑤容器充氮包装
C 级	用于直接出厂运到国内各地用户使用，不需入库储存。防锈期：1 年	①包装物品经清洗干燥后，应完全无油污、汗迹及水痕，要求通过清洁度试验检查； ②选用 1 年以上防锈期的防锈材料进行封存	①一般防潮、防水包装方法； ②涂覆防锈油脂包装方法； ③气相防锈材料包装方法
D 级	用于短期储存或工序间的装配及备用品，防锈期：6～12 个月	①清洁后无污物，允许残留少量油迹； ②选用 6～12 个月的防锈期的防锈材料包装	①一般防潮、防水包装方法； ②涂覆防锈油或油脂后，再用防锈纸包装并捆扎

二、常用的包装防锈技术

金属制品采用什么样的防锈包装技术，应根据物品重要性和储运要求确定。常用的防锈包装技术有以下几种。

（一）防锈油脂封存包装技术

将防锈油脂涂覆于金属制品表面，然后用石蜡纸或塑料袋封装，称防锈油脂封存包装。此方法材料易得、使用方便、价格较低，且防锈期可满足一般需要，是应用最早、使用最广泛的防锈方法。常用于钢铁、铜铝及其合金镀件、氧化及磷化件以及多种金属组件的防锈。同时，产品涂油能起到一定的防止划伤和减震作用。

（二）气相缓蚀剂防锈封存包装技术

气相缓蚀剂（Vapor Phase Inhibitor，VPI），亦称挥发性缓蚀剂。在常温下具有一定的蒸气压，在密封包装内能自动挥发到达金属制品表面，抑制大气对金属制品生锈，对金属起防止锈蚀的作用。气相防锈包装使用很方便，效果好、防锈期长，能用于表面不平、结构复杂及忌油物品的防锈，已得到越来越广泛的应用。

（三）可剥性塑料封存包装技术

可剥性塑料是以塑料为基本成分，加入矿物油、防锈剂、增塑剂、稳定剂以及防霉剂和溶剂配制而成的防锈材料。它涂于金属表面可硬化成固体膜，具有良好的防止大气锈蚀作用；同时，膜层柔韧有弹性，也有一定的机械缓冲作用。由于固体膜被一层油膜与金属件隔开，启封时膜层很容易从金属表面剥下，故称为可剥性塑料封存包装技术。它于20世纪40年代就在军工产品的防锈包装上使用，现已广泛应用于工具、汽车、飞机、造船业等金属制品的防锈包装上。可剥性塑料有热熔型与溶剂型两大类。

（四）封套防锈封存包装技术

将金属制品密封于包装或一定空间内，使其处于低湿或无氧状态，以防金属件大气锈蚀的方法，称为环境封存防锈。这类方法有：充氮包装、干燥空气封存—封套包装、茧式包装、脱氧剂封存包装等。

环境封存防锈包装适用于含有多种金属或非金属材料的金属制品，或形状结构复杂又不宜解体包装者。这里只介绍封套包装。所谓封套包装，是指将金属件放入一密封套内，并放入干燥剂或气相防锈剂，然后在口部用拉链密封的防锈包装方法。拉链启闭灵活，便于检查和使用，但防锈期较短，一般只有2～3年，特别适用于运输途中的短期防锈包装。坦克、装甲车、火炮、鱼雷和枪械等军工产品经常采用封套包装技术。

三、防锈包装方法的选用及实例

防锈包装种类多，应根据产品性质、储运条件和保存期加以选用。

在储运条件方面应考虑的因素有：

①到达运输终点的距离与时间。

②运输过程与终点的气候条件，是否高温多湿、海滨或极寒冷的地方等。

③装卸次数，装卸设施；储存期长短及储存条件。

④所用包装容器是用于批发、零售还是用作储存。

⑤包装费用。

表4－18是几种防锈封存包装方法的比较，供选用时参考。

由于金属制品种类繁多，不可能有标准的防锈包装工艺可以套用，只能根据具体要求及条件参考有关手册酌定。

下面以光学仪器防锈包装为例，介绍其包装工艺，见表 4－19。

表 4－18　　几种封存包装方法的比较

特征	水剂防锈	油料防锈	气相防锈	可剥性塑料封存	干燥空气封存	充氮封存	茧式包装
对机械制件大小的限制	一般不适于很大的工件	不限	不限	一般不适用于很大的制件	不限	不限	不限
对机械制件结构的限制	不适用于结构很复杂、特别是有深孔的制件	硬膜防锈油不适用于结构很复杂的制件	不限	不适用于结构很复杂、特别是有深孔的制件	不限	不限	不限
对机械制件材质的限制	应注意对非铁金属的适应性	应注意对非铁金属及非金属的适应性，不能用于忌油产品	应注意对非金属及非铁金属的适应性	应注意对非铁金属的适应性	不限	不限	不限
对机构制件表面预处理的要求	水剂清洗液洗净，表面亲水	清洁干燥	清洁干燥可涂以防锈油	清洁干燥	清洁干燥、施用或不施用防锈材料	清洁干燥，施用或不施用防锈材料	清洁干燥
需要的包装	防锈纸或塑料薄膜包装或采用一定容器作全浸式包装	耐油纸、塑料薄膜包装或采用一定容器作全浸式包装	除直接用气相纸包装，可不加密封包装外，应予一定密封	一般可省去内包装	金属容器或气密性封套	金属容器或气密性封套	简单外包装，内用干燥剂
施用工艺是否复杂	简单	简单	简单	较复杂	简单	较复杂	复杂

续 表

特征	水剂防锈	油料防锈	气相防锈	可剥性塑料封存	干燥空气封存	充氮封存	茧式包装
需要的特殊装备	可使用清洗、涂覆、包装的联合装置	可使用清洗、涂覆、包装的联合装置	可使用清洗、涂覆、包装的联合装置	可不需要	封焊金属容器或封套的工具	充氮装置及封焊工具	喷涂机
启封是否方便	方便	用厚油时不便	方便	方便	方便	方便	
封存期限	数月至一年	不加外包装1～3年	加密封外包装3～5年	一年以上	根据包装材料而定可达5～10年	5～10年或更长	5年以上

表4-19　　光学仪器防锈工艺概要

工序名称	工艺要求
零件加工中	使用有防锈性的切削液
热处理后防锈	喷砂法：喷砂→防锈水或防锈油防锈 清洗法：水冲洗→非离子型金属清洗剂清洗→水冲洗→防锈水或防锈油防锈
工序间防锈	碳氢系溶剂两道清洗→防锈水、防锈油、气相纸或气相盒防锈
涂装过程非涂装面防锈	溶剂汽油清洗→硬膜稀释型防锈油→涂装后除油膜清洗→防锈水或防锈油防锈
在制品、备件库防锈	溶剂汽油两道清洗→根据防锈期要求选用防锈油、气相纸或气相柜防锈
半成品库	两道溶剂汽油清洗→储存防锈。3个月以内的，室温涂刷防锈油脂；3个月以上的用防锈油脂防透，并以苯甲酸钠纸遮盖或包装干燥封存或浸入防锈油等
装配过程防锈	两道溶剂汽油清洗→用柔软中性纸抹干→室温涂刷防锈润滑油、阻尼润滑油
成品封存包装	两道溶剂汽油清洗→柔软中性纸抹干→裸露金属面涂防锈油料→苯甲酸钠防锈纸或塑料复合纸包装
产品装箱	支承：紧固部分如遇精加工面，先涂刷防锈油脂→覆盖锈纸→毛毡衬里→泡沫塑料衬垫。充氮封存：产品装入塑料或铝塑衬套→抽气充氮→黏胶带封口或热焊封口（套内放干燥剂500克/立方米） 光学玻璃组件：封套内加以防霉措施 装箱：装入木箱（木材含水量不超过15%），内衬油毛毡，沥青纸

第九节 危险品包装技术

危险品是指具有易爆、易燃、毒害、腐蚀、放射性质，在生产、流通、消费过程中容易造成人身伤亡、财产损失和环境污染、需要特别防护的物品。

一、危险品包装技术的相关规定及要求

危险品包装技术对于保证危险品不发生安全事故具有十分重要的作用，同时，也应便于危险品的装卸搬运、储存运输等物流作业。《危险货物运输包装通用技术条件》(GB12463) 规定了危险货物运输包装的分级、基本要求、性能、试验和检验方法等。也规定了包装容器的类型和标记代号。按包装结构、防护性能以及内装物的危险程度，危险品包装分为 3 个等级，Ⅰ级包装适用于内装危险性较大的货物，Ⅱ级包装适用于内装危险性中等的货物，Ⅲ级包装适用于内装危险性较小的货物。

危险品包装必须根据危险品的种类特点，按照有关法令、标准和规定专门设计制造，并依据物品包装技术要求制定和执行质量控制程序，如明确岗位责任、监督检查办法等。特别是易燃、易爆、剧毒、放射性物品，必须严加控制，保证万无一失。放射性物质的包装重要的是防止向外辐射，造成对人体的伤害和环境的污染。防爆包装中，为防止内装物的爆炸应采取强有力的防护措施。对有毒物品的包装主要应防止有毒物品的渗漏、外泄而对人体造成危害，或污染环境。

上述危险品在包装过程中，技术人员必须遵照有关标准和规定进行设计；作业人员必须严格按照操作规程进行操作。对于国内外暂无标准和规范的新产品，必须严格分析可能的使用、流通环境，从最恶劣、最严酷的条件出发进行包装设计，并执行最严格的作业程序，小心谨慎操作。

二、危险品防护包装技术

（一）易爆物品包装技术

对于军工物品中的弹药、火药、炸药、引信或电子引信、火工品一类易爆品的包装技术，必须对环境标准认真研究分析：根据运输条件查出或确定冲击跌落高度、振动的速度频谱曲线、堆码高度，气候条件中最高、最低温度、湿度范围，陆地地面环境、海面和海洋大气环境以及全球地面 80km 高空的大气环境、气压变化范围等参数。适当地选择相应的内、外包装材料。在此过程中，可根据物品特性选择阻燃隔热材料以防日光照射或热辐射作用；采用真空或充气内包装以防氧化作用；采用气密性好的材料进行防水、防潮包装；内加干燥剂或涂布防锈油以防锈蚀、腐蚀或霉变；在内包装之外再使用缓冲材料以防震、冲击或振动；外包装箱应坚固适应战地运输需要，同时也防啮齿类动物的损坏；如果是电子信或其他电子物品还应采取场强屏蔽措施，以防静电场、电磁场、磁场和放射线场

的作用；在物流过程中，如果物品内包装的相对湿度下降到某种程度时，也可能使物品与包装材料之间在流通中发生摩擦而引起爆炸，故应保持一定的湿度范围。

（二）放射性物品的包装技术

对于放射性物品而言，必须选择能屏蔽掉或使放射线衰减到对人体或环境无害的包装材料及其技术方法或防范措施。通常在内包装或内包装的外面增加1个有一定厚度的金属铅或铝制的防辐射隔离层；外包装通常使用金属箱、桶等包装容器，而且密封要好，要牢固。为了防水、防潮、防氧化、防腐蚀等，应合理选择内、外包装材料或采取相应的技术措施。若使用塑料类或复合材料包装，还应保证这类材料受辐射后不应产生裂解，不影响封口质量、密封性能和牢固度。

（三）有毒物品包装技术

对于有毒物品包装，应主要保持包装的坚固性和密封性，在流通过程中不发生破损、渗漏、渗透等。为达到这一要求，内、外包装必须具有优良的气密性，包装材料防潮、防水、抗腐蚀性良好，不与毒品发生化学反应。另外，这类危险品包装之后必须经受标准中规定的各种试验，完全合格后才能投入正常使用。为了在物流过程中保证安全，在外包装上必须按国家《危险货物包装标志》（GB190－90)、《包装储运图示标志》（GB191－90）规定加印危险货物包装标志和包装储运图示标志，并保证在货物储运期内不脱落。

第十节　无菌包装技术

在生产、流通、消费过程中，物品不断受到有害微生物的侵袭，虽然可以运用化学药剂、气调、高温、低温等灭菌技术，但是，不能保证物品一直处于无菌环境中，因此，需要对这些物品实施无菌包装技术。

一、无菌包装的特点

无菌包装主要指包装材料和包装容器的灭菌，物品的灭菌及无菌环境下进行包装作业，整个过程构成了一个无菌包装系统。无菌包装系统是由包装容器输入部位、包装容器灭菌部位、无菌充填部位、无菌封口部位及包装件输出部位组成。对于不同的包装容器和包装材料，无菌包装系统的结构也不同。经过无菌包装的生鲜食品无须冷库储存、冷藏车运输配送、冷柜销售、冰箱存放等，在常温下可以储存12～18个月不变质，6～8个月风味不损失，延长物品的储存期。无菌包装所采用的包装容器有杯、盘、袋、桶、缸、盒等，容积从10～1135mL不等，包装材料主要是塑料、铝箔、纸、塑料的复合膜，用这些复合膜制成的容器壁金属节约15%～25%的费用，极大地降低了包装成本。

二、无菌包装技术方法

无菌包装技术是一种在无菌的环境中进行充填和封合的技术，具有成本低、寿命长、利于物流、节约能源、方便销售等优点，被广泛应用于生鲜食品、药品、饮料等物品的包装，特别是液态物品的包装。无菌包装中所采用的灭菌方法有加热杀菌（或热杀菌）和非加热杀菌（或冷杀菌）两大类。热杀菌是一种传统的灭菌方法，技术已很成熟。冷杀菌技术推广应用较迟，还有待进一步研究。目前，我国常用的灭菌技术有以下几种。

（一）超高温杀菌技术

将食品充填并密封于复合薄膜包装袋后，使其在短时间内保持130℃的高温，灭杀包装容器内的细菌。该包装技术不仅仅能保护食品质量，而且生产效率高，主要用于奶类制品。

（二）巴氏杀菌包装技术

将食品充填并密封于包装容器后，在一定时间内保持100℃以下的高温，杀死包装容器内的细菌。这种技术主要用于果汁、牛乳及其发酵制品、啤酒、火腿等食品。

（三）微波杀菌包装技术

这种技术不需要常规加热方式中先加热环境介质，再加热食品的缺点，对食品的加热方式是瞬时穿透式加热，被加热的食品直接吸收微波能而产生的热能，加热速度快，内外受热均匀。食品中的微生物因吸收微波能而使体温升高，破坏菌体蛋白质成分，起到杀菌效果。这种技术主要用于肉类、鱼类、豆制品、牛奶、水果及啤酒等的杀菌。

（四）电阻加热杀菌包装技术

利用连续活动的导电液体的电阻热效应来进行加热，以达到杀菌目的，是用于酸性食品、低酸性食品、黏性食品和颗粒食品进行连续杀菌的一种新技术，适用于土豆、胡萝卜、苹果片及牛肉片、鸡肉片等食品。

（五）高压电脉冲杀菌包装技术

将高压脉冲电场作用于液态食品，有效地杀灭食品中的微生物，而对食品自身温度无明显影响，最大限度地保存了食品中原有的营养成分。

（六）超高压杀菌包装技术

将食品处在200～600MPa的超高压下进行短时间的处理，由于静水压的作用使菌体蛋白质发生压力凝固现象，达到完全杀菌的目的。超高压杀菌包装技术最大的优点是对食品内的风味物质、维生素C、色素等没有影响，营养成分损失很少，特别适用于果汁、果酱类食品。

（七）磁力杀菌包装技术

将食品放入磁场中，在一定的磁场强度作用下，使食品在常温下达到灭菌效果。这种包装技术适用于各种饮料、流动性食品、调味品及其他各种固体食品。

（八）臭氧杀菌包装技术

臭氧杀菌机理主要有两种解释：一种是臭氧很容易同细菌细胞壁中脂蛋白或细胞膜中的磷脂质、蛋白质发生化学反应，从而使细菌的细胞壁和细胞膜受到破坏，导致细菌死亡；另一种说法是臭氧能够破坏细菌中的霉或DNA、RNA，从而使细菌死亡。这种包装技术多用于饮料或食品原料的杀菌、脱臭、脱色等。

第十一节　辅助包装防护技术

有效的辅助包装能够提高物品的安全可靠性以及方便运输、储存、装卸搬运、配送等物流作业，提高物流效率及效益。

一、捆扎包装技术

所谓捆扎是用挠性带状材料扎牢、固定、加固物品或包装件。捆扎时要根据具体情况选择最适宜的捆扎材料。常用的捆扎材料由钢丝、钢带、焊接链以及聚酯、尼龙、聚乙烯、聚丙烯、聚氯乙烯等塑料捆扎带和加强捆扎带。

钢丝多用于捆扎管道，圆钢、木箱等刚性物品，用于捆扎木箱时会嵌入木箱棱角。钢带是抗张强度最高的一种捆扎带，伸缩率小，基本不受阳光、温度等因素的影响，具有良好的张力保持能力，可承受高度压缩货物的张力，但易生锈。

聚酯带有较高的拉伸强度和耐冲击力，有较好的弹性恢复性能，张力保持能力好，耐化学性好，长期存储性能好，可替代钢带用于重型物品的包装。尼龙带富有弹性，强度大，耐磨性、耐弯曲性、耐水性、耐化学性好，质量轻，主要用于重型物品、托盘等的捆扎包装。聚乙烯带属于手工作业用的优良捆扎材料，耐水性好，适用于含水量高的农产品捆扎，可保持可靠稳固的形状，存放稳定，使用方便。聚丙烯带质轻柔软，强度高，耐水性、耐化学性强，对捆扎的适应性强，使用方便，成本低，常用作瓦楞纸箱的封箱捆扎带，也能够用于集合包装物品的捆扎以及膨松压缩物品的捆扎。聚丙烯带的张力保持能力与聚酯带、尼龙带相比弱一些。加强捆扎带是在聚酯带或聚丙烯带中加入金属丝加强筋的一种捆扎带，适用于中型包装的捆扎。

利用捆扎带将数包或数十包袋装粉状物品及颗粒状物品进行捆扎，可利用起重机、叉车等设备进行机械化装卸搬运。

二、封合包装技术

封合也称封口或封缄，是指采用包装材料和包装箱将物品包装后，为确保物品在流通过程中保持在包装箱内，避免被污染而采取的技术方法。根据采用的封合材料进行分类，封合包装技术可分为黏合剂封合技术和胶带封合技术。

（一）黏合剂封合包装技术

采用黏合剂将包装箱封合的技术叫黏合剂封合包装技术。它具有工艺简单、生产率高、黏合强度大、应力分布均匀、密封性好、适用范围广、能够增加绝热与绝缘性能等优点。在包装工业中广泛用于纸张、布料、木材、塑料、金属等各种材料的黏合，在封口、复合材料的制造、封箱、贴条、贴标签等过程中起着重要作用。按黏合剂基料性质分为无机黏合剂和有机黏合剂；按其物理形态可分为水溶型、溶剂型、热熔型 3 类；按其操作温度可分为冷胶、热熔胶两类。黏合剂种类繁多，成分复杂，许多天然材料和合成材料均可用作黏合剂。

冷胶黏合剂的黏合过程可用于手工操作，也可用涂布设备操作，其操作程序是涂布、压合、固化（挥发）。冷胶黏合剂中以水溶型黏合剂使用历史最久，用量最大，易于操作，安全、节能、成本低、黏合强度最高。

（二）胶带封合包装技术

胶带是预先涂有黏合剂的带状包装材料，主要用于封合包装容器。

1. 普通胶带（或称为再湿型胶带）

它是在基材上涂布一层水活性黏合剂，操作时在胶面上涂一层水，溶解黏合剂而产生黏合力。基材有纸质、布质、纤维增设纸质、复合材料等多种。普通胶带主要用于瓦楞纸包装箱的封箱作业。

2. 压敏胶带

将压敏黏合剂涂布在基材上，使用时轻轻按压基材背面，就能够黏合到被黏合物的表面，且基材背面作过防黏处理，便于从胶带卷上拉开使用。基材柔软而富有弹性，以便撕断或切开，并且有良好的抗拉强度，以保证胶带有足够的抗冲击能力。常用基材有纸质、布质、双向拉伸聚丙烯薄膜或拉伸聚酯薄膜等。

用压敏胶带封合瓦楞纸箱，可用人工粘贴，也可用封箱机粘贴。自动封箱机可将纸箱顶部和底部，自动封箱机从流水作业线上将充填好的纸箱顶部盖片拆下，然后进行封合。半自动封箱机由包装工人充填纸箱，拆下盖片，送到封箱机上封合。

案 例

包装技术案例

某气动元器件公司是集科研开发、生产加工、经营销售、技术服务、进出口贸易于一体的大型高新技术企业，是国内规模较大的气动元器件生产企业。同日本、德国等国家许多公司建立了长期的合作，气动产品闻名国际市场，远销西欧、北美及东南亚。

但公司一直对产品的木箱包装所带来的问题，感到不满意。为顺应国内和国际市场产品供应的整体要求，同时，为了提高包装品质，企业引进了希悦尔（Sealed Air）包装公司生产的Instapak因时发现场成型包装系统改善现有的产品包装。通过这一改变，公司摆脱了传统木箱包装的桎梏，减少了对于存放木箱、白色宝丽隆泡沫板材等传统包装材料的空间需求。更为重要的是，还大大减少了因为产品运输破损而给企业带来的损失。

1. 传统木箱带来的问题

木箱包装已经沿用了30年，企业每天必须向协作厂订购品种繁多的木箱存放在包装车间内，由于木箱占地空间大，通常还有不少木箱露天堆放在车间外面。原有木箱包装难以起到理想的缓冲防震作用，再加上目前国内运输存在的问题，产品破损时有所见。

目前，木箱包装的成本并不低廉，而且产品出口欧洲时经常被要求在木箱上提供IPPC标识验证（即国际植物保护公约IPPC注册的用于按规定实施除害处理合格的木质包装上的标识符号），这对于企业来说无疑是额外的成本支出，不利于企业国际市场竞争力的快速提升。

除了木箱包装外，公司的部分产品是采用纸箱外包装，纸箱内部则使用传统的气泡膜附加纸卡衬垫对产品进行缓冲防护。操作人员先用气泡膜包裹气动元器件提供表面防护，产品放入纸箱后，再选择合适尺寸的纸卡衬垫填塞产品与纸箱之间的多余空隙，以达到一定的产品定位保护效果。整个包装过程要耗费相当的人工和时间，出货高峰时要添加较多的工人。

2. 采用新技术带来的效果

在对现有包装方式进行全面的检讨和评估之后，公司引进了一台希悦尔包装公司的因时发901现场成型包装系统，着手将现有的木箱包装改为纸箱包装，同时，替换传统的内包装缓冲材料。

因时发901现场成型包装系统是希悦尔公司的众多包装系统中的一种，操作员仅需按动扳机，全电动的系统就可以将可发性泡沫原料注入到纸箱内，这种高弹性的发泡泡沫在包装箱中迅速膨胀，依照所装产品形状吻合成型，实现产品在包装箱内的有效定位和缓冲，避免了运输过程中来回移动和碰撞。

由于现场成型包装为产品提供了优良保护作用，客户订购的货物能够以更好的状态送达，公司因为包装破损被客户投诉的事件逐步减少。同时，在将木箱包装改成纸箱包装后，公司的产品包装外观文字图案等企业形象更加鲜明突出，产品出口到其他国家也不再是问题。

经过改进的包装方法给气动元器件产品带来了更高的客户满意度，而且因时发 901 包装系统很容易操作。只需要经过几个小时的培训，操作工就可以对形状各异的产品进行快速有效的包装，现在完成一个产品的包装只需要短短几分钟时间，降低了操作工人的劳动强度，提高了工效。

整套因时发 901 现场成型包装系统配套一对 210 升容器组成的原料供给系统占据了包装区域大约 4 平方米的地面空间，与原来仓库层叠堆放的木箱包装相比，大大节约了仓库空间。

改用现场成型包装方式的另一个好处是：因时发包装的特性可以使其充满产品和包装箱之间的空隙，可以逐步削减包装纸箱的尺寸规格。这使企业每年在成本方面有较大的节约。

思考题

1. 何谓挥发、溶化、熔化、渗漏、渗透、凝固、风化等现象，指出其影响因素。
2. 防霉包装方法有哪些？并简要说明其机理。
3. 无菌包装技术分为哪几大类？各采用哪种杀菌技术？
4. 简述几种防虫害包装技术的机理？
5. 试论述包装材料的透湿机理。决定透湿系数的因素有哪些？
6. 防水包装的一般技法有哪些？其特殊密封工艺又有哪几种方法？
7. 防水包装和防潮包装有何不同？
8. 防锈包装的含义，了解防锈包装的种类及有关标准。
9. 什么是气相防锈包装？对气相侵蚀剂性能有哪些要求？
10. 说明真空包装、充气包装、气调包装、自然气调包装的含义？
11. 缓冲包装主要有哪些方式？每种方式中又有哪些方法？
12. 易爆、有毒物质包装的设计要求是什么？要注意哪些环节？
13. 简述集合包装特点。托盘结构、堆码形式、固定的方法有哪些？
14. 简述收缩包装与拉伸包装的特点。

第五章　物流包装的合理化和现代化

本章学习目的：本章主要掌握物流包装标准化，不合理物流包装表现形式，物流包装的优化及现代化。重点掌握物流包装模数及利用价值分析法对物流包装进行优化。

包装是物流的起点，包装的合理化和现代化是物流的合理化、现代化的组成部分及基础，从现代流通的观点分析，物流包装的合理化及现代化不是包装本身的事情，而是在整个物流系统实现合理化及现代化的前提下的包装合理化及现代化。这种合理化及现代化一般是用宏观的物流效益与微观的包装效益的统一来衡量，当然也包括包装材料、包装技术、包装方式的合理组合及运用。

第一节　物流包装的标准化

物流包装标准化是物流管理现代化的重要组成部分，是实现物流管理高效、科学、规范、程序化运作重要的手段之一，是保证整个物流系统高度统一，协调运行的有力措施。科学的、完整的物流包装标准化应是加强物流标准化管理的重要组成部分。

一、物流包装标准化的基本概念与意义

（一）包装标准与物流包装标准化

1. 标准

根据 GB/T2000.1—2002《标准化工作指南第 1 部分标准化和相关活动的通用词汇》中定义为：为了在一定范围内获得最佳秩序，经协商一致制定并由公认机构共同使用和重复使用的一种规范性文件称为标准。标准宜以科学、技术和经验的综合成果为基础，以促进最佳共同效益为目的。

包装标准是对包装标志、包装所用材料规格、质量、包装的技术要求、包装件的检验方法等的技术规定。包装标准的完整定义是：为了保障物品在储存、运输和销售中的安全及科学管理的需要，以包装的有关事项为对象所制定的标准。

2. 标准化

根据 GB/T2000.1—2002 定义为：为了在一定范围内获得最佳秩序，对现实问题或潜在问题制定共同使用和重复使用的条款的活动称为标准化。标准化的主要形式有：简化、统一化、系列化、通用化、组合化、模块化等。

物流包装标准化是以物流包装为对象，对包装类型、规格、容量、使用材料、包装容器的结构造型、印刷标志、产品的盛放、衬垫、封装方法、名词术语、检验要求等给予统一的政策和技术措施。物流包装标准化包括的范围是极为广泛的，几乎涉及国民经济的各个部门。

（二）物流包装标准化的重要意义

1. 提高物流包装质量的技术保证

任何一个标准和规范都是从实践经验和科学研究中总结和制定出来的，代表着当前较为先进的水平。因此，物流包装质量的好坏与标准化的实施有着密切关系。

2. 优化物流系统的重要措施

物流包装标准化不是单纯的包装本身的事情，而且直接影响到其他物流过程的效率和质量。为实现整个物流系统合理化、有序化、现代化、低成本，物流包装标准化必不可少。

3. 供应链管理中核心企业与节点企业及节点企业之间无缝链接的基础

供应链管理中从供应商的供应商到顾客的顾客整个供应链无缝连接、快速反应，适时、适量、适品、适地地准时供应，物流包装标准化是基础，否则将使供应链管理难以启动。

4. 企业之间横向联合的纽带

随着科学技术的发展，生产的社会化、规模化及技术要求越来越高，生产协作越来越广泛。物流包装涉及储存、运输、装卸搬运、流通加工、配送等各物流环节，这就要通过标准化将生产部门及流通环节有机联系起来，以保证物流过程中高效率、低成本地运营。

5. 合理利用资源和原料的有效手段

标准化的主要特征之一就是重复性，重要功能就是对重复发生的事物尽量减少或消除不必要的劳动耗费，并促使以往的劳动成果重复利用。物流包装标准化有利于合理利用包装材料和包装制品的回收利用。

6. 可提高包装制品的生产效率

实现统一的物流包装标准，可以将零星分散的小批量生产集中为大批量、机械化、连续化生产，从而提高包装制品的生产效率。同时，统一的物流包装标准，可避免生产商对包装形式、规格、标志、图案和质量各行其是，造成大量人力、物力的浪费。

7. 有利于促进国际贸易的发展，增强市场竞争能力

我国加入世贸组织后，物流包装标准化已成为国际贸易的组成部分。只有实行与国际标准化一致的标准，才能有高效率的国际物流，降低损耗，减少运输费用，提高运输效率，进而提高产品在国际市场上的竞争能力。

8. 便于识别和计量

简化包装容器规格，统一包装容量，明确包装标志，便于商品在物流过程中识别和分类。同时，每一包装单位的容量和质量相同，方便商品计量和检验。

二、物流包装模数

所谓物流包装模数是以集装单元为基础的包装容器长和宽尺寸基数，是关于物流包装基础尺寸的标准化及系列尺寸选定的一种规定。

（一）以托盘规格为依据

1. 模数分割法

L——托盘的长度，W——托盘的宽度。

物流包装的长度理论上应该是：$L/2$、$L/3$、$L/4$……；

物流包装的宽度理论上应该是：$W/2$、$W/3$、$W/4$……。

例：以 1100×800 的托盘为例，物流包装模数取 $L/3$ 和 $W/3$。

$L/3=1100/3\approx366.67$mm

$W/4=800/3\approx266.67$mm

物流包装箱的外形尺寸应取 360mm×260mm。

2. 组合分割法

组合分割法是将物流包装尺寸的长（l）和宽（w）按比例分割后组合并存在下列关系：

$$\begin{cases} nl+mw+A=W \\ n'w+m'l+A=L \end{cases}$$

式中：n，m——分别为沿托盘宽度（W）方向摆放横向和纵向包装个数；

n'，m'——分别为沿托盘长度（L）方向摆放横向包装个数。

l/w 的比值有很多，因此，可以求出很多组物流包装的长和宽的尺寸数据，常使用的 l/w 的比值有 3/2，4/3，5/4，6/5，17/12 等。

组合分割法确定物流包装的长度和宽度，可以在托盘上组合码成各种形式，有利于提高托盘的利用率，其中当 $l/w=3/2$ 时，托盘表面积利用率可达 96%。

当以托盘规格为依据确定物流包装模数时，确定考虑到应用的方便性和其他诸因素包装高度为 1900mm 为基准较为理想，其他凡能除尽该值的数皆可作为物流包装高度。

（二）以车厢内廓尺寸为依据

H、L、B 分别表示车厢内廓的高、长、宽；

h、l、b 分别表示物流包装的高、长、宽。

平放时：物流包装的特征为：h/H；

侧放时：物流包装的特征为：b/H；

立放时：物流包装的特征为：h/H。

物流包装模数，有一定的局限性，绝大部分物品的物流包装可以实现标准化，但也有些产品例如长形、异型等产品是无法按模数尺寸包装。

三、物流包装标准化在国际贸易中的作用

国际贸易中的商品流通范围很广，不只涉及一个国家、一个地区或民族。物流包装除了必须遵守国际上许多法规外，还应遵守习惯性规范及各个国家和地区的特殊法规，因此，国际贸易中包装的法律意义主要在买卖合同中体现出来，在合同中明确规定双方有关包装的责任。这是认定违约和追究违约者责任的法律依据。

（一）在交易合同中的包装条款

交易合同中应规定包装质量，有国家标准和行业标准的按其国家标准或行业标准签订，无国家标准及行业标准的按企业标准签订。当事人有特殊要求的由双方协商签订，供方必须对包装质量负责，并提供验收资料或实样。如果包装质量是不符合合同的规定，应偿付违约金和赔偿金。

（二）物流合同中包装条款

1. 运输合同中的包装条款

货物在运输中，应规定托运方对货物包装的责任。托运货物必须按国家规定的标准包装，无统一规定包装标准，应以货物运输安全为原则进行包装，否则承运方有权拒绝承运。由于货物因包装缺陷产生破损、致使其他货物、运输设施与设备被污染、腐蚀、损坏、造成人员伤亡的，托运方要承担赔偿责任。

2. 储存合同中的包装条款

在储存合同中，应规定存货方对所储货物包装的责任，并对包装质量和标志作出明确规定，储存时应以合同规定的包装外观、货物品种、数量和质量等进行验收入库，货物在储存期间如果因包装不符合规定或超过有效储存期而造成货物灭失、变质、污染、损坏等由存货方自行负责。

（三）其他涉及包装的条款

1. “法律适用”的问题

在国际贸易中涉及多个国家，一旦发生与包装相关的法律纠纷时，应以哪个国家的法律为依据来处理问题，必须在合同条款中明确“法律适用”，一般以合同签订地法律为准。

2. 特殊法令问题

一些国家有环境保护条例、防毒包装法令、消费者保护法等。这些法规对包装有着较严重的影响，因此，在合同中应明确规定。如合同中没有规定。一般按国际惯例执行。

（四）包装环节的约定条款

1. 包装材料的特性

主要指包装方法与内容物的化学关系，涉及化学反应、生物作用、卫生影响。物流中

的安全及经济负责。

2. 包装容器的特性

主要指包装容器的结构、温度条件、抗压力、制造工艺繁简、对包装材料的要求、包装技术及机械设备的配合性等。

3. 保证国家的政治尊严及满足消费者要求

保护消费者的政治尊严及经济利益，使用的文字、度量衡及其他相关规定。

现行的国际标准和国际公约，如《国际海上部分货物运输规则》、《国际标准化组织推荐标准》、《联合国简易装运标志规范》、《联合国国际货物销售合同的公约》等，大多是目前国际贸易的合同中与包装有关的条款内容的依据。

四、物流包装标准化的基本原则

物流包装标准化的原则是其活动和工作过程中最基本的客观规律。下列各项原则是标准化活动的基本原则，也是物流包装标准化活动的基本原则。

（一）超前预防原则

现代科学技术的高速发展，往往因一些潜在问题的非标准化而付出相当大的代价，因此，对潜在问题实行超前标准化，就会有效地预防其多样化和复杂化。

（二）系统优化原则

标准化的对象应该优先考虑其所依存主体系统能获得最佳效益的问题。首先标准化对象应在能获取效益的问题（或项目）中确定，并且应优先考虑能获取最大效益的问题，不仅是考虑对象自身的局部标准化效益，而是考虑对象所依存主体系统即全局的最佳效益。例如，物流包装标准化应放在现代物流系统中来考虑。

（三）协商一致原则

标准化活动成果是让大家公认而接受并实施，因此，必须是相关各方面充分协商一致，取得共识。这样标准化成果才具有科学性、合理化、广泛化，又为顺利、有效地实施创造了前提条件。

（四）统一有度原则

统一有度原则是标准化的本质和核心。等效是统一的条件，只有统一后标准与被统一的对象具有功能上的等效化，才能替代。统一具有一定的范围或层级的，是在一定水平上的；统一又有一定量度的，一般规定上限值或下限值，还有规定上下允差值。

（五）动变有序原则

标准随环境的变化而适时修订，才能保证其先进性和适用性。标准不是永恒不变的，否则会因其滞后而丧失其生命力。标准按规定的时间和秩序进行修订，如果任意变动，势必会造成混乱。

（六）互换兼容原则

互换性是指不同产品、过程或服务能代替另一种产品、过程或服务满足同样需求的能力，一般包括功能互换性和尺寸互换性。兼容性是指产品过程或服务在规定条件下一起使用，能满足有关要求而不会引起不可接受的干扰的适宜性。例如，集装箱尺寸条例标准的实施使汽车、轮船等运载设备充分发挥了效用。

（七）阶梯发展原则

标准化活动过程是从标准制订→实施（相对稳定）→修订（提高）→再实施（相对稳定）→再修订（提高）呈阶梯状的发展过程。它反映了标准化必须伴随其依存主体、技术或管理水平的提高而提高，阶梯的幅度即标准实施时间（又称为标令），一般国际标准和国家标准为 5 年，企业标准为 1～3 年。

（八）滞阻即废原则

在对标准定期复审时，确认其不适用，根据其制约或阻碍依存主体的程度、范围等情况进行更改、修订或废止，标准依存主体已发生根本变化，旧标准已失去效用或已有新标准代替立即作废，停止实施。

（九）经济适用原则

在功能上满足包装使用要求，在价格上体现经济实惠，使产品包装具有较高的综合技术经济指标。结合我国实际，合理利用国家资源，尽可能不用或少用本国本地区资源不足的原材料来制作批量生产的包装产品，推广替代材料。

（十）技术引进原则

采用国际先进标准，实际上也是一种技术引进，因为标准是各种复杂技术的综合，包含了许多先进技术。采用国际标准，有利于消除对外贸易中的技术壁垒，便于国际间产品互换。

第二节　物流包装的合理化

实现物流包装的功能，保证物流的顺畅，应做到物流包装合理化。这包括总体的合理化和用料、技术及方式的合理化。做到宏观整体物流效益与微观为了包装效益的统一，强调资源优化配置。宏观物流包装的合理化是通过微观物流包装合理化来实现的。

一、不合理的物流包装表现形式

从现代物流学的观点来看，物流包装合理化，不仅是物流包装自身的问题，而且是整个物流系统合理化的前提下的包装合理化，分析物流包装是否合理，一方面，以整个物流系统效益评价；另一方面，是对物流包装自身的材料、技术运用、方式的组合进行评价，常见的不合理物流包装表现形式有以下几个方面。

（一）物流包装不足

1. 物流包装强度不足

物流包装强度与包装堆码、装卸搬运有密切关系。强度不足，使其在物流中的性能不足，造成包装物在物流环节中破损。

2. 物流包装材料不能承担防护作用

物流包装材料的选择应遵循以下原则。

①包装材料应与包装物相适应，在满足功能的基础上尽量降低材料费。

②包装器材与包装类别相协调，物流包装注重包装防护及物流环节的方便性，常用的器材有托盘、集装箱、木箱及瓦楞纸箱等。

③包装器材与流通条件相适宜。

此外，还有物流包装容器的层次及容积不足；物流包装成本过低，不能有效的包装。

（二）物流包装过剩

主要包括：包装强度设计过高；包装材料过高；包装技术过高；包装层次过高，体积过大；包装成本过高。

（三）包装污染

包装污染主要体现在两个方面：

①包装材料中大量使用的纸箱、木箱、塑料容器等，要消耗大量的自然资源且增加固体垃圾数量。

②商品包装的一次性、豪华性，采用不可降解的包装材料，严重污染环境。

二、物流包装合理化的主要措施

为很好地实现包装在物流中的各项功能，满足物流主要环节对包装的要求，同时又能使包装成本最低，须使物流包装合理化。物流包装合理化一般采用以下措施。

（一）掌握物流实况，发挥最经济的保护功能

物流包装的保护功能应使物品在物流过程中承受各种环境的考验，只有确切地掌握运输、储存、装卸、搬运等物流活动的实际情况，才能合理选用包装技术及包装材料，进行

合理设计，发挥最经济的保护功能。

（二）包装材料减量化、轻薄化

物流包装对商品主要是保护作用，对其使用价值无任何意义，因此，在强度、寿命等因素相同的条件下，尽量减少材料用量，使其轻薄化，不仅降低物流包装成本，而且也减少了废弃物数量，提高物流效率。

（三）强化环保意识，减少包装污染

在国际绿色贸易壁垒的冲击下，发展无公害的绿色物流包装已成为必然的发展趋势。发展绿色包装的主要途径有两条：一是研发绿色包装材料，二是物流包装废弃物的回收及综合利用。研发可自行降解、无污染环境的物流包装材料，同时，促进包装材料减量化，对包装产品重复利用和再生利用，节约资源，建立物流包装循环经济。

（四）物流包装设计标准化

对于运输包装设计时必须采用标准规格尺寸，按照 GB 4892—85 硬质直方体运输包装尺寸系列选用合适的长、宽尺寸，这样同托盘、集装箱及运输车（船）、装卸搬运机械相匹配，能够在物流包装中获得最大装载量，提高装载率，降低物流成本。

（五）物流包装设计应注重作业的方便性

物品在物流过程中需要多次装卸搬运，因此，物流包装设计必须重视作业的方便性，做到手工作业使人的疲劳程度最小，机械作业使其重量及体积与作业机械相适应，同时还应该注重开箱的方便性。

（六）包装费用与内容物价值相适应

无论商流包装还是物流包装，应杜绝过分包装、欺骗包装，通常商流包装费用占内容商品价值的比例为：酒类、罐头占 18%～25%，儿童食品可占到 40%，一般食品仅占 20%。

（七）物流包装方式集装化

物流包装方式集装化是通过集合包装技术方法来实现的。GB/T 8354—2006《物流术语》中将集装化定义为：“用集装单元器具或采用捆扎方法，把物品组成集装单元的物流作业方式。”集装化有利于降低物流作业劳动强度，缩短物流时间，加速车船周转，提高物流效率与效益，有利于多式联运，保证物品物流过程中的安全，降低物流费用，促使物流包装系列强化、标准化、规格化的实现。

第三节　物流包装的优化

一、用科学的方法优化物流包装

由于物流的影响因素是可变的，确定物流包装的形成，选择包装方法都与物流的诸影响因素相适应。

对物流包装影响最大的是装卸搬运，不同的装卸搬运方式决定不同的物流包装。对于人工作业物流包装的质量必须限制在人工作业的允许能力之下，外形尺寸适合于人工作业。根据对人工作业最佳重量的科学研究，包装重量一般为作业人员体重的40%较为合适，男劳力在20～25公斤之内，女劳力在15～20公斤之内为宜。对于机械作业，集装箱重量可达10吨以上。储存条件和方式对于物流包装也是一个重要影响因素，例如，高堆垛就要求物流包装有较高的强度，货架储存，为了降低包装成本，包装强度可以降低。

另外，运输工具、运输距离、道路状况，对物流包装都有较大影响。

二、用价值分析法优化物流包装

价值分析法简称VA，起源于美国，日本引进后成效显著。其主要目的是：从品质、使用、耐用、外观等方面考虑降低成本的可能性，力求以最低的寿命周期费用，可靠地实现物流的必要功能。

（一）价值分析法的主要内容

价值分析法是在广泛收集具有同样功能的物流包装材料和包装容器的基础上，分别核算其成本，以便运用更便宜的材料、容器及方法，在保持同样功能的前提下，进行物流包装。它是一种利用组织的力量和智慧，进行功能与成本的分析。

价值分析法检查分析内容如下：

①必要性：逐次检查找出不必要的、多余的地方。

②效果：采用替代材料和容器，包装的功能是减少了还是增强了。

③包装成本与物品的用途对比是否相称。

④物品本身性能是否需要和适应。

⑤价格是否合理，能否再降低。

⑥包装的规格尺寸是否恰当，是否实现标准化。

⑦整个包装工艺是否经济、高效。

⑧在整个物流过程中的安全性是否合适。

⑨各项成本构成是否合理。

⑩包装原材料、半产品及器具的物流是否合理。

上述各项认真反复检查、分析、比较，直到获得最佳的经济效果和社会效益，方为最优方案。

（二）价值分析法的基本要点和特性

理解价值分析法必须理解以下 4 个基本要点：

①功能：主要指物流包装的使用价值、性能、效用及其满足用户需求的程度。

②必要性：用户所要求的包装物品在物流过程中必须保持或达到的功能。

③寿命周期（也称寿命周期成本）：是指从包装产品的研制、生产、使用、维修直到最后报废为止全部费用。它包括制造费和使用费。

④产品的价值：指产品的功能与功能成本之间的对比关系。一般用以下公式表示：

$$价值（V）=功能（F）/成本（C）$$

价值分析得出提高包装产品价值的 5 种方法：

(a) F 不变，降低 C；

(b) 提高 F，C 不变；

(c) 既提高 F，又降低 C；

(d) C 略有提高，F 有较大幅度提高；

(e) F 略有下降，C 有较大幅度下降。

不难看出 (a)、(c)、(e) 是降低成本 C，而 (b)、(d) 是改善功能 F，价值分析是从功能合理化，成本合理化两个方面下工夫。至于采取什么方法应根据所研究的对象自身条件和用户的要求确定。

价值分析具有以下主要特性：

①价值分析是以功能成本分析为中心，即对功能与成本之间的关系进行定性、定量分析、核算。

②价值分析的宗旨是以最低的寿命周期成本，生产出功能上满足用户需求的物流包装及其作业。

③价值分析是一个技术性、经济性、全面性、组织性的综合分析活动，利用有组织的系统分析借以开发人力智慧，达到集思广益的效果。

价值分析在物流包装上的作用在于通过对包装的结构、造型、装潢的功能和成本对比分析，在保证包装获得所要求功能的情况下，研究最佳设计、最低费用，经济高效的工艺，最优的市场竞争能力。分析的项目众多，几乎每个分析项目都要达到最大的价值与最小的费用，实现结构科学化和使用合理化。就我国目前物流包装现状，利用价值分析后可降低成本 10%～20%，而且还能够找出工作中疏忽及不良习惯，清除物流包装的“造型过华症”。

（三）价值分析程序

价值分析的过程大致可分为 4 个阶段、12 个步骤，详见表 5－1。表中的具体步骤是最基本的，在实际工作中，可根据工程对象的复杂程度和重要程度以及分析人员经验决定步骤的多少，但程序中功能分析阶段的内容和步骤不应轻易跳过，否则会影响价值分析的质量作效率。

表5－1 价值分析工作程序

工作阶段	详细步骤	价值分析的设问
（1）确定对象	①选择对象；②收集情报	①这是什么
（2）功能分析阶段	①功能的定义； ②功能的整理； ③功能评价	②它的作用是什么 ③它的成本是多少 ④它的价值是多少
（3）方案创造与评价	①方案创造；②概略评价； ③具体化及试验研究； ④详细评价；⑤提案审批	⑤有其他方法实现这个功能吗 ⑥新方案成本是多少
（4）实施阶段	①方案实施；②效果评价	⑦新方案能满足要求吗

1．价值分析的对象选择和收集情报

（1）选择对象

正确选择价值分析的研究对象，是价值分析活动成效大小的关键。首先，选择影响大、急待解决的问题，及在改进功能降低成本方面潜力较大的作为对象。选择对象的方法很多，主要的并易于实行的有ABC分析法、百分比法及经验估计法等。

（2）收集情报

一般价值分析所需情报有：企业的基本情况；相关产品成本的经营分析资料；技术资料等。对情报要求全面、准确、及时。

2．功能分析

功能分析是价值分析最重要的手段和最关键的环节，包括以下3个步骤：

（1）功能定义

功能定义是用最简单的语言来描述，抓住问题的本质，一般用一个动词和一个名词定义某一功能，名词尽可能定量化，动词尽可能抽象化。

（2）功能整理

功能整理就是对定义的功能排出功能系统图，以瓦楞纸板包装箱为例，其功能系统见图5－1。

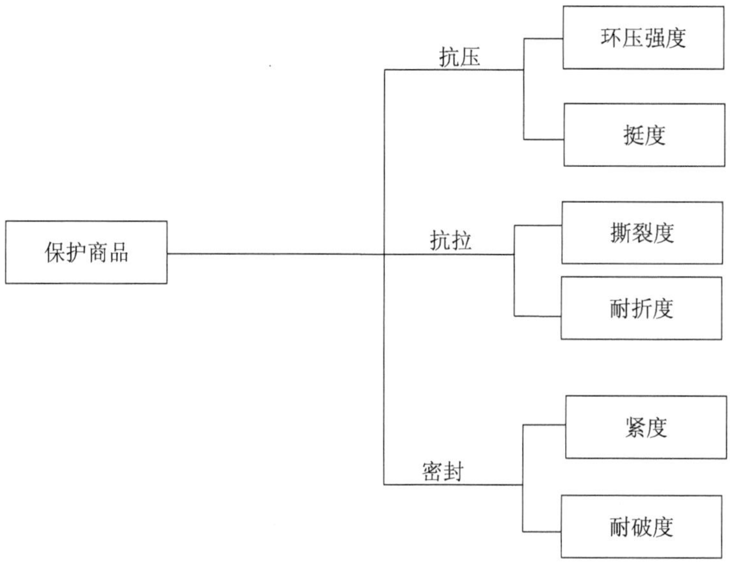

图 5-1　功能系统

（3）功能评价

用某种方法找出某一种特定的功能的必须费用，并用这个费用与目前费用之比值作为评价功能的一个标准。其具体步骤为：掌握现实费用并按一定比例分摊到各功能上，找出完成功能的必需费用，对功能进行排队；从价值效果考虑，先从功能成本高的，成本降低幅度大的入手，为实现目标成本而努力。功能评价的定量方法常用的有强制确定法和最低费用法。

3. 方案创造与评价

（1）方案创造

进行方案创造，要注意以下问题：

①以用户要求的功能作为依据。

②创造的新方案应是成本最低的方案。

方案创造常用的方法有：头脑风暴法、哥顿法、特尔菲法、提问检查法等。

（2）概略评价

概略评价只是对方案的概略筛选，一般只用定性评价。常用的方法有两种：一种优缺点列举法，另一种是评价表法。在评价中，决定方案的取舍，应根据以下原则：

①经济、社会及技术效果可行的取，否则舍。

②社会效果不好的舍。

③经济效果不好舍。

④经济、社会效果好，技术有困难不可轻易舍，尽可能解决技术难题，使之可行。

（3）方案具体化及试验研究

方案具体化是一个从创造→评价→具体化→调查→再创造的循环过程。

（4）详细评价及提案审批

对方案从技术、经济、社会效果等方面继续深入细致的分析，最终确定出价值最高的。

方案技术评价的内容包括方案的各种特性参数、方案的可靠性、实用性、安全性、外观及系统协调等。

方案经济评价的内容包括方案的成本及方案的经济效益。

方案的社会评价，主要是实施后给社会带来的影响，包括是否符合法律政策，是否对环境有污染，同国家、地区规划是否一致等。

对方案进行综合评价，最后确定最优方案，报送有关部门审批。

4. 方案实施及效果总评

制定实施计划，检查进度，掌握有关数据资料。资料是否同预想的相符，直到实现并计算出实际效益，作出全面总结。

三、物流包装箱优化决策

物流包装箱的优化主要研究如何有效利用物流包装容器空间、承载能力，按照装箱秩序及原则放置物品，获取最大利润等。可分为一维装箱优化、二维装箱优化、三维装箱优化3种优化决策。一维装箱优化只考虑一个因素，如重量、体积、长度等；二维装箱优化考虑两个因素，常用于包装材料的裁切、托盘积载的优化，故在此不做专门介绍；三维装箱优化要考虑3个因素，通常是指长、宽、高。托盘积载、装车（船）、装集装箱等要考虑这3个维度不能超限。

（一）一维物流包装装箱优化

设有n种物品，每一种物品数量无限，第i件物品每件重量为w_i千克，每件价值为c_i元。现有一个可装重量为W千克的物流包装箱，求各种物品应取多少件放入包装箱内，是包装箱内物品的价值最高？

利用整数规划模型来描述。设第i种物品取x_i件（$i=1$，2，…，n；x_i为非负整数），包装箱内物品价值为z，对应的数学规划模型为：

$$z=\max\sum_{i=1}^{n}c_ix_i$$

$$\text{s.t.}\begin{cases}\sum\limits_{i=1}^{n}w_ix_i\leqslant W\\ x_i\geqslant 0\text{，整数；}i=1\text{，}2\text{，}\cdots\text{，}n\end{cases}\qquad(5-1)$$

同样可以看成一个多阶段决策问题。

阶段k：第k次装载第k种物品（$k=1$，2，…，n）

状态变量x_k：第k次装载时包装箱还可以装载的重量。

决策变量d_k：第k次装载时包装箱还可以装载的件数。

决策允许集合：$D_k=\left\{d_k \middle| 0\leqslant d_k\leqslant\frac{x_k}{w_k}，d_k \text{ 为整数}\right\}$

状态移动方程：$x_{k+1}=x_k-w_kd_k$

阶段指标：c_kd_k

递推方程：$f_k(y)=\max\{c_kd_k+f_{k-1}(y-w_kd_k)\}，(2\leqslant k\leqslant n)$　　(5-2)

$$0\leqslant d_k\leqslant\frac{y}{w_k}$$

当 $k=1$ 时，$f_1(y)=c_1\left(\frac{y}{w_1}\right)$，$d_1=\left(\frac{y}{w_1}\right)$

其中，$\left(\frac{y}{w_1}\right)$表示不超过$\left(\frac{y}{w_1}\right)$的最大整数。

假设有 3 种物品，其价值和重量分别为：

$$c_1=8，c_2=5，c_3=12$$

$$w_1=3，w_2=2，w_3=5$$

以及 $w=5$，要求用动态规划法求解。

对于 $k=3$，有：

$$f_3(5)=\max_{\substack{0\leqslant d_3\leqslant\frac{5}{w_3}\\ d_3\text{为整数}}}\{12d_3+f_2(5-5d_3)\}=\max\{0+\underset{(d_3=0)}{f_2}(5)，12+\underset{(d_3=1)}{f_2}(0)\}$$

对于 $k=2$，有：

$$f_2(5)=\max_{\substack{0\leqslant d_2\leqslant\frac{5}{w_2}\\ d_2\text{为整数}}}\{5d_2+f_1(5-2d_2)\}=\max\{0+\underset{(d_2=0)}{f_1}(5)，5+\underset{(d_2=1)}{f_1}(3)，10+\underset{(d_2=2)}{f_1}(1)\}$$

$$f_2(0)=\max_{\substack{0\leqslant d_2\leqslant\frac{0}{w_2}\\ d_2\text{为整数}}}\{5d_2+f_1(5-2d_2)\}=\max\{0+\underset{d_2=0}{f_1}(0)\}$$

对于 $k=1$，有：

$f_1(5)=c_1d_1=8\times5/3=8$　　$(d_1=1)$

$f_1(3)=c_1d_1=8\times3/3=8$　　$(d_1=1)$

$f_1(1)=c_1d_1=8\times1/3=0$　　$(d_1=0)$

$f_1(0)=c_1d_1=8\times0/3=0$　　$(d_1=0)$

将上述结果代入得

$$f_2(5)=\max\{0+\underset{(d_2=0)}{f_1}(5)，5+\underset{(d_2=1)}{f_1}(3)，10+\underset{(d_2=2)}{f_1}(1)\}=\max\{8，5+8，10\}=13$$

$(d_1=1，d_2=1)$

$$f_2(0)=\max\{0+\underset{(d_2=0)}{f_1}(0)\}=f_1(0)$$

$(d_1=0，d_2=0)$

$$f_3(5)=\max\{0+\underset{(d_3=0)}{f_2}(5)，12+\underset{(d_3=1)}{f_2}(0)\}=\max\{0+13，12+0\}=13$$

$(d_1=1，d_2=1，d_3=1)$

因此，改包装箱的最优解为（1，1，0），即当物品 1 和物品 2 各装入 1 件时，包装箱内物品的总价值取得最大值。

（二）三维物流包装箱优化

三维物流包装箱优化配载有利于运输工具（车、船、飞机）的装载，对于物流企业是至关重要的问题。解决物品配载装箱的优化方法较多，其中有整数规则、多目标规则、随机模拟方法、决策支持系统和专家系统方法等配载方法。

1. 传统型配载方法

这种模型称为传统型配载模型，研究对象是单箱单品种配载问题。

首先对数学符号进行如下定义：

d_0——包装箱底面宽度；

ℓ_0——包装箱底面长度（定义长宽时以 $\ell_0>d_0$ 为标准）；

d_1——物品内包装的宽度；

ℓ_1——物品内包装的长度（定义长宽时以 $\ell_1>d_1$ 为标准）；

M_i——是包装箱底面摆放一层内包装的总个数（$i=1$，2，…）；

P——包装箱底面空间利用率；

n_1——包装箱底面长度上最多摆放内包装的个数；

n_2——包装箱底面宽度最多摆放内包装的个数。

根据实际排列方式分为两种方案，一种是内包装长度方向与包装箱长度方向一致，另一种是内包装长度方向与包装箱宽度方向一致。具体分析如表 5-2 所示。

表 5-2　传统型配载方法方案分析

设计参数	方案一	方案二
n_i	$n_1=\left[\frac{\ell_0}{\ell_1}\right]$，$n_2=\left[\frac{d_0}{d_1}\right]$	$n_1=\left[\frac{\ell_0}{d_1}\right]$，$n_2=\left[\frac{d_0}{\ell_1}\right]$
M_i	$M_1=\left[\frac{\ell_0}{\ell_1}\right]\cdot\left[\frac{d_0}{d_1}\right]$	$M_2=\left[\frac{\ell_0}{d_1}\right]\cdot\left[\frac{d_0}{\ell_1}\right]$
P	$P=\frac{\ell_1\times d_1}{\ell_0\times d_0}\times M$，$M=\max(M_1, M_2)$	

以上两种方案摆放内包装的规则单一，方法操作简单，不易出错，易于查找、点货、整理，比较有实用价值，但在实际配装中可能会出现因长宽尺寸问题造成空间浪费。配载示意详见图 5-2。

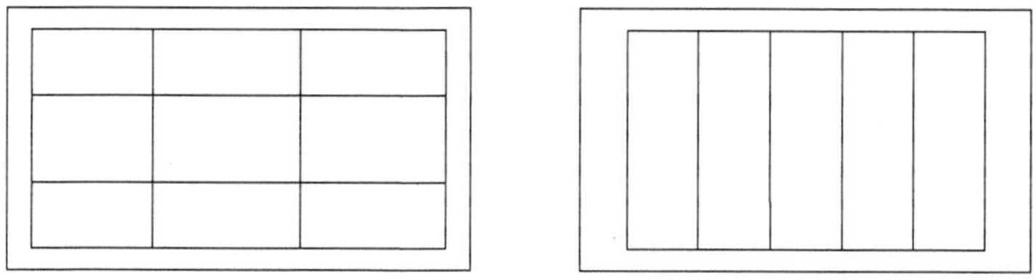

(a)方案一　　(b)方案二

图 5－2　传统配载方法

2. 优化配载方法

优化后的模型及模型所用符号如图 5－3 所示。内包装在物流包装箱长和宽所组成的平面上摆放时可分为 4 个摆放区（一般而言，也只有这 4 种放置方式），分别设置其个数为 x_i、y_j（$i=1$，2，3，4；$j=1$，2，3，4,），具体标识位置及含义如图 5－3 所示。根据优化配载模型摆放方法，建立数学模型为：

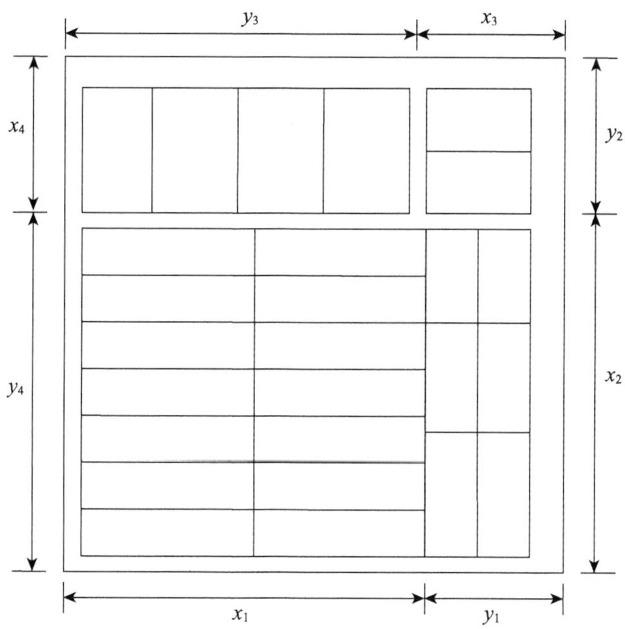

图 5－3　优化配载方法

$$\max M = x_1 \times y_4 + x_2 \times y_1 + x_3 \times y_2 + x_4 \times y_3$$

$$\text{s. t.} \begin{cases} x_1 \times \ell_1 + y_1 \times d_1 \leqslant \ell_0 \\ x_2 \times \ell_1 + y_2 \times d_1 \leqslant d_0 \\ x_3 \times \ell_1 + y_3 \times d_1 \leqslant \ell_0 \\ x_4 \times \ell_1 + y_4 \times d_1 \leqslant d_0 \\ x_i \geqslant 0.\ y_i \geqslant 0，\text{且均为非负整数，} i=1，2，3，4 \end{cases} \tag{5-3}$$

对该优化模型进行求解，算法为先把平面空间分成4个基本区域，区域是动态变化的，而后依次按模型中4个约束条件进行循环判断，直到求得最优解为止。循环判断条件为：

$$M \leqslant \frac{\ell_1 \times d_1}{\ell_0 \times d_0} \tag{5-4}$$

得到最优解之后，物流包装箱底面空间利用率为：

$$P = \frac{\ell_1 \times d_1}{\ell_0 \times d_0} \times M$$

第四节　物流包装的现代化

一、实现物流包装现代化的主要问题

（一）包装模数

包装模数确定之后，各种进入流通领域的物品都需要按模数进行包装。这样有利于小包装的集合，有利于集装箱及托盘等单元化包装容器的装箱、装盘。包装模数应与物流模数统一起来，有利于物流的各个环节，不但可以实现包装领域合理化，而且有利于实现全物流系统的合理化。包装模数也是物流现代化的基础问题。

（二）物流包装大型化和集装单元化

物流包装大型化和集装单元化，有利于实现物流系统的机械化及智能化，有利于加快作业速度乃至物流系统的效率，有利于减少单位包装逐渐接近“零包装”，节约包装材料及费用。物流包装大型化和集装化能够促进实现物流机械化、自动化，提高物流效率。

（三）包装物的现代化管理

包装物的多次、反复使用和废弃物的处理，已成为当今世界的重要产业之一。因此，资源的回收利用，梯级利用，资源再循环是包装领域现代化的重要课题。有效的处理措施有以下几种。

1. 通用包装

按通用标准模数制造瓦楞纸、纸板及木制、塑料通用外包装箱。这种包装箱不用专门

安排返回使用，由于其通用性强，无论何处落地，都可转用其他包装。

2. 周转包装

有一定数量规模及固定的供应流通渠道的产品，可采用周转包装。如周转包装箱及饮料、啤酒瓶等。其周转方法是：装物的周转包装货体运至商场或其他用户卸下货物后，再将以前已用毕的空包装装车返回。

3. 梯级利用

一次使用后的包装物，用毕转做他用或用毕进行简单处理后转做他用。有的包装物在设计时就设计成多用途，一次使用完毕，可再使用其他功能，使资源充分合理地利用。

4. 再生利用

对废弃的包装物经再生处理，转化为其他用途或制成新材料。

（四）开发新的包装材料和包装工具

利用各种复合技术开发新的包装材料和包装器具是包装现代化的重要内容之一，主要趋势是包装器具多高功能化，包装材料多用途化、包装物轻薄化，大力开发绿色包装材料。

二、物流包装现代化的发展趋势

（一）重视包装质量

世界上经济发达国家都是具有完整的物流包装的测试设备及检测手段，杜绝质量不合格的包装器具及材料进入流通领域。

（二）重视开发新型包装及包装新材料、新技术

根据市场调查，不断开发消费者喜好的新型包装，并不断开发新材料、新技术使物流包装科学化。特别是运用计算机控制包装技术及包装经济活动，是世界各国包装行业的共同努力方向。

（三）“绿色包装”将席卷全球

随着环境问题的日益突出，越来越多的消费者比较青睐对环境无害的绿色产品。在国际包装领域，以无污染包装作为发展战略的“绿色包装”正在兴起。

（四）国际物流包装与消费心理

国际物流包装的发展趋势是迎合消费者的心理，因此，必须注意以下几个问题。

①物流包装与民族文化和消费习惯。

②包装与消费习惯。

③包装与宗教信仰。

④包装与社会阶层。

（五）企业物流包装趋于系列化、配套化

运输包装是生产制造业的最后一道工序，作为生产工序实现系列化和配套化，有利于提高生产效率，减少窝工浪费，降低生产成本。

案　例

经济发达国家的物流包装合理化

经济发达国家物流包装合理化主要表现在以下几个方面：

（一）物流包装合理化从产品的设计阶段开始

物流包装合理化应该从源头抓起，在经济发达国家，产品设计便是物流包装合理化的源头。传统的产品设计经常主要考虑产品的质量、性能、款式、原材料的选用、成本、规格及紧凑性等，不太重视物流包装的合理性、物流包装材料的节约性以及装卸搬运、储存、运输、配送的方便性和合理性。如建筑设计，尤其是商店、繁华市区的建筑物设计，更要考虑货物装卸等物流作业的方便性。每一个企业、每一位产品设计人员，都能够认识到物流的重要性，在产品的设计阶段就充分考虑物流包装的合理化。物流包装模具标准化、物流包装模具与托盘规格的一致性。物流包装物回收以及资源再利用等问题。

（二）物流包装合理化与外围因素相协调

由于物流包装只是现代物流系统中的一个子系统，需要综合、全面地考虑物流包装的合理性，只有各种相关因素的协调一致，才能发挥整个现代物流系统应有的效果。例如，有的商品采用无包装或简易包装，比有包装或复杂包装更为便利，总的物流成本降低，物流系统更为合理；有的商业零售企业采取大包装或简易包装的方法，把节约下来的包装费，用来降低商品零售价，吸引消费者。实际上，粮食四散（散装、散卸、散储、散运）流通、散装水泥及颗粒状及粉状物料的管道运输等都是无包装化物流的例子。无包装化物流既能节约包装费用，降低整体物流成本，又能省去包装容器的回收和处理作业。

（三）科学包装、减少浪费

物流包装是包装产业中的重要部分，随着经济的快速发展和商品竞争的激烈化，物流包装所消耗的材料资源越来越多，浪费现象、过度包装十分严重，因此，科学包装，减少浪费早已引起经济发达国家政府和企业的高度重视。目前，最为行之有效的措施是采用集装单元包装，集装箱、集装袋、集装架的使用越来越多。

（四）物流包装重视环境保护及以人为本等因素

物流包装除了重视物流因素外，还要重视环境保护及以人为本等因素的要求。运输包装的商品适宜搬运、陈列、摆放等，同时，还兼顾美观、大方及装饰性，有的运输包装设计还考虑人的情感性、宗教信仰、民族习惯、消费心理等。任何包装物对人体健康都不能造成影响，并便于回收和再利用，而且强调“绿色包装”意识，提高物流包装的环保水平。

思考题

1. 什么是标准？什么是标准化？什么是包装标准？什么是物流包装标准化？
2. 物流包装标准化的意义是什么？
3. 物流包装模数是如何确定的？
4. 物流包装标准化的基本原则是什么？
5. 不合理的物流包装表现形式有哪些？
6. 物流包装合理化应采取哪些措施？
7. 试述采用价值分析法优化物流包装。
8. 实现包装现代化存在的主要问题有哪些？
9. 简述物流包装现代化的发展趋势。
10. 试分析物流包装合理化与现代物流系统合理化之间的关系。

第六章　物流包装管理

本章学习目的：通过对本章的学习，主要掌握物流包装器具的管理、物流包装成本的管理、物流包装设备的管理以及物流包装质量的管理，理解物流包装质量检验和物流包装性能实验。

物流包装管理是管理者为了实现物流包装科学化、现代化，以达到提高社会效益，环境效益和经济效益为目的，对物流包装这个管理对象进行的计划、组织、协调、指挥和控制活动，一般包括物流包装器具的管理、物流包装成本的管理、物流包装工艺与设备的管理、物流包装质量管理等内容。

第一节　物流包装器具的管理

物流包装器具是物流包装的主要组成部分，对物流包装器具的管理是降低物流成本、实现最优经济效益的基础之一，物流包装器具管理主要包括包装器具的加工与采购、包装器具的回收复用、集装容器的选用与管理等。

一、物流包装器具的加工与采购

对于物流包装器具加工与采购的管理，主要是做好加工与采购计划并加以控制。在包装器具加工与采购之前，物流部门、质量检验等相关部门应按物流包装要求及商品流通状况确定包装器具加工与采购的数量和质量要求以及验收规程，使包装器具的加工与采购有计划，按确定的质量标准、数量规定、需求时间进行，尤其是采购包装器具应以定点采购为主，并监督加工、采购合同执行情况，发现问题及时解决，包装器具加工、采购、进货后应做好入库验收、储存及库存控制。由质检人员按照质量要求及加工、采购合同规定进行检验，入库时应有入库验收单，储存条件应满足包装器具本身的要求，严格控制库存，不得出现库存积压及缺货。

二、物流包装器具的回收及复用

物流包装器具的回收和复用对节约资源，减少环境污染，降低物流成本和提高社会效益与经济效益有重要意义，因此，对能够再次使用的包装器具，必须进行回收复用，一般采取如下管理措施：

（一）通用包装

无论何处落地都可转用于其他商品的包装。

（二）周转包装

装物的周转包装器具运至客户卸下货后，将同数量的包装器具装车返回。

（三）梯级利用

一次使用后的包装器具，用完后转作他用或用完后进行简单处理转作他用。

（四）再生利用

用完后的空包装容器，再生处理后转作他用。

在流通企业，应有专人或专门的机构负责管理包装器具的回收与复用工作。对继续使用的包装器具应加固修理妥善保管以备后用，同时，加固的包装器具应严格按照包装质量标准进行检验。对于不能继续使用的包装器具应及时与有关单位联系，或转作他用，或再生利用。

三、集合包装的器具管理

包装是实现集装运输的基础条件，集零为整是一种先进的物流方式。集合包装的最大特点是把物品的包装方式和运输方式融为一体。为了提高装载能力，保证物品在物流过程中的安全，提高物流效率，必须加强集合包装器具的管理。

（一）集合包装器具管理要素

集合包装器具主要有集装容器和辅助工具两大类。集装容器有：集装箱、托盘、集装袋、集装罐等；辅助工具有：装卸辅助工具、包装辅助工具等。

集合包装器具的管理不同于其他管理，由于集装范畴很广，商品的物流可能遍及全国或全球，因此，管理有很强的特殊性。管理要素主要有以下几点：

1. 集装箱、托盘等包装容器的周转管理

集装箱、托盘、集装罐等包装容器一旦发运，流动于千里之外，回收、复用是管理中的一个大问题，因此，在管理方面一般采用集装箱网络管理、托盘利用联营方式进行管理等。这些管理系统能够有效地解决集合包装器具管理中的问题。

2. 集装联运经营管理

集合包装的整个物流过程涉及若干运输方式、部门和场站。因此，必须进行有效的协作才能使集合包装联运顺利实现，同时集合包装器具管理也能够高效进行。

3. 集装信息化

集装信息化不仅是集合包装运输的需要，而且是集合包装器具管理的需要，实现集装信息化，集合包装器具的回收就能形成高效运营的回收物流系统。

（二）在我国集合包装器具管理中应重视的几个问题

1. 国家相关体制、法律、制度的支持

集装运输涉及范围广、部门多，因此，集合包装器具管理必须有强有力的体制、法律、制度等方面的支持。在这方面，国家标准化委员会制定了大量的关于集合包装器具的行业标准。这些标准的制定和实施会逐步引导集合包装器具的标准化和通用化。

2. 加强专业化管理

集装运输经由很多部门和环节，涉及多种运输方式、运输工具及设施，要求集合包装的包装材料、容器造型、结构等的规格必须适合集装运输的需要，因此，在实现集合包装标准化、系列化的同时，要进行总体规划，高效运营。只有加强专业化管理，才能提高自动化程度，进而达到高效益、低成本的目的。

3. 实现集合包装标准化

实现集合包装标准化是发展集装运输的关键，集合包装外部尺寸应满足包装的基础模数尺寸要求。集装箱标准在整个物流过程中是十分重要的，作为物流的重要工具，不仅与集装箱本身有关，与各种运输设备、装卸搬运设备及车站、码头、仓库等物流设施相关联，而且运行区域广、范围大，特别是加入 WTO 之后同国际标准接轨是非常重要的。

第二节　物流包装成本的管理

物流包装成本管理是物流包装管理的一个重要组成部分。最佳的包装应该是用最少的费用获得最大的经济效益。因此，加强物流包装成本管理、降低成本是非常重要的。

一、物流包装成本管理的主要任务及要求

物流包装成本管理对物流包装过程中所有费用的发生及包装成本的预测、计划、控制、核算、分析和考核等一系列的科学管理工作，是通过成本管理诸环节来实现的。成本管理的环节和运转如图6－1所示。成本预测是成本管理的重要环节，是进行成本计划的前提。成本计划是成本管理的准则，又是成本控制和成本分析的依据。成本核算是对成本计划执行情况所进行的经常性、系统性及全面性的反映和监督。成本分析和考核是对成本计划的执行情况进行总结，并为编制新的成本计划提供依据。

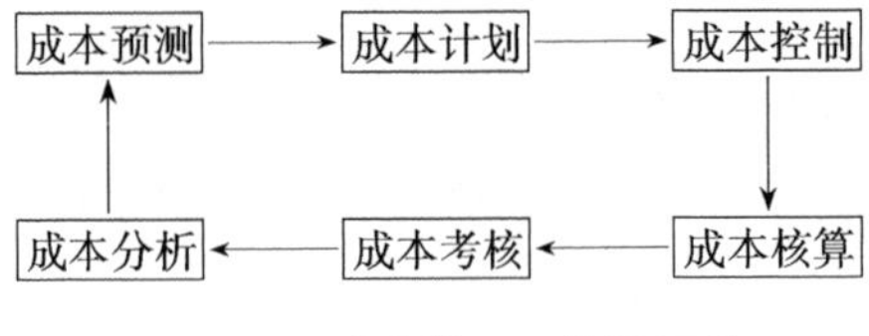

图6－1　成本管理环节及运转

（一）物流包装成本管理的主要任务

物流包装成本管理是从包装产品设计、试制、生产到销售的全过程管理，其主要任务包括以下方面。

1. 精确的成本预测

物流包装成本的预测是经营决策的主要内容之一，在企业进行经营决策时，必须考虑投入与产出之比。因此，要对各种物流包装方案的成本进行精确的预测，比较各方案的成本水平，确定最佳方案，物流包装成本预测实质上是科学决策的方法之一。

2. 正确的成本计划

物流包装成本计划是成本管理的事前控制，为成本分析和考核提供依据，是反映和监督经营活动中的耗费，是进行成本管理的准则。

3. 降低物流包装成本

削减物流包装费用，提高经济效益，是物流包装成本管理的中心任务。因为它是成本预测、计划、控制、核算、分析和考核等一系列工作的最终和最主要的目的，降低成本意味着在其他条件不变的情况下增加盈利，减少资金占用量，进而可以降低商品的价格，提升综合竞争力。

（二）物流包装成本管理的基本要求

1. 严格执行物流包装成本费用支付范围的标准

划清成本费用与投资性支出的界限；划清成本费用与收益分配的界限；划清成本、费用与偿还债务的界限。属于成本以外的开支不得列入成本费用，属于成本之内的开支不得列入其他费用。不得任意提高成本费开支标准，扩大开支。

2. 正确核算物流包装成本费用

成本费用核算是成本费用管理的基本环节。成本费用核算准确与否，直接影响到企业的经济效益。为此，在核算时要分清本期成本费用和下期成本费用的限量；分清内部各部门成本费用支出界限；分清各种产品成本的限量。

3. 实行全面的物流包装成本管理

所有相关部门，各个工序、环节都要追求经济效益，力争做到优质、高产、低耗，将成本费用管理贯穿产品的寿命周期的全过程。物流包装成本管理要从包装设计、试制、原材料供应、生产、销售、使用及回收再利用全过程进行管理，并开展全员成本费用管理，无论管理者、技术人员还是一般职员，都要认识到成本费用管理的重要性，从自己做起，尽量削减成本费用，杜绝浪费。

二、物流包装成本的构成

物流包装成本主要由物流包装前期、物流包装器具制造、物流包装作业、物流包装器具回收、物流包装废弃物流通等费用构成。前期费用主要包括物流包装器具设计、物流包装计划、物流包装预测等前期准备工作费用；物流包装器具制造费用，主要指材料费用、工程及工艺费、人工费、管理费等费用；物流包装作业费用主要包括：个装费用、内装费用、外装费用及其材料费用、人工费、相关材料与器具的装卸搬运费、材料与器具保管运输等流通费、管理费及其他费用；物流包装器具回收费用包括：周转利用，落地转用，梯级利用及再生利用的物流过程中所发生的费用；物流包装废弃物费用主要包括：在物流包装器具制造及物流包装作业等与物流包装有直接相关联的环节产生的废弃物回收处理所发生的费用。

物流包装材料费用是指直接用于物流包装的材料费用，包括主要材料、辅助材料、备品配件、外购半成品等费用，是通过包装材料数量与材料价格表示的，材料价格中包含采购及供应物流所发生的单位费用；物流包装人工费用是指用于物流包装的相关劳务费用，包括工资、奖金、津贴及补贴、福利费、劳动保险费、退休金、待业保险费、临时工费用及管理人员的劳务费用分摊等内容；工程及工艺费是指与包装关联的设施设备折旧费、环境保护费、设施与设备大修及检修费、土地使用费、技术服务、技术转让及技术咨询费、设施设备租赁费、低值易耗品、水电燃料费及防止商品受损害所采取的包装技术费用等；物流包装管理费是指为了物流包装所进行的组织、策划、调研及实施过程中的管理费用，包括办公费、会议费、差旅费、党团组织及工会妇联活动费、消防、安全、卫生费、交际宣传广告费、职员培训费、通信费、审计费、业务招待费、劳动保护费等费用。除上述费用之外还应包括贷款利息、各种保险费、因不可抗拒因素而停工损失费、税金及金融机构手续费等。

另外，根据有关规定下列费不得列入物流包装成本：新建或购置固定资产、无形资产及其他资产、对外投资、被没收的财物，支付的滞纳金、罚款、违约金、赔偿金、企业赞助、捐赠支出及国家法律、法规规定以外的其他各种费用支出。

三、物流包装成本预测及目标成本

（一）物流包装成本预测

所谓成本预测，是根据企业现有的经济技术条件和发展前景，通过对影响成本的有关因素的分析和测算，科学地测定在未来一定期间内成本水平和变动趋势。按预测的时期划分，可分为近期（月、季、年）及远期（3年、5年、10年等）两种预测。物流包装成本预测的方法步骤如下所述：

1. 分析宏观经济对物流包装的影响

主要是经济结构的变化、生产力布局的变化，流通体制及管理体制改革，相关材料的价格变化等影响物流包装的因素。

2. 可比产品成本预测

可比产品成本预测的基本步骤如图6-2所示。

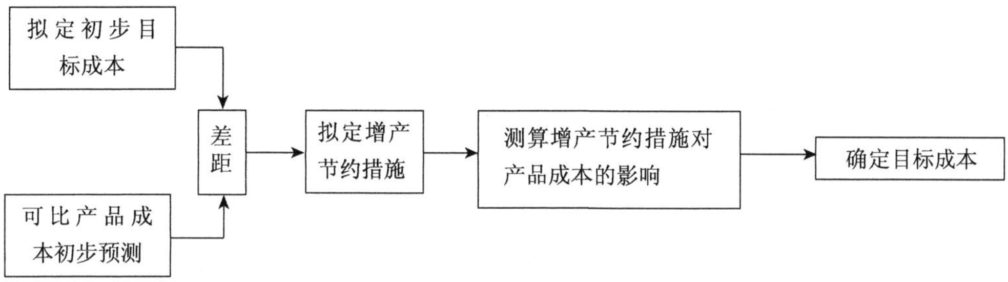

图 6-2　可比产品成本预测的基本步骤

第一步：拟定初步目标成本。

以某种先进成本（如国内外某产品的先进成本、历史最低成本、标准成本）作为目标成本，或者根据企业计划年度的生产经营目标来测算目标成本。

第二步：初步测算。

进行初步测算，其测算方法如下：

①按上年预计平均单位成本测算计划年度可比产品成本，首先计算上年预计平均单位成本，其公式为：

$$\begin{matrix}\text{某产品上年预计}\\\text{平均单位成本}\end{matrix}=\frac{\begin{matrix}\text{1～9 月的}\\\text{实际成本}\end{matrix}+\begin{matrix}\text{10～12 月的}\\\text{预计产量}\end{matrix}\times\begin{matrix}\text{10～12 月的预计}\\\text{平均单位成本}\end{matrix}}{\text{1～9 月的实际产量}+\text{10～12 月预计产量}} \tag{6-1}$$

然后，按上年预计平均单位成本计算计划期可比产品的总成本。其公式为：

$$\text{计划期可比产品的总成本}=\sum\begin{matrix}\text{各种可比产品上年预计}\\\text{的平均单位产品成本}\end{matrix}\times\begin{matrix}\text{计划年度各种可}\\\text{比产品计划产量}\end{matrix} \tag{6-2}$$

②按最近 3 年可比产品实际平均成本预测计划年度可比产品成本，其计算公式为：

$$\text{计划期可比产品的总成本}=\begin{matrix}\text{近三年可比产}\\\text{品平均成本}\end{matrix}\times\left[1\pm\begin{matrix}\text{计划年度可}\\\text{比产品增减\%}\end{matrix}\right] \tag{6-3}$$

③分解混合成本。为使成本预测尽可能准确，可将成本分解为固定成本（如折旧费、维修费、保险费、管理人员工资等）和变动成本（如材料消耗和职工计件工资等）两部分。分解混合成本的方法，目前常用的有两种：

第一种：高低点法。

这是根据成本资料中产量最高和最低时的成本数据，来测算其固定成本费用和变动成本费用，其计算公式如下：

$$y=a+bx \tag{6-4}$$

式中：x——产品产量；

y——混合成本；

a——固定成本，a=总成本－该期产量×单位变动成本；

b——单位产品（单位业务量）变动成本，一般用下式求得：

$$b=\frac{\text{最高点产量的成本费用}-\text{最低点产量的成本费用}}{\text{最高点产量}-\text{最低点产量}} \tag{6-5}$$

从以上计算公式可以看出 x、y 均为已知数，只要求出 b，就可以根据总成本和单位变动成本确定固定成本，从而进行成本预测。

第二种：运用“最小二乘法”。

根据企业若干期产量和成本费用的历史资料，测算最新代表产量与成本费用之间关系的回归直线，由此分解混合成本。单位变动成本 b 如下式所示：

$$b=\frac{n \cdot \sum xy-\sum x \cdot \sum y}{n \cdot \sum x^2-(\sum x)^2} \tag{6-6}$$

式中：n——期数。

固定成本 a 用下式求得：

$$a=\frac{\sum y-b \cdot \sum x}{n} \tag{6-7}$$

第三步：拟定增产节约措施。

运用价值分析，改进产品结构及工艺，选择最佳经营方案，合理组织生产，最后进行费用分析，提出降低费用的具体措施。

第四步：测算增产节约措施对产品成本的影响。

①测算材料费用降低影响成本的降低率。

$$\text{材料消耗定额影响成本的降低率}=\text{该项费用占成本的}\%\times\text{该项费用降低的}\% \tag{6-8}$$

②测算劳动生产率提高速度大于工资增长速度而影响成本降低率。

$$\text{成本降低率}=\text{生产工人工资占成本的}\%\times\left[1-\frac{1+\text{平均工资增长的}\%}{1+\text{劳动生产率增长的}\%}\right] \tag{6-9}$$

③测算由于产量增加而形成费用的节约、成本降低。

a. 当固定费用随产量增加而略有增加时：

$$\text{成本降低率}=\text{固定费用占成本的}\%\times\left[1-\frac{1+\text{固定费用增长的}\%}{1+\text{生产增长的}\%}\right] \tag{6-10}$$

b. 当固定费用的增长幅度为零时：

$$\text{成本降低率}=\text{固定费用占成本的}\%\times\left[1-\frac{1}{1+\text{生产增长的}\%}\right] \tag{6-11}$$

④测算废品率降低而形成的费用节约、成本降低。

$$\text{成品降低率}=\text{废品损失占成本的}\%\times\text{废品降低的}\% \tag{6-12}$$

3. 不可比产品成本的预测

①技术测定法。根据设计结构、生产技术条件和工艺方法，确定产品成本，此法比较科学，但工作量大。

②产值成本比例法或销售收入成本比例法。按照工业总产值或销售总收入的一定比例来确定成本的一种方法。

③金额测定法。根据产品价格的构成（成本、税金和利润）确定产品成本。

（二）物流包装目标成本

1. 物流包装目标成本的作用与意义

所谓目标成本，是指一定时期内，产品成本应达到的目标，是用数字表示的产品成本发展目标。这个目标，是降低成本方面的奋斗目标，目标成本是一种预计成本，一般是指计划成本，定额成本。

通过对目标成本的控制，使成本工作的重点由被动的事后核算，转向主动的事前控制；由单一的生产过程控制，转向原材料采购设计、销售等全过程控制；由单一的费用管理，转向主要经济指标控制，从而显示出目标成本的预见性、全面性和科学性。

2. 物流包装目标成本的计算

目标成本是在市场调研与预测的基础上，根据价格的变化及市场的信息而确定的，其计算公式如下：

$$\begin{matrix}\text{单位产品}\\\text{目标成本}\end{matrix}=\begin{matrix}\text{单位成}\\\text{品价格}\end{matrix}-\begin{matrix}\text{单位成品}\\\text{目标利润}\end{matrix}-\begin{matrix}\text{单位成品}\\\text{销售税金}\end{matrix}-\begin{matrix}\text{单位产品}\\\text{预计费用}\end{matrix}\qquad(6-13)$$

预计费用包括：销售费用、管理费用、财务费用等。此外，还可以先求出总目标成本，然后确定单位目标成本，其计算公式为：

$$\begin{matrix}\text{总目标}\\\text{成本}\end{matrix}=\begin{matrix}\text{预计销}\\\text{售额}\end{matrix}-\begin{matrix}\text{目标}\\\text{利润}\end{matrix}-\begin{matrix}\text{应交销}\\\text{售利润}\end{matrix}-\text{预计费用}\qquad(6-14)$$

$$\text{单位产品目标成本}=\frac{\text{总目标成本}}{\text{预计销售量}}\qquad(6-15)$$

3. 物流包装目标成本管理

目标成本是现代管理的一种理论和制度，是以目标为基础的管理，即在一定时期内，形成不仅企业有总目标，各单位、每个人都有分目标的目标管理体系，它将管理的目的和任务转化为目标，将目标成本进行合理分解、控制、力求实现的一系列活动。

四、物流包装成本计划与控制

（一）物流包装成本计划

成本计划是财务计划的重要组成部分，是加强成本费用管理的重要内容。编制成本计划严格限定成本开支范围和费用支出标准，保证成本的真实性和统一性，保证成本计划的先进性和可比性。以先进合理的定额为依据，留有余地，切实可行，服从企业发展和管理的需要。同时，成本计划也是反映企业经营和管理的水平及质量指标。

1. 成本计划的主要内容

物流包装企业产品成本计划的主要内容如下：

- 产品成本计划
  - 商品产品成本计划
    - 主要商品产品单位成本计划
    - 全部商品产品成本计划(按产品类别编制)
    - 全部商品产品成本计划(按成本项目编制)
  - 生产费用预算
  - 降低成本主要措施方案

产品成本计划的主要内容简述如下：

（1）主要商品产品单位成本计划

该计划主要反映单位产品成本结构以及该产品在计划期内应达到的成本水平，根据主要生产经营产品分成本项目编制。每个项目均应列出上年预计平均数、本年计划数、降低额及降低率。表的格式详见表 6－1。

表 6－1　　主要产品单位成本计划表

产品名称：　　××××年计划产量：　　金额单位：元

成本项目	上年平均（预计）(1)	本年计划（2）	降低额 (3) ＝ (1) － (2)	降低率（%） (4) ＝ (1) ×100%
原材料 其中：				
动力与燃料 其中：用电 煤炭				
职工工资 其中：工序 1 工序 2				
职工福利费				
废品损失				
制造费用 其中：工序 1 工序 2				
管理费用				
合计				

注：降低额、降低率均以降低值为正，如果超支用负号表示。

（2）全部商品产品成本计划（按产品类别编制）

该计划是根据产品单位成本计划汇编而成，用来确定全部商品产品总成本，包括可比产品总成本和不可比产品总成本。对于可比产品成本的管理，要求逐年降低成本，故还要列出可比产品成本降低额和降低率。表的格式详见表 6－2。

（3）全部商品产品成本计划（按成本项目编制）

该计划是按成本项目编制的全部商品产品成本计划，编制时对可比产品、不可比产品要按成本项目分别计算，其中，可比产品还要按项目列出按上年预计单位成本计算的总成本和按计划单位成本计算的总成本，以及成本降低额和降低率。表的格式详见表 6－3。

表 6－2、表 6－3 求得的全部商品产品总成本应该相等。这两个计划中反映出的可比产品成本的降低额和降低率，也就是可比产品降低计划。

（4）生产费用预算

它是按费用要素反映计划期内生产费用的支出总额。由两部分组成：一是反映费用要素计算的各项生产费数额以及占费用总额的比重；二是为调整计算部分，在生产费用总额的基础上加减有关调整计算部分，使生产费用总额与商品产品成本总额相等，以便于与全部商品产品成本计划相互核对。生产费用预算可以作为编制材料采购计划、劳动工资计划、流动资金计划等依据，它不可以为企业计算工业净产值和国家汇编国民经济计划提供资料。表的格式详见表 6－4。

表 6－2　　商品产品成本计划表（按产品类别编制）

企业名称：　　××××年度　　金额单位：元

<table>
<tr><th rowspan="3">产品名称</th><th rowspan="3">计量单位</th><th rowspan="2">计划产品</th><th colspan="2">单位成本</th><th colspan="4">总成本</th></tr>
<tr><th>上年预计</th><th>本年预计</th><th>按上年预计平均单位成本计算</th><th>本年计划</th><th>降低额</th><th>降低率（%）</th></tr>
<tr><th>（1）</th><th>（2）</th><th>（3）</th><th>（4）＝（1）×（2）</th><th>（5）＝（1）×（3）</th><th>（6）＝（4）－（5）</th><th>（7）＝$\frac{(6)}{(4)}\times100\%$</th></tr>
<tr><td>1. 可比产品
其中：
A产品
B产品</td><td></td><td></td><td></td><td></td><td></td><td></td><td></td><td></td></tr>
<tr><td>2. 不可比产品
其中：
C产品</td><td></td><td></td><td></td><td></td><td></td><td></td><td></td><td></td></tr>
<tr><td>全部商品产品制造成本</td><td></td><td></td><td></td><td></td><td></td><td></td><td></td><td></td></tr>
</table>

注：降低额、降低率均以降低值为正，如果超支，用负号表示。

表 6-3　　商品产品成本计划表（按成本项目编制）

企业名称：　　××××年度　　金额单位：元

成本项目	行次	可比产品计划总成本				不可比产品计划总成本	全部商品产品计划成本
		按上年预计平均单位成本计算	按本年计划单位成本计算	降低额	降低率（%）		
		(1)	(2)	(3) = (1) − (2)	(4) = $\frac{(3)}{(1)}$×100%	(5)	(6) = (2) + (5)
原材料	1						
动力与燃料	2						
职工工资及其福利	3						
废品损失	4						
制造费用	5						
管理费用	6						
全部商品产品制造成本	7						

注：降低额、降低率均以降低值为正，如果超支，用负号表示。

表 6-4　　生产费用预算表

企业名称：　　××××年度　　金额单位：元

生产费用要素	行次	上年实际（预计）		本年计划	
		金额	占合计%	金额	占合计%
外购材料	1				
外购燃料	2				
外购动力	3				
职工工资	4				
职工福利	5				
折旧费	6				
维修费	7				
其他支出	8 9				
生产费用合计	10				
加：在产品、自制半成品期初全额	11				
减：在产品、自制半成品期末金额	12				
减：自制设备	13				

续 表

生产费用要素	行次	上年实际（预计）		本年计划	
		金额	占合计%	金额	占合计%
减：不包括在工业总产值内的生产费用	14				
商品产品制造成本	15				

2. 成本计划编制的程序和方法

物流包装成本计划编制与企业的核算体系和管理要求相一致。如果企业是一级核算，由财务部门编制成本计划。编制程序为：先收集资料，特别是耗用材料、劳动费用等各项定额和指标，然后编制单位产品成本计划，最后再按产品类别和成本项目分别编制商品产品成本计划。其详细程序见图 6－3。这种方法适用于小型企业和管理水平较低的企业。

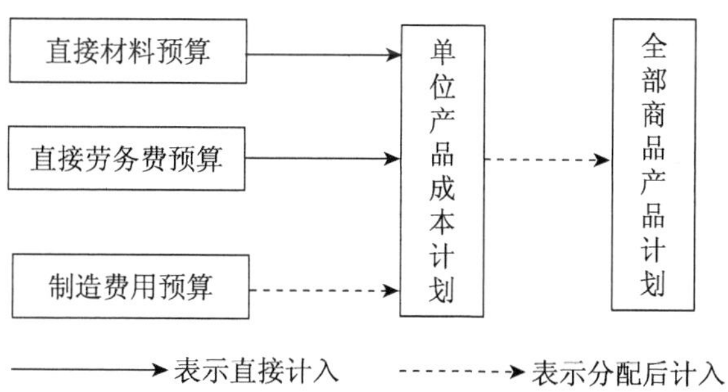

图 6－3　一级核算的单位产品成本计划编制程序

对于实行分级核算的企业，编制成本计划的主要特点是：间接地逐级累计进行编制费用预算，然后再由财务部统一汇总。其程序是：先由辅助车间（或分部、子公司）编制其费用预算及分配表，再由主要车间（或分部、子公司）编制各自的经费核算及分配表、车间成本计划，财务部同时编制管理费用预算，最后汇总编制成商品产品的成本计划及生产费用预算，分级编制的单位产品成本计划程序详见图 6－4。这种方法适用于大中型企业成本计划的编制。

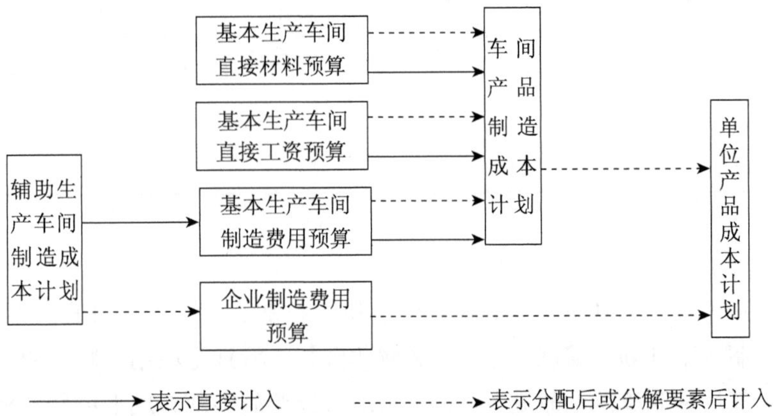

图6-4 分级核算的单位产品成本计划的编制程序

（二）物流包装成本控制

物流包装成本控制就是用科学的方法对生产经营活动中所发生的各种费用进行有效的审查和限制，尽可能地降低成本中各项费用的含量。

1. 成本控制的主要内容

一般成品成本控制分为以下3个阶段：

①事前控制：通过成本预测和成本计划进行。

②产品形成过程中的控制，通过费用开支的审批和发动群众进行监督。

③事后控制：对实际成本进行分析考核，总结经验发现问题，纠正偏差。

上述3个阶段相互联系，不断循环，其相互关系如图6-5所示。

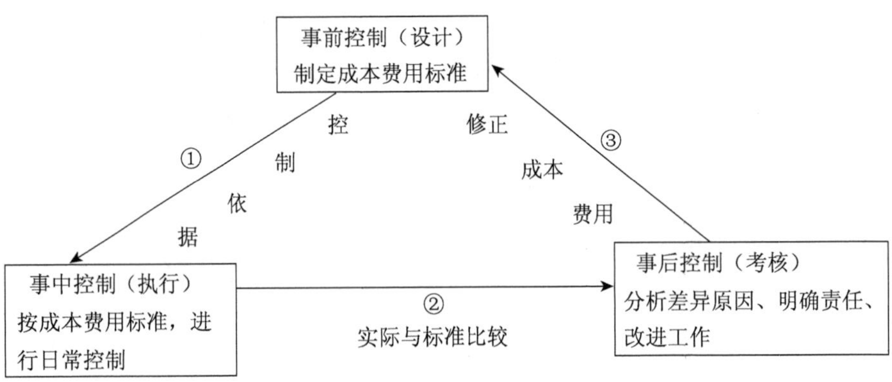

图6-5 产品成本控制三阶段的关系

2. 成本控制的基本方法

(1) 建立和完善成本管理的责任体系

建立或健全产品成本归口分级管理，在财务部门对成本进行集中管理的前提下，组织发生费用的各部门参加，实行全企业、全过程和全员的成本管理。

(2) 原材料费用的控制

材料费用一般由两个主要因素构成，即消耗数量和采购成本。对材料消耗加强定额管理，降低材料费用支出；建立材料领退制度，防止虚报冒领和积压，建立严格的验收和保管制度，控制在途材料消耗和库存消耗。在材料采购时，规定材料价格差异率指标，以降低采购成本。

(3) 劳务费用控制

正确定编、定员，使企业既保证完成生产任务，又不使劳务费用支出超过总的定额，劳动费用增长率应低于劳动生产率的增长幅度。

(4) 综合费用控制

指对管理、销售、财务等项费用的控制。项目较多、内容庞杂，但相对固定，一般采用预算控制，根据各项费用开支标准编制费用，据此按月确定各单位的用款指标。

五、物流包装成本分析与考核

(一) 物流包装成本分析

物流包装成本分析主要是充分挖掘降低成本的潜在力量。以下主要是对成本计划完成情况进行系统的分析。

1. 成本计划完成情况的分析

这种分析主要是将实际总成本与计划总成本进行对比，分析其成本是降低还是增加，反映企业的成本管理水平。要求综合、全面地考核企业成本指标的完成情况。影响总成本变化的因素是产品产量、产品结构和单位成本，而单位成本是最主要因素。实际总成本和计划总成本用以下公式表示：

$$\text{产品实际总成本}=\sum\left(\begin{matrix}\text{产品实际}\\\text{产量}\end{matrix}\times\begin{matrix}\text{产品实际}\\\text{单位成本}\end{matrix}\right) \tag{6-16}$$

$$\text{产品计划总成本}=\sum\left(\begin{matrix}\text{产品计划}\\\text{产量}\end{matrix}\times\begin{matrix}\text{产品计划}\\\text{单位成本}\end{matrix}\right) \tag{6-17}$$

实际总成本比计划总成本是降低还是增加，其数额用下式计算：

$$\begin{matrix}\text{全部产品实际总成}\\\text{本比计划总成本降低额}\end{matrix}=\sum\left(\begin{matrix}\text{产品实际}\\\text{产量}\end{matrix}\times\begin{matrix}\text{产品计划}\\\text{单位成本}\end{matrix}\right)-\sum\left(\begin{matrix}\text{产品实际}\\\text{产量}\end{matrix}\times\begin{matrix}\text{产品实际}\\\text{单位成本}\end{matrix}\right) \tag{6-18}$$

产品成本完成率的计算公式如下所示：

$$\begin{matrix}\text{全部产品总成本}\\\text{计划完成率}\end{matrix}=\frac{\sum\text{（产品实际产量×产品实际单位成本）}}{\sum\text{（产品实际产量×产品计划单位成本）}}\times100\% \tag{6-19}$$

2. 产品单位成本分析

单位成本分析是在产品总成本分析的基础上，进一步按各产品单位成本以及它们的各成本项目进行分析，以便找出原因，采取措施。

(1) 材料成本项目分析

材料费用在成本中占有很大的比重，它是单位成本分析的重点，影响材料成本变动的因素有：材料消耗量的变动和材料价格变动，前者是改进设计及材料质量的变化，改进工艺及配料比例的变化以及废料回收与利用等；后者包括材料价格、物流费用及其他杂费的变化。

(2) 工资成本项目分析

生产单一产品的企业，采用计时工资时其计算公式如下：

$$\text{单位产品的成本中工资额}=\frac{\text{生产职工工资总额}}{\text{产品产量}} \tag{6-20}$$

单位产品成本中的工资额与生产职工工资总额成正比，而与产品产量成反比。欲降低该项成本，当生产职工工资总额不变时，应提高劳动生产率，增加产品产量，反之当产品产量相对固定时，须减少生产职工工资总额。

生产多产品企业，有的企业采用实际工时，有的企业采用定额工时或定额工资计算单位产品成本的工资额。以实际工时为例，计算公式如下：

$$\text{单位产品成本中的工资}=\text{单位产品耗用工时}\times\text{小时工资率} \tag{6-21}$$

$$\text{单位产品耗用工时}=\frac{\text{产品消耗的生产工时数}}{\text{产品产量}} \tag{6-22}$$

$$\text{小时工资率}=\frac{\text{生产工人工资总额}}{\text{全部产品耗用的生产总工时}} \tag{6-23}$$

3. 制造费用的分析

生产单一产品，制造费用由一种产品负担，不需分摊，其计算公式如下：

$$\text{单位产品的成本中的制造费用}=\frac{\text{制造费用总额}}{\text{产品产量}} \tag{6-24}$$

由上式可以看出，单位产品成本中的制造费用与制造费用总额成正比，而与产量成反比。分析这两个因素可用下列公式计算：

$$\begin{matrix}\text{产量变动时对单位产品}\\\text{成本中制造费用的影响}\end{matrix}=\frac{\text{制造费用调整后计划数}}{\text{实际产量}}-\frac{\text{制造费用计划数}}{\text{计划产量}} \tag{6-25}$$

$$\begin{matrix}\text{制造费用总额变动对单位}\\\text{产品成本中制造费用的影响}\end{matrix}=\frac{\text{制造费用的实际数}}{\text{实际产量}}-\frac{\text{制造费用调整后计划数}}{\text{实际产量}} \tag{6-26}$$

式中：

$$\begin{matrix}\text{制造费用调整后}\\\text{计划数}\end{matrix}=\begin{matrix}\text{制造费用计划数}\\\text{中的变动费用}\end{matrix}\times\begin{matrix}\text{产量计划}\\\text{完成率}\end{matrix}+\begin{matrix}\text{制造费用计划数}\\\text{中的固定费用}\end{matrix} \tag{6-27}$$

调整后，可使计划数和实际数具有相同的产量基础，增加了可比性。

生产多品种企业，制造费用由多种产品负担，需要按一定的标准进行分配，以生产工时计算时，其公式如下所示：

$$\text{单位产品成本中的制造费用}=\text{单位产品耗用工时}\times\text{制造费用分配率} \tag{6-28}$$

式中：

$$\text{单位产品耗用工时}=\frac{\sum\text{产品耗用工时}}{\sum\text{产品产量}} \tag{6-29}$$

$$\text{制造费用分配率}=\frac{\text{制造费用总额}}{\sum\text{产品耗用工时}} \tag{6-30}$$

单位产品成本中，制造费用受单位产品耗用工时数和制造费用分配率两个因素的影响。前者体现劳动生产率的高低；后者体现制造费用水平的高低。分析这两个因素影响的公式如下：

$$\text{单位产品耗用工时变动对单位产品成本中制造费用的影响}=\left(\text{单位产品实际耗用工时}-\text{单位产品计划耗用工时}\right)\times\text{制造费用分配率} \tag{6-31}$$

$$\text{制造费用分配率变动对单位产品成本中制造费用的影响}=\left(\text{制造费用实际分配率}-\text{制造费用计划分配率}\right)\times\text{单位产品实际耗用工时} \tag{6-32}$$

由以上公式可以看出提高劳动生产率和节约制造费用，是降低单位产品成本的重要途径之一。

（二）物流包装成本考核

物流包装成本考核的指标体系一般由以下4部分组成。

1. 可比产品成本降低率与降低额

（1）可比产品成本降低额

$$\text{可比产品成本降低额}=\sum\left(\text{上年度可比产品实际单位成本}-\text{本年度可比产品单位成本}\right)\times\text{本年度可比产品产量} \tag{6-33}$$

（2）可比产品成本降低率

$$\text{可比产品成本降低率}=\frac{\text{可比产品成本降低额}}{\sum\text{（上年度可比产品实际单位成本}\times\text{本年度可比产品产量）}}\times100\% \tag{6-34}$$

2. 全部产品成本降低额

$$\text{全部产品成本降低额}=\left(\text{本期各种产品的实际产量}\times\text{本期各种产品的计划单位成本}\right)-\text{本期全部产品的实际成本} \tag{6-35}$$

3. 主要商品产品单位成本降低率

$$\text{主要商品产品单位成本降低率}=1-\frac{\text{实际单位产品成本}}{\text{计划单位产品成本}}\times100\% \tag{6-36}$$

4. 百元产值成本降低率

$$\text{百元产值成本降低率}=1-\frac{\text{实际百元产值成本}}{\text{计划百元产值成本}}\times100\% \tag{6-37}$$

六、降低物流包装成本的途径

降低物流包装成本是降低整个物流费用进而降低产品价格、提高产品竞争能力的重要前提，可以减少企业占压资金，扩大生产规模，增加企业利润及社会积累。降低物流包装的主要途径有以下几种：

（一）用价值分析法降低物流包装成本

价值分析法的目的在于：从品质、使用、耐用、技术、外观等方面考虑降低成本的可能性。通常所采用的价值分析法是比较法，检查分析的内容如第五章第三节　所述。

（二）采用机械化包装降低包装成本

机械化包装可以提高包装工作效率、节省人工成本费用，这在劳动力不足、劳动费用较高的地区是很有效的。另外，还应尽可能地提高机械设备利用率，充分利用生产设备，增加产量，减少折旧费用和其他固定费用的支出，制定先进的设备定额；加强机器设备的维修保养，提高设备完好率。

（三）改进包装设计，降低原材料和能源的消耗

产品设计是决定产品成本的先天性因素，合理设计使产品在保证质量，充分发挥其功能的前提下，减少原材料、动力等消耗，缩短生产周期，提高劳动生产率。原材料一般占产品成本的较大比例，合理利用原材料，避免大材小用，优材劣用，以此降低物流包装的成本。此外，还应对包装容器进行修旧利废、回收复用，这样可以节省包装材料及包装容器制造费用，起到降低包装成本的作用。

（四）推行包装标准化，提高劳动生产率，降低包装成本

实现包装标准化，可以在保证包装质量的前提下，提高劳动生产率，同时可以降低运输、装卸等物流各环节的成本及管理费用，有利于节省包装材料及包装容器的再利用。另外，提高劳动生产率意味着单位时间内生产的产品数量增加，或生产单位产品所需要的社会必要劳动时间减少，单位产品成本降低。为了提高劳动生产率，除推行包装标准化外，还应不断采用新工艺、新技术、合理安排生产，改善经营管理及劳动组织，提高劳动生产率使产品增加，使单位产品成本降低。

（五）提高产品质量和工作质量，减少损失

在生产过程中努力提高产品质量及等级，防止和减少废品、次品的产生，这样不但能增加销售收入，而且也降低了产品成本。

在成本费用中还包含有损失性开支，如季节性停工损失，维修停工损失，坏账（无法收回的账）损失、存货盘亏、损坏及报废损失，在提高产品质量的同时还需要提高工作质

量减少上述损失支出，进而降低包装成本费用。

第三节　物流包装设备管理

物流包装所使用的机器设备，大致分为工艺设备、动力设备、传导设备、装卸搬运设备及仪器仪表设备等。物流包装设备管理强调的是从设备采购开始进入生产领域，直到报废退出生产领域而作为废弃物处理为止的全过程管理。管理的主要内容：按技术先进，经济合理的原则正确选购设备。合理使用，保证机器设备始终处于最佳的技术状态。重视设备的挖潜、革新、改造及更新换代，提高设备的现代化水平。及时地做好设备的维护及保养，使设备始终处在最佳工作状态，减少故障。做好设备的资产管理。

一、物流包装设备的采购与使用

（一）物流包装设备的选购

机器设备的寿命的长短、工作效率的高低及精度质量如何，除决定设备自身结构及各种参数外，还决定企业产品生产的特点和工艺过程，因此，在设备采购时合理选择及配备各种设备，能够更好地发挥设备的工作效率并取得较好的经济效益，为了选择适宜的设备，在设备采购前，必须综合考察以下几个因素：机器设备的生产效率；机器设备对包装产品和产品包装质量的保证可靠程度；使用与维护的方便性；能源与原材料的消耗程度；机器对环境的影响；设备的配套性以及设备的使用寿命与投资费用等。

只有对上述各因素进行全面、综合分析，才能选购到技术先进，经济合理的最优设备，特别是引进国外的技术设备，更应注重技术先进与经济合理的统一。

在选择设备时，需要对设备进行经济评价，一般情况下采用的评价方法有以下两种：

1. 投资回收期法

投资回收期法是评价投资效益的主要方法之一，它是指采用新设备后的年费用节约额去收回其全部设备投资的年限。在其他投资条件相同的情况，应选择投资回收期较短的方案，一般回收期用下式计算：

$$\text{设备投资回收期}=\frac{\text{设备投资费用}}{\text{采用新设备后年节约费用}} \tag{6-38}$$

2. 费用效率分析法

费用效率表示单位费用支出所能得到的效果，费用效率分析法也叫寿命周期分析，这个方法主要考虑系统效率和寿命期内总费用两个因素，其计算公式如下：

$$\text{费用效率}=\frac{\text{系统效率}}{\text{寿命周期费用}} \tag{6-39}$$

系统效率主要指设备的生产效率、可靠性、维修性。

寿命周期费用是指设备一生总费用，主要由设备购置费和维持费两大部分组成。维持费包括操作人员的工资、能源消耗、维修维护与保养、故障停工损失、保险费及固定资产税金等。

（二）物流包装设备的合理使用

设备的寿命长短、效率高低、精度等级同设备的正确、合理使用有着密不可分的关系。正确、合理使用设备，是指按操作规程的要求使用设备，尽量减少设备的磨损和疲劳，延长设备的使用寿命，保持设备应有的精度，充分发挥其效能。为此，必须做到以下几点：

①根据物流包装的技术特点和工艺过程要求，合理配备各种类型的设备。

②根据各种设备的性能、结构和技术经济特点，合理安排作业任务，注意设备负荷均衡。

③对设备的使用应遵循科学技术的规律，不应该精机粗用及超负荷、超性能、超范围地使用。

④根据设备性能、结构、制造精度、使用范围、工作条件和其他技术条件，配备适宜的操作人员。

⑤操作人员必须严格遵守操作规程，保持设备整洁，遵守各种规章制度，及时排除故障。

⑥建立健全设备管理规章制度，特别是设备操作规程，岗位责任制等。

二、物流包括设备的维修、维护与保养

（一）物流包装设备的磨损和故障发生的规律

设备在使用中的有形磨损大致分为 3 个阶段。

第一阶段：是初期磨损阶段。在这一阶段，设备的表面特别是接触摩擦部分受轻微的磨损，使表面形状和粗糙度发生变化，但时间短。

第二阶段：是正常磨损阶段。在这一阶段，设备磨损量增加较为缓慢、均匀，设备处于最佳技术状态，生产的产品质量也较稳定。

第三阶段：是急剧磨损阶段。在这一阶段，零部件磨损达到一定的限度，有些零部件的疲劳强度已达到极限，设备的性能和精度迅速降低，如不及时修理，就会发生事故，因此，在进入这一阶段以前，应该进行修理。

根据设备磨损的规律可以看出，设备磨损到一定程度就会降低设备的使用性能，如果能做到合理使用、精心维修、维护和保养，则可以延长设备正常磨损阶段的期限。设备的主体和各个零部件的磨损发展速度不一样，掌握不同零件的磨损发展规律，使零部件在达到合理磨损极限之前，进行修复或更换。通过试验和统计分析等方法计算出设备易磨损零部件的正常使用期限，有计划地对零部件进行检修和更换。

由于设备各磨损阶段磨损速度不同，设备故障率也不同，设备故障等变化如图 6－6

所示，分为 3 个阶段。

第一阶段为初期故障期，这期间零部件磨损速度较快，零部件易松动，设备故障较多，但是，呈逐渐下降的趋势。

第二阶段为偶然故障期，在这个阶段设备处于正常磨损阶段，设备故障偶然发生，其故障率低于平均故障率。

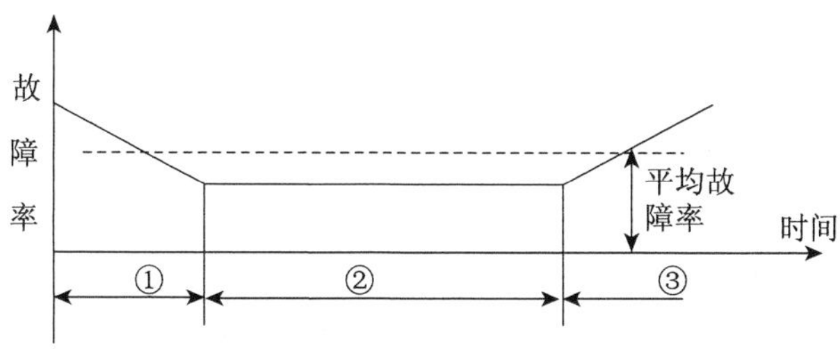

图 6－6　设备故障率曲线

第三阶段为耗损故障期，在这期间设备开始进入急剧磨损阶段，设备磨损速度急剧增加，故障率很快上升，应及时修理。

（二）物流包装设备的维护及保养

设备的维护保养是指设备操作人员和专业维护保养人员在规定的时间及维护保养范围内分别对设备进行预防性的技术护理，设备护理保养得好，就可以将设备磨损和腐蚀降到最低程度。设备的维护与保养，目前较多企业采用的日常维护保养、一级保养、二级保养共 3 级保养。

1. 日常维护保养

日常维护保养亦称为例行保养或日保，即操作人员每天在班前、班后进行的日常保养。班中出现故障及时排除，做好交接班工作。

2. 一级保养

一级保养是以操作人员为主，维修人员为辅，对设备进行局部检查、清洗。设备一般运行 500～700 小时进行一次保养。主要是对设备外表和各部位进行清洗，疏通油路，更换油毡、油线，调整设备各部位的配合间隙，紧固各部位。

3. 二级保养

二级保养是以维修人员为主，操作人员参加，对设备进行部分解体检修，更换或修复磨损件，局部恢复精度、润滑和调整。一般设备运行 2500～3500 小时要进行一次二级保养。

（三）物流包装设备的检查与预防修理

设备的检查即对设备的运行情况、工作精度、磨损程度进行检查和校验。设备检查可分为以下几类：

1. 按时间分为日常检查和定期检查

日常检查由操作人员每天进行。定期检查由专业维修人员在操作人员的参与下定期对设备进行检查。

2. 按技术分为机能检查和精度检查

机能检查是对机器设备各项机能进行检查和测定。精度检查是对设备加工精度进行检查和测定。

3. 按维修精度分为小修、中修、大修

小修是工作量最小的局部修理，主要是更换和修复少量的磨损零件，并调整设备和某些结构。中修则是更换和修复设备的主要零件和数量较多的其他磨损件，并校正设备的基础，以恢复和达到规定的精度、功能和其他技术要求。大修是工作量最大的修理，需要把设备全部拆卸，更换和修复全部磨损零件，恢复设备的原有精度、性能和效率。

4. 按维修方法分为检查后修理、定期修理、标准修理

检查后修理是根据检查的结果和以前修理的资料确定维修日期与内容。定期修理是根据设备实际使用情况和检修定额资料，制订检修计划，确定修理日期、类别和内容。标准修理法是根据设备磨损规律和零件的使用寿命，明确规定检修日期、类别和内容，严格按照计划进行检修。

设备修理主要是依据设备维修计划进行的。修理工作定额是编制设备维修计划的依据。修理工作定额主要包括以下内容：

（1）修理周期定额

修理周期定额是根据对设备磨损规律的探索、实验及实际工作经验积累而制订的。基本内容如下所述：

①修理周期。修理周期是相邻两次大修之间的设备工作时间。

②修理间隔期。修理间隔期是相邻两次修理（中修、保养）之间的设备工作时间。

③修理周期结构。修理周期结构是一个修理周期内大修、中修、小修和定期检查的次数与排列顺序。它是根据设备的结构特征、工作条件、零件的允许磨损量和设备不需修理的工作小时数来确定的。

（2）修理复杂系数

修理复杂系数是表示设备修理复杂程度和修理工作量的基本单位。它是由设备的结构特点、工艺特征、零部件规格等因素决定的，我国通常将C620车床修理复杂系数定10，其他设备如果较C620车床复杂的，修理复杂系数则大于10，反之，则小于10。修理复杂系数用汉语拼音字母F表示，其中，机械复杂系数用JF，电气复杂系数用DF，一般是数字写在字母前，如10JF、12DF等。

（3）修理劳动量定额

修理劳动量定额，通常用一个修理复杂系数所需要的劳动时间来表示。这样有了各种设备的修理复杂系数和一个修理复杂系数的劳动量定额，就可以计算出在计划期内完成全

部修理工作所需要的劳动量。

(4) 设备修理停歇时间定额

设备修理停歇时间定额是指从机器设备停工到修理完毕，检验合格为止所经历的时间。计算设备修理停歇时间的目的，在于合理组织设备维修，缩短设备停修时间。

(5) 修理费用定额

修理费用定额是指完成设备修理所需要的费用，是考核修理工作的费用指标。它包括材料费、零配件费、人工费、管理费等，是根据统计资料及经验积累而决定的。

在确定修理工作定额之后，可编制年度、季度及月度修理计划。在编制修理计划时应注意与生产计划相衔接。设备计划预修制度的内容，包括对设备一整套预防和修理措施、日常维护、定期检查、精度检查、小修、中修、大修等。

考核设备维修和运行情况的技术经济指标有以下几项：

$$设备完好率=\frac{完好设备台数}{设备总台数}\times 100\% \tag{6-40}$$

$$设备故障率=\frac{故障停机时间}{生产运转时间}\times 100\% \tag{6-41}$$

$$单位产品（或万元产值）维修费=\frac{维修费用}{产品总产值（或万元总产值）}\times 100\% \tag{6-42}$$

$$维修费用率=\frac{维修费用}{生产费用总额}\times 100\% \tag{6-43}$$

三、物流包装设备综合管理

物流包装设备综合管理的基本内容如下：

(一) 设备综合管理工程

设备综合管理是以降低设备寿命周期费用为目的的综合性的现代的科学的设备管理。传统的设备管理是以设备维修为中心，特别是随着现代化水平的提高，许多科技成果运用到物流包装设备上，提高了生产效率，但也带来了环境污染、能源消耗大、零部件磨损腐蚀快、维修费用高等问题。这是传统的设备管理所不能解决的问题。设备综合管理工程具有以下 4 个特点：

①将设备寿命周期费用作为评价管理工作的重要经济指标，追求的是最经济寿命周期费用。

②对设备从设计、制造、安装、调试、维修、改造到报废处理为止全过程进行管理。

③对技术、经济、管理等方面进行综合性研究与管理。

④建立一套设计、使用和费用的信息系统。

(二) 全员设备维修

全员设备维修是日本的一些企业创建的一套适合日本国情的设备管理体系，被称为全员参加生产维修体系（TPM）。其主要内容如下：

①推行全效益（设备一生的寿命周期费用最小，寿命周期产值最高）、全系统（建立从设备设计、制造、使用、维修、改装到更新设备一生的管理系统）、全员参加（凡是与设备的规划、设计、制造、使用、维修相关的部门和职员都参加）的“三全”设备管理。

②管理贯穿整个设备寿命周期。

③加强推行整理、整顿、清洁、清扫、素养（5S）五项基本管理活动，把日常维修和预防维修结合起来。

④加强对设备日常定期和专项检查。

⑤重点进行设备预防性修理，包括部分配件修理、大修及改造性修理。

⑥加强设备维修人员的培养。

⑦建立一套TPM的评价指标体系，包括计划、作业内容、费用及故障方面的指标。

第四节　物流包装质量检验与管理

产品生产过程受各种因素的影响，都有可能产生缺陷，及不符合质量的要求产品，物流包装作为一种产品也是如此。因此，为了保证物流包装的质量，与其他产品一样，在生产制造过程中，必须包括一个与生产制造同等重要的质量检验和质量管理过程。

一、物流包装的质量检验

1991年颁布的ISO/DIS 8402－1将质量定义为：实体具备能够满足明确的或隐含的需要的特征总和。这里的实体不仅仅是指产品，还包括活动、过程、组织等。

检验定义为：对产品或服务的一种或多种特性进行测量、检查、试验、计量，并将这些特性与规定的要求进行比较，以确定其符合性的活动。

（一）质量检验的目的

质量检验的最主要的目的是决定产品是否符合规定的要求，此外，还有以下几个比较重要的目的：

①区分产品的好坏。通常做法是全部检验，根据检验结果，按规定要求进行分类，以区分产品的类别。

②区分产品批次的好坏。通常对批量产品进行抽样检验，区分产品批次好坏，决定是否接收。

③判定工序是否变化，也称控制抽样。主要目的是观察工序是否变化。根据工序变化情况，找出原因，加以改进，保持工序在正常范围内波动。

④评定产品质量，也称产品审核。其目的是给产品质量以确切的评定。它是按用户使用质量来检验和评价，最终的结果是以单件产品缺陷数来表示质量的变化。

⑤测量量器的精密度。主要目的是测量在相同条件下，再显示它本身读数的能力。通

常是用同一仪器对同一件产品进行检验。

⑥获取产品设计情况，主要目的是评定产品功能是否达到设计要求。有时还须进行严格的性能试验，以获取设计的相关资料。

⑦评定检验人员的检验准确性。主要目的是评定检验人员在找出缺陷工作中的有效性。

（二）质量检验工作应遵循的原则

1. 加强检验的原则

随着现代科学技术的进步，对产品的质量（如性能、精度、可靠性、安全性、经济性等）提出越来越高的要求，影响产品质量的因素也越来越多，作为剔除废品为已任的检验工作，只能强化，不能削弱。无论工业生产如何发展科学技术如何先进，检验的手段和形式可以变化，检验工作不可缺少，随着科学技术的进步，检验形式向自动化、现代化的发展，检验职能不断加强。

2. 错漏检验减少到最低程度的原则

质量检验必须具备以下基本条件：有足够数量的高素质检测人员；有可靠而完善的检测手段；有明确而又合理的检验标准和操作规程；有符合要求的检验环境。这些基本条件往往不能同时得到满足。这就为错漏检验的产生提供了条件。另外，由于检测人员心理、生理、技术、管理等因素的影响，使检验人员的检测水平不能正常发挥，这也是产生错漏检测问题的原因。即使自动化在线检测也存在检测器具失灵，难以避免不发生偶然失控问题。在检验过程中发生错漏检验是难免之事。因此，在检验过程中必须把影响检验的各种因素严格控制，提高检验人员的素质，选择合理的检验方式，创造良好的检验环境，最大限度地减少错漏检验。

3. 经济的原则

进行测量、检查、试验、计算等工作，需大量人员、设备和技术，以最经济的手段，把废次品减少到最低限度，就必须运用科学原理，以尽可能少的劳动消耗，在保证检验质量的前提下取得风险、成本和效益的最佳统一。

经济的原则应体现在各个环节之中。例如，在设置检验点时既要考虑不妨碍正常生产，又要保证废、次品不被流入下道工序。尽量减少检验量、节省检验费用，缩短检验周期。在选择检验器具时，既要满足检验精度和流水线速度的需要，又要便于操作、维修、适应多功能、多层次的要求。在严把质量关的同时尽可能将废品率降为零。应以经济效益作为衡量标准，确定不同条件下的合理的废、次品率。

4. 预防的原则

一般情况下前道工序的不合格率到了后道工序仍是不合格品。但是，在制产品的价值随着生产过程不断在增加，每经一道工序都要增加一部分生产费用，因此，废、次品越往后道工序剔除，其损失越大，应尽可能及时剔除，做到预防把关相结合，以减少损失。

另外，检验可以及时反映质量信息，暴露存在问题，将信息和问题及时反馈给有关部门，并组织有关人员分析、研究、及时改进，把质量问题消灭在早期或形成过程之中。这也是检验的预防原则。

（三）质量检验的方式及分类

按照检验方式的不同特点和作用，检验方式分为以下几类：

1. 按生产过程次序分类

（1）进货检验

进货检验的目的在于防止不合格的产品入库而降低产品质量，进货检验应注意以下几项：

①进货检验应在物质入库或投产前进行。

②进货检验前，有关部门向检验部门提供相关技术资料、技术协议、质量保证书、合格证书及标记等，检验人员认真核对这些技术资料及文件。

③对重要的原材料、外协外购品，应派出专人常驻供货方，现场监督和检验，并且查证供应商品质量保证体系运行的有效程度，还可派经验丰富的检验员到供货方巡回检验或定期、不定期的检验或业务指导。

④对于急需物资或缺乏检测手段，对外委托检验困难的物品，可认定牌号及供应商，办理必要手续后免检放行，但必须有明显标记，一旦发现问题，全数返回。

（2）工序检验

工序检验又称为过程检验或阶段检验，其目的是防止不合格的半成品或成品进入下道工序。另外，工序检验还应检验与产品生产关系密切的生产工艺条件，预防不合格产品。工序检验一般分为逐道工序检验或几道工序集中检验。

（3）完工检验

完工检验是对全部加工的半成品和完工零配件进行检验，在进行完工检验时，重点要检验以下几个方面：

①各工序所加工的项目是否已全部完工。

②被检的零配件是否符合图纸和技术标准的要求。

③通过审查材质报告及检测、检查零件的材料是否符合要求。

④零件的外观是否完美、整洁无表面缺陷。

⑤产品标记和验证状态标识等标志是否齐全、清晰。

⑥票据、卡片、文件是否齐全，记载是否完善、正确。

（4）成品检验

成品检验又称最终检验，是入库前最后一次检验，因此，应做好以下几项工作：

①外观检验。观察产品静态特性和特征，检查其完整性和表面质量。多以感观检查为主，应建立产品外观检验的标准样品。

②安全性检查。按照国家或有关上级部门规定及产品技术标准逐个进行检验。

③按照产品标准逐条逐项进行产品最终试验。

④成品检验必须认真做好记录。同时要检查各零部件的标记。

2. 按检验地点分类

(1) 固定检验

指检验场所固定不变，设专门的检验站和检验室，内配置有关检验仪器、仪表等。

(2) 现场检验

指在生产现场或货源所在地进行检验。

(3) 巡回检验

检验人员在生产现场，随机抽查检验，巡回面覆盖整个生产现场。物流包装生产一般采用巡回检验的方式，对产品的质量的提高和稳定，起到了很好的作用。

3. 按检验对象及数量分类

(1) 全数检验

对一批产品逐一检验，筛选不合格产品。

(2) 抽样检验

按照数理统计的方法，从一批产品中随机抽取适当数量的样品进行检验。

(3) 免检

产品免检是指符合规定条件的产品，免于政府部门实施的监督检查活动。对一些已经获得国家批准质量免检的，可以不需检验。

除上述之外，还有按检验的预防作用分为首件检验和抽样检验；按检验手段分为感官检验、物理化学检验；按检验目的分为生产检验、接收检验、复查检验、监督检验、仲裁检验；按检验产品破坏情况分为破坏性检验和非破坏性检验。对于物流包装的检验，上述有些方式并不一定适宜，根据受检对象的具体情况，选择较为适宜的检验方式。

二、物流包装的标准化管理

包装标准的范围大致分为3个层次：

第一个层次是包装综合基础标准。这是所有包装共同遵守的，同时是跨行业，跨部门、跨专业凡是与包装有关的经济技术和科研活动都应遵守的。

第二层次是专业基础标准。它是针对包装某个方面制定的，例如包装材料、包装容器、包装机械等标准。

第三层次是产品（商品）包装标准。这是针对某产品（商品）包装的科学合理而制定的，是整个包装标准化为之奋斗的最终目标。上述第一层和第二层次是为第三层标准化服务的。

（一）包装综合基础标准

主要包括：包装术语、包装尺寸、包装标志、包装个件试验方法、包装技术方法、包装管理等标准。

（二）包装专业基础标准

包装专业基础标准主要有：包装材料标准、包装容器标准、包装机械标准等。包装材料标准主要内容是：适应范围；种类；质量要求；形状尺寸；制造方法；检验方法；检验；包装标志。包装容器标准主要内容为：适应范围；种类；结构尺寸；材料；使用方法；检验。

（三）产品（商品）包装标准

1. 产品（商品）包装标准适应范围

产品（商品）包装适应范围极其广泛，包括农业、建材、轻工、机械、兵器、医药、邮电等24大类。

2. 产品（商品）包装分级

产品（商品）包装的分级可根据下列情况确定：

①物流包装所经受的环境条件、运程、周转次数、储存时间及装卸搬运方式。

②产品（商品）贵重、精度、危险程度等。

产品（商品）分级内容包括：

①分级档次，例如一级防潮包装、二级防潮包装等。

②不同等级对包装试验项目和定量值要求。

③不同等级对包装容器、包装材料和包装方法的要求。

3. 包装技术要求

一般是根据产品（商品）包装等级和用户要求，对包装环境、包装产品、包装材料、包装容器提出要求。

4. 包装件运输

主要是根据物流环境条件和有关规定，对运输方式、运输条件、在途时间、装卸搬运等提出要求。

5. 包装件储存

对包装件的库存管理与养护，在必要的情况下作出规定和要求。

6. 试验方法

一般规定对物流包装件、包装材料、包装容器的试验方法。

7. 检验规则

检验规则包括检验分类，批组与抽样、判定规则等方面的规定。

（四）物流包装标准化管理的意义

①稳定包装质量，加强质量管理的有效措施。

②采用包装标准能够明确责任和权限。

③采用包装标准能够降低成本。

④采用包装标准能够有效地判断包装件的适应性。

⑤采用包装标准有利于个人技术均衡化。

（五）物流包装标准的发展趋势

①研究有关物流环境的试验条件。

②研究有关出口商品物流环境的试验条件。

③按照物流系统的要求，实现包装尺寸标准化。

④研究装卸搬运程序标准，通过作业动作分析找出最有效的作业方法。

⑤研究包装造型的图案设计、文字、色彩、标志、设计风格等标准化。

三、国际贸易中危险货物的物流包装管理

第二次世界大战以后，由于科技和经济的不断发展，危险品应用量也在不断增加，特别是我国加入 WTO 以后，危险品的国际贸易不断增加。据统计，现有危险货物的种类有三万多种，其中常见的约三千多种，但同一种危险货物在不同国家可能会采用不同材质，不同规格的包装容器进行包装，这样给货物的安全流通带来隐患。

（一）危险货物物流包装管理的国际组织简介

1. 联合国危险货物运输专家委员会

该组织成立于 1952 年，总部设在瑞士的日内瓦，该委员会主要解决与物流包装有关的问题，如危险货物的包装要求、包装代码和标记、包装性能检验标准等主要问题。在该组织编写的《关于危险货物运输的建议书》中对危险货物包装的类型、规格、材料、性能、使用方法及包装类别、包装标记、包装性能试验方法做了详细规定。实际上，这是一部关于危险货物及其包装、运输实行国际统一管制的法规，是世界各国政府及有关国际组织制定有关危险货物的运输规章所必须遵守的总则和依据。

2. 国际海事组织

国际海事组织原名为“政府间海事协商组织”，成立于 1959 年 1 月，总部设在英国伦敦，有 150 个成员国，是联合国主管海运事务的专门机构。该组织制定了很多与海事相关的规则和公约，其中，1996 年修正的《国际海运危险货物规则》对危险货物包装类别、包装方法等做了规定，在包装建议中全文录自联合国危险货物运输专家委员会制定《关于危险货物运输的建议》中的相关内容，使得世界各国危险货物海上运输包装管理走上标准化。

3. 国际民用航空组织

国际民用航空组织是联合国主管民用航空运输安全事务的专门机构，总部设在加拿大蒙特利尔。该组织制定了国际空运危险货物的专业规则《空运危险货物安全运输技术规则》主要内容中包括：危险货物包装的规格要求、包装标记、包装试验方法，以及包装类别、客机的包装规定、货机的包装规定、货物的每包最大净重等。

除上述国际组织外，还有国际铁路运输总局和国际原子能机构。这些组织均负责管理相关危险货物的运输及物流包装。

（二）国际危险货物的物流包装标记

1. 危险货物包装种类的编码

各种危险货物包装容器的种类和编码如表 6－5 所示。

表 6－5　各种危险物包装容器种类和编码

类别	代码	型别
钢桶	1A1	固定顶盖
	1A2	活动顶盖
铝桶	1B1	固定顶盖
	1B2	活动顶盖
胶合板桶	1D	
大琵琶桶	2C1	塞形
	2C2	活动顶盖
纤维板桶	1G	
塑料桶和罐	1H1	桶、固定顶盖
	1H2	桶、活动顶盖
	3H1	罐，固定顶盖
	3H2	罐，活动顶盖
钢罐	3A1	固定顶盖
	3A2	活动顶盖
天然木桶	4C1	普通型
	4C2	带防渗漏型
胶合板箱	4D	
再生木板箱	4F	
纤维板箱	4G	

类别	代码	型别
塑料箱	4H1	发泡塑料箱
	4H2	密实塑料箱
钢箱	4A1	
	4A2	带内衬或内涂
铝箱	4B1	（不许使用）
	4B2	带内衬或内涂（不许使用）
纺织袋	5L1	不带内衬或内涂
	5L2	防渗漏
	5L3	防水
塑料膜袋	5H4	
纸袋	5M1	多层
	5M2	多层、防水
复合包装（塑料材料）	6HA1	外钢桶内塑料
	6HA2	外钢板条箱内塑料
	6HB1	外铝桶内塑料
	6HB2	外铝板箱内塑料
	6HC	外木板箱内塑料
	6HD1	外胶合板桶内塑料
	6HD2	外胶合板箱内塑料
	6HG1	外纤维板桶内塑料
	6HG2	外纤维板箱内塑料
	6HH1	内外均为塑料桶
	6HH2	内外均为塑料箱

注：代码中第一位数字表示容器种类，最后一位数字表示容器类别；中间的第一位拉丁字母表示材料，两位拉丁字母表示复合容器。

2. 危险货物包装分类及标记

根据危险程度危险货物的包装分为三大类：

Ⅰ类包装：用于装危险程度大的货物。

Ⅱ类包装：用于装危险程度中等的货物。

Ⅲ类包装：用于装危险程度小的货物。

危险货物包装标记由以下内容构成：

·联合国容器符号$^{u}_{n}$用于压纹金属容器符号可用大写字母“UN”。

“X”表示Ⅰ、Ⅱ和Ⅲ类包装。

“Y”表示Ⅱ和Ⅲ类包装。

“Z”表示Ⅲ类包装。

·拟装固体或有内容器的容器，标明最大重量并以公斤为单位；拟装液体的容器标明相对密度。

“S”表示容器拟用于运输固体或装有内容器；装运液体标上成功通过液压试验，其试验压力以千帕为单位。

·标明容器制造年份的最后两位数。

·标明制造包装容器的国家代码。

·标明容器制造厂代码。

·标明国家主管部门规定的其他代码。

例如，UN | A | /Y1·4 | 150 | 98

CN/62000 |

表示：闭口钢桶容器，可装包装类别为Ⅱ或Ⅲ的相对密度为1.4的液体，液压试验值为150kPa，1998年制造，制造商为中国甘肃，代码为01的工厂。

（三）危险货物物流包装的基本要求

1. 包装所用的材质应与所包装的危险货物的性质相适应

危险货物对不同材料的腐蚀作用要求相应的包装材质必须耐腐蚀。例如，同属强酸，浓硫酸可用铁质容器，其他任何酸都不能用铁器盛装。

2. 包装应具有抗冲撞、震动、挤压和摩擦的作用

包装应有一定的强度。以保护包装容器内的货物不受损失，是一般货物的共同要求。

3. 包装的封口应与所装危险货物的性质相适应

《危险化学品安全管理条例》第四十二条第二款：“运输危险化学品的槽罐以及其他容器必须封口严密，能够承受正常运输条件下产生的内部压力和外部压力，保证危险化学品在运输中不因温度、湿度或者压力的变化而发生任何渗（洒）漏。”

（四）我国的危险货物的包装管理

1. 管理机构与管理法规

根据我国有关规定：出口危险货物包装检验和管理部门是国家进出口商品检验局。出口危险货物包装检验管理的法规主要有：《中华人民共和国进出口商品检验法》、《海运出

口危险货物包装检验管理办法（试行）》、《空运出口危险货物包装检验管理办法（试行）》、《出口危险货物包装质量许可证管理办法》等。

2. 出口危险货物包装的质量许可证管理

首先，要求包装生产企业建立有效运行的质量体系，通过对质量产生、形成和实现全程的控制，以有效地消除设计制造中所产生的质量隐患。这也是国际通行的做法。

其次，出口危险货物包装质量许可证的考核细则是依据《ISO 9002：1994 质量体系—生产、安装和服务的质量保证模式》的标准要求，选用质量体系 17 个要素，设计了 370 个考核内容。这就要求包装生产企业要依照 ISO 9002：1994 的要求并结合本企业的实际情况，建立质量体系，并保证有效运行。

企业必须取得出口质量许可证方可生产出口危险货物包装，商检机构凭出口质量许可证接受出口危险货物包装性能检验。

第五节　物流包装性能实验

为了提高物流包装质量，减少货物在流通过程中的损失，需要根据具体情况对包装件进行模拟环境实验。

一、物流包装件实验前的准备

在物品流通过程中，包装件的完成后到需求者手中，需要经过运输、储存、装卸、搬运等流通环节。物流包装件实验是用评价包装件在流通各环节中的性能。因为整个流通过程是十分复杂的，有些环节不止一次的重复出现。它对包装件造成各种各样的危害。

（一）流通过程中危害包装件的因素分析

在流通过程中破坏包装件的因素很多，最主要的因素有以下几种：

①流通过程中各环节的特性。

②内装物自身的特性。

③包装设计。它包括包装件的规格、质量、形状、包装材料、包装结构及搬运辅助装置等。包装件试验项目的选择主要根据流通过程中可能出现的危害。当已确定流通过程中的实际情况后，应根据包装和内装物的特性修正试验强度的基本值。同时，应适当考试验设备条件、试验时间、试验样品数量、试验费用，试验经验等。

（二）包装件的部位标示

在模拟试验时，包装件或容器受力部位的不同，影响其损伤程度，因此，在试验前，根据国际标准《运输包装件试验时各部位的包装方法》（GB/T4857—1992）《运输包装件各部位的标示方法》（GB/T3538—1983）中的规定，对包装件进行标示。

1. 平行六面体试验件的标示

(1) 面的标号

将包装件按运输时的位置放置，上表面标为1，右侧面为2，底面为3，左侧面为4，近端面为5，远端面为6。如果包装件上有接缝，接缝垂直地置于标示人员右方放置。如果运输状态不明或多个接缝，可任选一面作为近端面，并以此为基点确定其他各面。

(2) 棱的标号

棱是两平面相交形成的直线，在这里用两个面的号码来标示。例如，上表面和右侧面构成的棱，其标号为1-2棱。以此类推。

(3) 角的标号

平行六面体的角是由3个平面相交构成的，因此，角的标号用3个面的标号来表示。例如上表面、右侧面、近端面构成的右上角的标号为1-2-5角。以此类推。

2. 圆柱体试验件标号

将圆柱体包装件垂直立放，在上端圆面上做两条相互垂直的直径，两条直径与圆周线相交4个端点，自标注人前起按顺时针方向分别将4个端点用1、3、5、7标示。再通过4个端点，在圆柱体表面作4条与圆柱轴平行的4条线，与圆柱体下端圆周线相交4个端点，分别与上端点对应，用2、4、6、8标示。4条圆柱体平行线的标号分别为1-2、3-4、5-6、7-8。这样将圆柱体分为4部分，加上上、下端面，可标6部分。当圆柱体表面有接缝（无论几条）时，将一条接缝放在标号5-6位置上，其余部位标号仍按上述方法顺序标识并连成直线。

3. 袋状体试验件标示

将袋状体包装试验件竖直放置，当有制造接缝，将其放置标注人右方；若无制造接缝，可以任选一条起始线，标注人员位于袋底部最短对称轴的延长线上，标注人员面前的面被标为1，以逆时针方向进行，右侧面为2，后面为3，左侧面为4，袋底为5，袋口为6。

（三）对包装试验件温湿度调节预处理

为了减少包装件或包装容器受温湿度的影响，在试验前先对试验件按规定的温湿度条件进行调节处理，然后再进行试验。这样可以提高试验结果的再现性、重复性及同类试验结果的可比性。一般情况下，取标准大气条件（通常温度为20℃，相对湿度为65%）进行温湿度调节处理，然后再进行相应的单项试验。但是，由于世界范围内气候条件相差太大，为了标准化，将世界范围内的温湿度归并成几种典型的标准条件（如表6-6所示）。试验选择与流通区域条件相近的一组。

1. 温湿度调节处理的仪器设备

(1) 温湿度箱（室）

这是一个工作空间，其温度和湿度能保持在所控制的规定公差之内。

（2）干燥箱（室）

能将含水量高的包装件，降低到温湿度调节处理所要求的含水量以下。

（3）记录仪器

记录仪器要有一定的灵敏度和稳定性，使温度测量误差不超过±0.1℃，相对湿度测量误差不超过1%。

表6-6　　调节处理的典型温湿度条件表

条件	温度（℃）	相对湿度（%）	条件	温度（℃）	相对湿度（%）
1	−55	—	5	20	65
2	−35	—	6	20	90
3	−18	—	7	40	85
4	5	85	8	55	30

2. 温湿度调节处理方法

将包装试验件放在温湿度箱（室）内，在规定的温湿度调节处理条件下选用4、8、16、48、72小时或者1、2、3、4周为最短处理时间。将包装件架空放置，四周侧面及75%的底面能够自由地与温湿度调节处理的空气接触。如果包装件具有滞后效应特性的材料（如纤维板）制作，则需要将包装件放在干燥箱（室）内进行24小时以上的干燥处理，当规定的相对湿度在40%以下时，则不必要进行干燥处理。

3. 温湿度调节处理试验报告

在包装试验件的各种性能试验的报告中，必须包括下列内容：

①大气条件以及用于温湿度调节处理的时间。

②试验时试验现场的温度和相对湿度。

二、物流包装耐压力试验

（一）模拟条件及试验原理

物流包装件在物流过程中需要堆码，无论储存堆放还是运输工具的装载堆放，都必须具备一定的耐压强度。耐压力试验，既可以用静载荷，也可以用模拟运输对包装件进行试验。研究物流包装件在堆码中所受压时影响（变形、蠕变、压坏或破裂）的单项试验。也可以测定包装件在堆码压力危害的流通系统中耐压能力的一系列试验。

堆码试验是按运输或仓库储存状态将包装件试验样品放在水平平面上。在上面施加负载，使之经受类似于堆码的压力。压力机试验是将试验样品置于试验机的两个平行压板之间，然后均匀施加压力，直到负载压板位移到预定值或试验包装件破裂为上。

（二）耐压试验设备

1. 堆码试验平台

（1）水平平面

该平面平整（最高点与最低点之间高度差在 2mm 以下）且坚硬。如果用混凝土地面，则其厚度不少于 150mm。

（2）加载平板

加载平板的板面尺寸应较试验样品各边大 100mm。板面坚硬，承受负载不变形。

（3）偏斜测定装置

所有测试偏斜手段的误差精确到±1mm。

（4）安全装备

在试验时应注意所加载的稳定和安全，为此，必须提供一套稳妥的试验设备，并能在发生事故的情况下，保证负载受到控制，以防对人员造成危害。

2. 压力试验机

（1）压力试验机装置

压力试验机是用电动机驱动，机械传动式或液压传动，一个或两个压板以 10±3mm/min 的相对速度匀速移动而对试验件施加载荷。

压板应具备以下条件：

①平稳。压板表面最高点与最低点水平高度差不得超过 1mm。

②尺寸。压板尺寸大于与其接触的试验包装件表面尺寸。

③坚硬。将试验机最大额定截荷的 75%施加在压力板中心 100mm×100mm×100mm 的木块上时，压板上任何一点变形量不超过 1mm。木板应有一定的强度随其压力而不破裂。

（2）记录装置或测量装置

记录载荷的误差均不得超过±2%。测量记录压板位移的准确度应达到±1mm。

（三）耐压试验方法

1. 堆码试验的试验方法

①记录试验场所的温湿度。

②将试验样品按预定状态置于水平平面上，加载平板置于样品顶面中心位置，然后将作为负载的重物在不造成冲击的情况下放在加载平板上，重物与加载平板的总重量与预定误差在±2%以内，负载重心与加载平板上面的距离，不得超过试验样品高度的 50%。

③按规定时间持续施加负载或直至包装件损坏为止。

④去除负载，检查包装件。

试验是模拟物流过程，特别是按照储运情况选择负载，即储运过程中的堆码高度和堆码持续时间来确定相应条件。因此，堆码高度和持续施压时间是试验的基本值，试验中可参考表6－7和表6－8。

表6－7　　堆码试验的基本值与储运方式的关系

储运方式	储存条件		试验基本值	
	堆码高度（m）	持续时间	堆码高度（m）	持续时间
公路	1.5～3.5	1～7天	2.5	1天
铁路	1.5～3.5	1～7天	2.5	1天
水运	3.5～7	1天～4周	3.5	1～7天
储存	1.5～7	1天～4周	3.5	1～7天

表6－8　　包装件的劣变系数与流通时间的关系

流通时间（月）	＜1	1～3	3～6	＞6
劣变系数	1.0	1.2	1.5	2.0

重量在500kg以下的包装件，堆码试验的载荷量（含加载平板）由下式计算。

$$F=K\frac{H-h}{h}W \tag{6-44}$$

式中：F——载荷N。

K——流通期间包装件或容器的劣变系数（见表6－8）。

H——储存期间包装件的最大堆码高度。

h——包装件的高度。

W——包装件的重（N）。

最大堆码高度，一般可根据储运条件在1.50m、1.80m、2.50m、3.50m、5.00m、7.00m内选择。

2. 压力试验机的试验方法

①将试验包装件按预定状态置于试验机下面的压板中间。

②利用上下两块压板的相对移动对包装件施加载荷，直至达到预定值为止。

③在预定时间内保持预定载荷，或直至出现破裂现象为止。

④移动压板，卸除载荷，检查包装件并对其尺寸进行测量。

（四）试验结果报告

试验报告应包括以下各项内容：

①试验系参照本标准进行。

②进行试验的相同包装件数。

③有关包装件的详细说明（尺寸、结构、材料规格及附件、衬垫、支撑物、封口及加

固措施等)。

④内装物说明，如果使用模拟物品，应予以详细说明。

⑤包装件的总重量及内装物的净重，以 kg 为单位；

⑥温湿度调节处理时的相对湿度、温度及时间，试验场所的相对湿度及温度，这些数据是否符合标准的规定。

⑦总负载（以 kg 计），以及样品承受负载持续时间。

⑧所使用设备的类型。

⑨所加载荷（以 N 为单位）及包装件承载持续时间。

⑩所使用的仿模设计资料及尺寸。

⑪包装件上偏高测量点的位置，以及是在试验的哪一阶段进行偏离测量的。

⑫所使用的试验方法与本标准的规定有哪些差异。

⑬试验结果的记录，以及试验中观察到的有助于正确解释试验结果的情况。

⑭试验日期。

⑮试验人员签字。

三、物流包装件耐冲击试验

物流包装件的耐冲击试验主要模拟在流通过程中装卸搬运的跌落；运输工具的紧急制动、火车的连挂、运输搬运中方向改变所产的冲击力，车辆道岔所产生的冲击力，装卸作业中出现的翻滚、倾倒、跌落、撞击等。

（一）耐冲击试验设备

1. 跌落试验机

目前，我国使用较为普通的是 DJ—100 型包装件跌落试验机，其主要技术参数：

跌落高度：300～1200mm；

试验件最大质量：100kg；

试验件最大尺寸：（1000×800×1000）mm；

冲击面板尺寸：（1750×1200×14）mm。

试验机超载能力：110kg；

试验件跌落角度偏差：小于 30°；

跌落高度偏差：±2％；

托板中心处垂直方向加速度：4g。

（1）提升装置

在提升或释放过程中，不应损坏试验包装件。

（2）支撑装置

释放前应使包装件处于预先规定的状态。

（3）释放装置

包装件在跌落过程中，从释放后到撞击冲击面之前，不得碰到装置上的任何部件。

（4）冲击面

水平平面，有足够重量且质地坚硬，使它在试验中心不移动，不变形。一般情况冲击面应符合下列要求：

①整块：其质量至少应为最重试验包装件的50倍。

②平整：其表面上任何两点水平高度差不得超过2mm。

③坚硬：冲击面上任选100m^{2}的面积，放置100N重量的静载荷，其变形量不得超过0.1mm。

④有足够大的面积保证试验包装件安全落在冲击面上。

2. 水平冲击试验设备

（1）冲击面

冲击面应具备以下条件：

①与铅垂线偏斜为10°±1°的平面（用于斜面试验）。

②铅垂度在1°以内的平面（用于水平面试验或吊摆试验）。

③冲击面的尺寸应大于试验包装件的冲击表面或所选定的冲击部分。

④冲击面应相当坚硬，在其表面任何一处承受1.6kV/cm^{2}的负荷时，其变形均不得大于0.25mm。

（2）可任意选择的附加障碍物

当需要冲击力集中于包装件上某一特定面积上时，采用可任意选择的附加障碍物。应仔细确定附加障碍物的尺寸、材料和放置位置。

（3）冲击试验装置

斜面试验装置由下列几部分组成：

①双钢轨轨道：与水平面倾斜10°，沿倾斜面以50mm的间距划分刻度。

②滚轮车：滚轮车与包装件之间有足够的摩擦力，以保证二者由静止到冲击运动过程中无相对运动，但冲击时包装件可自由移动。

③冲击面（或称挡板）：安装在轨道最低端，其表面与轨道上滚轮车下滚的方向相垂直以内。

水平面试验装置由以下几部分组成：

①双钢轨道：应将其固定在水平平板上。

②滚轮车：采用机械驱动，便于掌握冲撞瞬间的速度。滚轮车与包装件之间的摩擦力能使包装件从静止到冲击运动过程无相对运动，但冲击时包装件可自由移动。

③冲击面（或称挡板）：安装在轨道一端，其表面与滚轮车沿轨道运动方向垂直度在1°以内。

3. 六角滚筒试验机

六角滚筒试验机内表面及障碍物用硬木和金属制成，保证其坚硬性，试验中心不得有明显损伤或变形。内表面要求平滑，允许打蜡。当一块（400×400）mm 质量为 1kg 的精刨光滑木块与滚筒内表面形成 15°±2°的夹角时，木块能够自动下滑。

我国的 4260 型滚筒试验机（旋转速度）为（1±1/12）r/min，适用于最大边长为 1200mm，质量小于 270kg 的物流包装件。2130 型滚筒试验机旋转速度为（2±1/6）r/min，适用于最大边长小于 500mm，质量小于 100kg 的物流包装件。

4. 滚筒试验设备

冲击面应为水平平面，重量大，质地硬，试验中不变形、不移动。一般情况下应具备下列条件：

①整块，重量为试验包装件重量的 50 倍；

②平整，任意两点水平高差不得超过 2mm，但若与冲击面相接触的试验包装件的尺寸中有一个尺寸超过 1000mm，则冲击面的最大高度差可以为 5mm；

③坚硬，在冲击面任何 100mm^2 的面积上放置 10N 重的静载荷，其变形是不得超过 0.1mm；

④面积的大小要足以保证试验包装件能完全落在冲击面上。

（二）耐冲击试验方法

1. 跌落试验方法

提升试验包装件，并按预定状态将包装件支撑住，提升高度误差±2%，高度由包装件释放时最低点与冲击面上的最高点之间的距离所决定。

在下列允许值范围内，按预定的状态将包装件释放。

①面跌落或棱跌落时，冲击面或冲击棱与水平面之间的最大夹角为 2°。

②棱跌落或角跌落时，包装件上规定面与水平面之间夹角公差不大于该角的±5%或±10%，以较大者为准。

③冲击速度与自由下落达到的冲击速度之差不超过±1%。

跌落高度取决于包装件的质量和运输方式。详见表 6－9。

表 6－9　　跌落高度与包装件质量和运输方式的关系

运输方式	包装件质量（kg）	跌落高度（mm）
公路 铁路 航空	<10	800
	10～20	600
	20～30	500
	30～40	400
	40～50	300
	50～100	200
	>100	100

续 表

运输方式	包装件质量（kg）	跌落高度（mm）
水运	＜15	1000
	15～30	800
	30～40	600
	40～45	500
	45～50	400
	＞50	200

2. 斜面冲击试验方法

将试验包装件置于滚轮车上，使滚轮车沿轨道倾斜滑行，与碰撞冲击板相碰接为止。

试验包装件在滚轮车的位置，原则上是包装件受冲击的面或棱与滚轮车前端对齐或向前端伸出5mm，特殊部位可在冲击板上附加障碍物，冲击时不可与滚轮车相撞。

冲击速度。冲击处的瞬间速度可用下式计算：

$$V=2gh \tag{6-45}$$

$$h=I\times \sin 10^{\circ} \tag{6-46}$$

式中：V——冲击处的瞬间速度（cm/s）；

I——滚轮车的滑行距离（cm）；

h——滚轮车发车位置的高度；

g——重力加速度（cm/s^2）。

调整滚轮的位置，冲击速度为平均速度的两倍。可以同一速度反复试验，或每次以相同比例增加速度进行试验。

在反复试验时，当包装件达到以下状态时，记录其冲击速度和冲击次数。

①包装容器发生预定的变形。

②包装容器结均散裂，能看到内部。

③包装容器产生异常的声音。

④包装容器内装物漏出。

⑤包装容器内装物的某一部位出现明显损伤、破坏。

3. 六角滚筒试验法

试验前对样品的外包装、内包装及内装物进行外观和基本性能检查，然后分类编号，将加速度计装入产品内部重心附近，并放置刚度较大部位进行刚性连接。根据内装物品的不同，采用两种试验方法，其一为预定转落次数法，其二为预定包装件变形和破损试验法。

①当无法根据包装件在流通过程中可能遇到的反复冲击、碰撞的情况确定转落次数时，其转落次数不少于12次，12次以上的转落次数，对于重量M在350N以下的物流包装件可按下式计算：

$$N=\frac{125-2.5M}{1.25L/I}$$

式中：N——转落次数；

L——包装件最大边长（mm）；

l——包装件最小边长（mm）；

M——包装件的重量（N）。

②根据包装容器和内装物的不同，按下述情况预定包装件的损伤：

· 包装容器结构散落；

· 包装容器的封口或接缝处开裂；

· 包装容器失去对内装物和某种保护能力；

· 内装物的一部分从包装容器中溢出；

· 其他各种损伤。

按上述情况达到预定次数，或出现预定损伤时停机。

4. 水平滚动试验方法

本试验尽可能在与之相同的大气条件下进行。故应进行严格的温湿度调节处理。

（1）平行六面体包装件。将包装件置于冲击面上，其表面 1 处于最高位置。

将棱 3－4 置于冲击面上，用手推包装件使此棱达到平衡为止。然后在不加推力的情况下，使其自然失去平衡面而跌落以使表面 4 受冲击。按此程序反复进行试验，直到表 6－10所列顺序完成为止。

表 6－10　　平行六面包装件水平滚动试验被冲击面表

顺序	支持棱边	被冲击面	说明
1	3～4	4	如果包装件有一个表面尺寸较小，则有时发生一次松手后连续出现两次上述冲击情况，此时可视为分别出现两次冲击，试验仍继续进行
2	4～1	1	
3	1～2	2	
4	2～3	3	
5	3～6	6	
6	6～1	1	
7	1～5	5	
8	5～3	3	

（2）其他形状的包装件

其试验程序尽可能接近上述所规定的程序。

（3）检验

试验完成后，检验包装件及其内装物受损情况。

（三）试验结果报告

除反映耐冲击试验参数及特点外，其他各项与堆码试验相同。

四、物流包装件耐振动试验

（一）模拟条件

在流通过程中，各种干扰力所引起的物流包装件振动是危害包装件的主要因素之一。车辆运行及运输工具的发动机都能引起振动，当外力的振频与包装件的固有频率相一致时会引起共振，造成包装件的损坏。检验包装对内装物能否起到减振、缓冲作用的保护能力是通过缓冲材料传递到内装物上加速度 g_m 与外源振动（强制振动）的加速度 g_0 之比称之为传递比 Tr，即 $Tr=g_m/g_0$ 另外，对外施频率 f_0 和包装件的固定频率 f_n 来讲，传递比应符合下式的计算值：

$$Tr=\sqrt{\frac{1}{(1-f_0^2/f_n^2)}} \tag{6-47}$$

（二）耐振动试验设备

振动台应具有充分大的尺寸，足够的刚度及承载能力。将其架在一个机械结构上，该结构能保证振动台台面在振动时保持水平状态。台面最高点及最低点之间的水平高度差不得超过10mm。

振动台可配备：

①低围框。用于防止包装件在试验中向两端或两侧移动。

②高围框或其他装置。用以防止加在包装件之上的载荷振动时的移位。

③用以模拟运输中包装件的定位方法的装置。

（三）耐振动试验方法

方法1：将试验包装件按预定的状态放置于振动台上，包装件的底面中心或其重心尽可能处于台面中心10mm的范围之内。如果包装件未固定在台面上，可以用围框将其围住。按预定的时间使振动台在3～4.6Hz之间的频率范围内以每分钟1/16周期的变化率进行垂直振动。该运动的最大垂直加速度应为下列3种之一：（0.25±0.1）g、（0.50±0.1）g、（0.75±0.1）g。

使用加速度计测量时，要将加速计尽可能紧贴到靠近包装件的振动台台面上，但应采取防护措施以防止加速计与包装件相接触。

按水平振动频率分量进行振动的情况下，该振动的最大加速度不得超过垂直振动分量的20％。

方法2：除垂直振动频率在主谐振频率的±10％范围内变化外，其试验程序与方法1相同。该试验也可以第二谐振频率和第三谐振频率的±10％范围内的垂振动频率来进行。

（四）试验结果报告

除反映振动的各种参数特点，其他各项与堆码试验相同。

五、物流包装件耐水、耐低气压试验

（一）模拟条件

模拟火车、汽车、轮船受到雨淋、水浸以及在低气压状态下物流包装的损坏情况。

1. 喷淋试验原理

将经过温湿度处理的包装试验样品放在试验场地上，在稳定的温度条件下，按预定的喷水量（或喷水速度）、预定的时间进行喷淋。喷淋时间一般在 5min、15min、60min 中选取，喷水量则稳定在 100±20L/（m^2·h）。

2. 浸水试验原理

将经过温湿度处理的试验包装件按预定的时间完全浸于水中，让水渗透或浸入包装件。然后从水中移出，并在规定的条件下晾干。浸水前和晾干时的温湿度条件应当一致。一般浸泡时间可在 5min、15min、30min 和 1h、2h、3h 中选取。晾干时间可在 4h、8h、16h、24h、48h、72h 和 1 周、2 周、3 周中选取。

3. 低气压试验原理

将试验包装件置于试验箱（室）内，然后将该试验箱（室）关闭，并使其内空气压力降低至相当于 3500m 海拔高度的压力（约相当于 65kPa），并且保持预定的时间，然后恢复正常。

（二）喷淋、水浸、低气压试验设备

1. 喷淋试验设备

（1）试验场地

面积至少比试验包装件底部面积大 50%，必要时对场地温度进行控制，可进行绝热和加热。地面应有格条板和足够容量的排水口，排水畅通使包装件不至于泡在水中。

（2）喷嘴

喷嘴应垂直向下，安装在距包装件 2 米高处，喷嘴规格相同，喷水充分均匀。

（3）供水系统

由水池、水泵、水表、调节阀及管道组成，水压不低于 2kPa，水温适宜。

2. 浸水试验设备

（1）试验场所

空气条件稳定，不得因水蒸气改变其条件。

（2）水罐

足够大的容积以使包装件完全浸入水中，水平面高出包装件 100mm。

（3）浸水装置

该装置能够升降。最好有一个适宜的笼箱。

(4) 刚性格栅

能够支撑潮湿的试验包装件而不变形，并使空气自由流经包装件底面。

3. 低气压试验设备

压力容器，有足够大的尺寸能容纳试验包装件，能进行气压控制及温度控制。

（三）喷淋、浸水、气压试验方法

1. 喷淋试验方法

①将试验包装件放置在试验场地中心的预定位置，使水滴能垂直落在包装件上，在规定的时间内持续喷淋。

②使整个喷淋系统达到均衡，喷水温度和试验场地的标准温度应用调节到5～30℃之间。

③一个试验周期的持续时间为6min，试验周期数及总时间视运输途中搬运装卸次数确定。

④如果试验包装件试验后符合具体类型包装件的标准或其他技术文件中规定标准，则视为试验合格。

⑤试验后的包装件防湿性能评定是用目测法检查包装件内有无水滴，也可以用专门仪器测定包装件内水蒸气的含量。

2. 水浸试验法

①将水罐注入适当深度的水，其水温在5～40℃范围内选一值，温差为±2℃。

②本试验应由所选定的空气条件下取出后的5min之内开始进行。

③将试验包装件以不大于300mm/min的速度沉入水中。

④到预定的浸泡时间后，将包装件以不超过300mm/min的速度提升并脱离水面。

⑤记录包装件及其内装物在经过浸水、沥水及干燥过程中所遭受的任何明显损害作为试验结果。

3. 低气压试验

①将试验包装件置于压力容器，并以不超过15kPa/min的速率进行降压，直至该气压达65kPa（±5%）为止。在预定期间内，应保持该气压恒定不变。

②按不超过15kPa/min的气压增长速率，注入具有实验室温度的干燥空气，使气压恢复原值。

（四）试验结果报告

除了反映喷淋、水浸、低气压的各种参数特点外，其他各项与堆码试验相同。

六、物流包装件运输试验

（一）铁路运输试验

铁路运输试验是模拟铁路运输中的调车作业中，车辆连挂及驼峰溜放过程中的冲击对包装件的影响，用来考核和评价包装件在铁路运输中的抗破坏能力及包装对内装物的保护能力，一般适用于大型运输包装件。这里主要介绍车辆连挂试验和驼峰溜放试验两种。

1. 车辆连挂试验

将一个或多个试验包装件按铁路运输有关规定装载于铁路运输的货车上，静置于试验轨道上，然后以 3～5 辆的车组（或单辆货车）冲击装有试验包装件的试验车辆上，试验车可以为单辆货车，也可以为连挂有阻挡车的车组。车组冲击试验货车的速度从 3.0km/h、5.0km/h、6.5km/h、8.0km/h、9.5km/h 中选择，冲击速度的误差不超过预定冲击速度的 10%。

2. 驼峰溜放试验

将挂有装载试验包装件的车组经过驼峰进行溜放。当车组的溜放速度达到 20km/h 时，按铁路操作规定下铁鞋加以制动。冲击速度的误差不应超过 10%。

连挂和溜放冲击次数，应近似于包装件在实际运输过程中预期可能遇到的列车连挂和驼峰溜放的次数。

（二）公路运输试验

在进行公路运输试验时，先将试验包装件装在载重汽车的中后部，装载量为汽车满载的 1/3。然后在三级公路中级路面上以 25～40km/h 的车速行驶，行驶路程应不少于 200km。按 JTⅡ《公路工程技术标准》的规定，三级公路中级路面为碎、砾面路面，不整齐的石块路面，粒料路面等。

公路运输试验所花费人力，物力和时间较多，因此，它的广泛应用受到一定的限制。

案例 1

某包装设备制造总公司的质量管理

某包装设备制造总公司依靠技术进步，优化产品结构，努力开拓国内外市场，由一个名不见经传的小型企业发展成为国家机械工业局包装行业重点骨干企业，具有 4 个系列 28 个品种的液态灌装设备，形成生产 159 条灌装生产线的生产能力，成为装备我国饮料行业的重要企业。产品销售国内 30 多个省、自治区、市，并出口到东欧、东亚、东南亚、中东、北非等地区。企业的快速发展及辉煌业绩是企业对产品质量实施科学管理的结晶。该公司在质量管理中提出：精心设计、精心制造、精益管理、精诚服务的“四精”原则。

（一）精心设计

为了提高技术人员的设计水平，公司选派技术人员出国参观和学习，使之开阔眼界，提高设计水平和设计意识。随着企业技术引进和技术创新工作的深入开展，技术力量逐步具备了大型液态灌装生产线的开发能力，在设计中应用了 CAD 等现代化设计手段，建立了课题承包责任制的新产品开发机制，使新产品设计的速度和质量都有了很大的提高。这些年来，公司研发设计了几十项新产品，并获得了较好的经济效益，特别是啤酒无菌灌装生产线、葡萄酒灌装生产线等成为了21世纪企业的经济效益增长点。

（二）精心制造

为了提高产品制造质量，加强质量管理和质量控制工作，公司建立了以质量为核心的经济责任制，加大奖罚力度；严把外购件、外购原材料关，采用“货比三家”采购方式，对于关键零部件实行国际采购确保产品质量。为了提高企业信誉和产品可靠性，整机出厂前必须进行连线试车，确保整机质量满足用户需求。

（三）精益管理

在生产管理中，公司重视学习、借鉴中外企业的管理方式，与企业实际相结合，推行精益管理方式，实行准时生产、准时供货、根据市场订单安排生产，生产计划实行小批量化，减少占压资金，降低财务成本。

（四）精诚服务

树立售后服务是生产经营的延伸观念，加强调试和售后服务工作，为用户提供保修、维修、设备保养等技术培训工作，真诚地对待客户，在服务中树立良好的企业形象，同时，在调试及试运转中将有关信息反馈到本公司，以利产品改造及质量提高。

某包装设备制造总公司围绕“昌盛国家、发展企业、富裕员工”为企业宗旨，对企业，通过不断的自我积累、自我改造、自我发展，由一个落后亏损的工厂发展成为一个加工设备先进、技术力量雄厚、职工队伍精练的现代化企业。

案例2

通过适度包装节约成本的“利乐包”

所谓适度包装，就是恰到好处地满足包装的两个主要功能：一是保护功能。如果没有包装，50%以上的液态食品很快会变质或被污染，无法输送到消费者手中。二是满足人们的情感需求，使消费者从情感上接受、喜欢、偏爱它所包装的商品。利乐的礼品包装就是典型的例子。

利乐的“砖形包”和“枕形包”是常见的牛奶和饮料纸包装，它是适度包装的经典之作。2004年9月在纽约现代艺术馆的“朴素经典之作”展览会上，利乐包被誉为“充满设计灵感的，让生活变得更简单、更方便、更安全”的适度包装的杰作。利乐包在保护功能和满足情感需求之间找到了很好的平衡点。与塑料瓶、玻璃瓶相比，砖形和枕形的利乐包容积相对较大，而且更易于装箱、运输和储存。利乐包是由纸、铝、塑料组成六层复合纸包装，能够有效阻隔空气和光线，使牛奶和饮料不易变质，让牛奶和饮料消费者更加方便和安全，而且保质期更长，实现了较高的包装效率。

利乐包“朴实有华”，形状简约大气，外层包装材料是纸，根据不同产品的需要，印刷不同的设计，完全可以因产品而异，因消费而异。利乐还在“砖形包”的基础上，在尽量节约成本的前提下，进行创新的变异，推出手感好、有金属质感、更显高档和时尚的“利乐钻”包装，如“雅哈”咖啡包装，充分体现了年轻时尚的气息。

利乐一直遵循公司创始人鲁宾·劳辛博士的格言：“包装带来的节约应超过其自身成本。”这句话的精髓是“节约成本”。利乐在产品研发过程中同样重视节约。在保持包装性能不变的前提下，经过长期的努力，利乐包中纸板的使用量已经减少了18%；铝箔的厚度已经减少了30%。另外，所有利乐包装都可以回收利用，做成文具、桌椅、建筑材料等，使它们在完成包装的功能后，能够“变废为宝”。

案例3

攀枝花钢铁集团降低冷轧产品包装成本

攀钢冷轧产品包装成本被稳定地控制在60元/吨以内，标志着攀钢已经成功破解了由于包装原材料涨价和铁路提速对产品卷径限制带来的包装成本控制的难题。

攀钢计划将冷轧产品的吨钢包装成本下降5元，但是，包装原材料涨价导致冷轧产品吨钢包装费用增加了10元，给包装成本控制带来了相当大的难度，特别是全国铁路第五次大提速后，成都铁路局要求攀钢生产的冷轧卷的最大外径必须控制在1200mm以内，使攀钢的平均单包质量大幅度下降，更增加了包装成本的控制难度。对此，攀钢积极采取相应措施，加大对原材料入库质量的检查验收，规范、定置原材料的堆放，减少原材料的自然损耗量；加强对包装过程的控制，提高产品包装的一次合格率；改进装卸搬运方式，防止装卸搬运过程造成内外包装的破损，确保库存合格率为100%；防止包装过程中原材料浪费；用高强度捆带代替普通捆带，防止捆带断裂；在用户许可的范围内，大量采用围板方式和复合材料垫木进行包装，对同钢种、同合同号、同规格的冷轧板进行组包，最大限度提高冷轧板的单包质量，有效降低吨钢包装成本。

思考题

1. 采取什么管理措施确保包装器具回收及复用？
2. 在我国集合包装器具管理中应重视哪些问题？
3. 物流包装成本管理的主要任务是什么？基本要求有哪些？
4. 物流包装成本由哪些费用构成？
5. 如何预测物流包装成本？如何计算物流包装目标成本？

6. 物流包装成本计划的主要内容有哪些？如何控制物流包装成本？

7. 怎样进行物流包装成本分析及考核？

8. 降低物流包装成本的途径有哪些？

9. 物流设备管理的主要内容有哪些？考核物流包装设备维修和运行的技术经济指标有哪些？

10. 物流包装质量检验的基本原则是什么？它分为哪些类型？

11. 物流包装标准化管理的意义是什么？它的发展趋势是什么？

12. 试述国内外进出口中危险货物的包装管理。

13. 为了保证质量，物流包装件需要进行哪些性能试验？

第七章　物流包装设计新理念

时代在变迁，经济在发展，社会在转变，物流包装设计及理念也随之发生变化。包装连接着生产与消费，包装设计融合科学技术与艺术形式，物流包装的所有功能都是通过设计来体现的，因此，物流包装设计需要全新的设计理念和全面策划的程序。

第一节　物流包装设计概论

一、包装的功能是设计的基本依据

所谓包装功能实际上是指包装对于被包装物品的作用和效应。比较具有代表性的功能有以下 3 点：

物理功能（保护物品）——无声的卫士。

生理功能（方便客户）——无声的助手。

心理功能（促进销售）——无声的促销员。

（一）物理功能（保护物品）

保护物品是物流包装设计依据的最基本、最重要的功能。在整个物流过程中，所设计的包装应起到防潮湿、防氧化、防冲击、防挤压、防破损、防挥发、防腐蚀、防污染、防日晒、防干燥、防受热、防受冷、防辐射、防酸碱、防渗漏、防霉变、防震动、防虫害、防油污、防盗窃、防细菌侵蚀等保护作用。对于物品性能及质量具有良好保护效应，不仅为企业带来经济效益，而且为消费者带来安全感和信赖感。为了使物流包装具有良好的保护功能，在设计时，必须要考虑多种因素。如物流性质及形态、物品的用途、物流环境、作业方式等因素。在包装材料选择方面，根据物品性能、特征、用途，结合包装材料的特性、取材难易程度及材料质量、价值，在综合分析的基础上确定选材。

（二）生理功能（方便客户）

随着人们生活节奏的加快，活动范围的扩大，采购时间的缩短，对物品的包装设计要求越来越高。根据物品的理化特性和客户使用特点设计出方便客户的造型和结构，应力求做到以下 4 个方面。

1. 方便销售

在包装设计时应综合考虑销售方式，如批发、网购、店购等，特别是超市内商品陈列不容忽视，设计包装形式要有利于陈列和展示，易于选择和识别。

2. 方便消费

所有产品从包装设计开始都要考虑方便消费者。第一，包装适量，根据不同消费者的需求确定包装物品的分量，特别是一次消费物品，包装物分量过大，拆封后不能完全消费，会造成浪费；分量过少，不能满足人口较多家庭的需求；第二，需要考虑人工装卸搬运的效率化。既要适宜单件包装人工搬、抬、提、拿等操作，又要考虑人工作业的握、掂、搬等入手便利；第三，是在设计时考虑食用或使用的开启等操作的便利；第四，将许多单件或相关联的物品统一组合包装。这种设计方便消费者，也深受消费者欢迎。

3. 方便生产

需求批量大的包装器具，在设计时要考虑适用生产流水线的要求，否则会造成误工、误时、增加生产成本。

4. 方便物流

在物流包装的容器设计中，必须使其外形及结构堆叠在仓库和运输工具中尽可能减少占地空间，便于储存、装卸、搬运、运输、配送等物流活动，同时，要考虑标志的识别性、规格的统一性、外形尺寸的合理性、压缩空间占据量、搬运堆码的合理性、集装箱单元化的科学性等。

（三）心理功能（促进销售）

促进销售功能是在不违反广告发布法规政策，不欺骗消费者的前提下，起到商业性宣传的促销效果。它是实用性功能与工艺形式有机结合而形成的。

1. 传递信息功能

传递信息是包装的主要功能之一。一件优秀的包装设计有准确的定位，科学合理的结构，新颖的构图，优美的形象，醒目的文字，简洁明快的色彩，能迅速无误地传递商品信息，激发消费者的购买欲和购买行为。好的包装设计如同一件精美的工艺品，独创的造型、新型的材料与精美的印刷，使消费者引发视觉愉快之感；富有情趣的图形设计展示商品的质感、形状、用途、使用（食用）对象及效果等；文字设计则详细说明商品的品牌、品质、价格、成分、保存方法、生产与保质期等技术性指标；色彩设计渲染商品的特质、韵味及整体构成关系。包装设计使人产生情感的共鸣，美的享受，起着潜移默化的宣传教育作用。

2. 美化宣传功能

包装设计不仅给人以精美观赏性的视觉享受，还体现出浓郁的文化氛围，起到宣传企业形象，增强商品品牌记忆，快速直接地储存企业信任度及好感；使包装设计成为市场与各种消费因素、消费环节进行全方位渗透最直接最有效的工具。

3. 启示教育功能

在包装设计中，不仅仅具有物质性、经济性因素，而且具有启示性、教育性作用。在人们购买、消费商品的同时，在精神上受到启示教育和智慧启迪。从广泛意义上看，包装设计的图形、文字、色彩等装饰形式效果，也起到潜移默化的审美作用。

4. 广告促销功能

包装广告与人员促销及其他广告促销相比具有以下优势：

①包装广告给人们的印象往往同产品的形象连在一起对产品的形象起着强化作用，更具有吸引力。

②包装广告的阅读者怀有购买动机，故可立见宣传效果，直接促成购买行为，而且广告宣传“味道”不重，令人放心。

③包装广告随商品进入消费者家庭，家庭成员人人见，天天见，并具有保留价值，较一般广告更能广泛深入社会，持久影响人们的购买和消费行为。

④包装广告是最廉价的实物广告，对商品促销作用日益重要，特别是无人售货自选商场和无人贩卖机的出现，商品的包装直接影响到商品的销售量。

但是，包装的促销是在保证内在商品质量的前提下实现的，否则再漂亮的包装也会无人问津。

二、包装的设计的标准及评价

包装设计标准一般有以下要求：

①应能起到适当地保存、保护商品的作用。

②应能吸引顾客，起到促销的作用。

③包装材料对内包装物，不起有害作用。

④危险品包装必须保证安全，加上合适的闭关措施。

⑤使用（食用）方便、安全可靠。

⑥包装的文字说明、数量标识等同内包装物相符。

⑦包装器具及材料有利于再利用、再循环和最终处理。

⑧包装设计必须符合有关法律法规要求。

包装设计优劣的评价标准，一般参考世界包装组织的评价要求，主要是围绕保护性能好、方便开启、使用安全、提供信息、良好外观、美观大方、制作精美、节约材料、降低成本、利于环境等方面进行的。

三、包装设计的主要要素

包装设计主要程序有：选材设计、造型设计、结构设计、视觉传递设计及印刷设计等，市场预测、消费者需求、国际贸易、电子商务、批发零售、情报信息等是包装设计的基础，成品工艺、设备使用时间及周期、安全与卫生、重复使用与回收、经济成本等是设计的条件。因此，包装设计内容具有综合性、交叉性，其中绿色包装材料的选择、包装方式的选择、设计形式的选择、系列化的选择和印刷方式的选择等决定了整体效果设计的成败。

在包装构造设计中，重点考虑材料的选择、相互关系的选择、包装容器样式的确定、造型的确定、结构的确定、设备和制造方式、储运条件、经济条件、竞争能力9个主要要素。在视觉传递设计中，重点考虑市场细分、图形文字色彩的选择、整体构成的确定、视觉设计的效应、资料表达、设计测验6个要素。

四、包装设计的原则及特点

（一）包装设计的基本原则

物流包装设计不仅遵循科学性、实用性、经济性、审美性、创造性等现代设计共同的基本原则，而且应遵循中国包装工业发展纲要中提出“科学、适用、经济、美观”的原则。进入21世纪物流包装设计还必须遵循绿色包装、可持续发展的原则。

（二）包装设计的主要特点

以实现包装设计的整体功能为目标，包装设计的主要特点如下述分析：

1. 鲜明的从属性特点

包装是以保护商品、方便消费、促进销售为目的而展开设计，首先必须根据具体商品的不同性质、形态、流通渠道和消费环境要求，确定包装设计的目标定位，依据特定商品包装的功能目的要求和策划包装设计，因此，包装设计具有从属于被包装物品和消费对象的鲜明特点。

2. 完美的商品性特点

包装是被包装物品的载体，是物品进入流通领域不可缺少的构成部分，它以特定商品面貌进入流通市场和消费环节。因此，包装设计尽可能强化与表现内装物品的商品特色，塑造商品真实美好可信的形象，准确迅速传递商品信息，吸引顾客，引导消费者，树立企业与产品美好形象。

3. 创新的综合性特点

系统的包装设计是将实用性、艺术性、信息性、经济性、工艺性融为一体，全方位解决保护商品、方便生产加工及储运消费、易于回收处理、美化商品、传递信息、提高商品附加值、吸引消费者等物质和精神功能综合性的问题。因此，包装设计集中了包装的工艺方式、材料选择、包装造型及结构、视觉传递、附加物设计、现代科技成果应用等，具有典型的综合应用创造特点。

4. 超前的时代性特点

包装设计同产品生产与流通环境、人们生活方式、消费观念、审美要求密不可分。设计人员必须具有敏锐的时代感，善于捕捉市场和科技前沿信息，分析把握包装市场的发展趋势，顺应时代潮流，更新观念，及时应用新材料、新技术、新方法，更新、改造、开发适合当代人的消费需求和引导市场潮流的具有较强时代性的包装设计。

5. 开放的国际性特点

现代的商品流通和市场发展趋势是自由的、开放的、不受地域和国界限制的大流通、大市场。无疑包装设计是作为商品市场竞争的重要工具之一，在国内外激烈的市场竞争中，优胜劣汰。因此，任何商品的包装设计必须同国际接轨，树立国际大环境的设计理念。

第二节　物流包装设计定位

物流包装设计定位是把各种有关商品信息反复研究分析，从产品定位、消费者定位及其他定位 3 个方面进行构思，努力创造独特的设计理念。

一、产品定位

所谓产品定位是指通过包装设计使消费者迅速地识别产品的属性、特点、用途、用法、档次等。通过造型、文字、图形、色彩等设计刻画出产品的功能、品种、数量、用途、时间、产地、配方及档次特色。

（一）造型定位

包装容器的外观造型对于消费者来说是一种吸引力。随着人们生活水平的提高，消费者在追求使用价值的同时，也关注对环境的美化作用，产品包装外观造型就成一种定位优势。包装设计造型定位主要有方便性和美观性两个目的，依靠它们进行定位能够赢得消费者的好感。

（二）文字定位

文字是包装设计必不可少的基本要素之一，任何包装都不能缺少文字，一切不能用视觉形象直接表达的信息都可以用文字来表达。利用文字介绍商品的商标、品牌、规格、数量、成分、产地、通途、功效、使用方法等。通过包装设计的优美文字来传递商品信息，引起人们的兴趣，唤起人们的联想，使消费者倍感亲切。文字是传达信息的重要载体，包装设计不可没有文字表述。

（三）图形定位

图形是包装设计的重要因素之一，它真实、一目了然地表现包装物品的相关信息，给消费者以可信性。如彩色摄影、点线面、图案、包装容器透明度等，都能够展示促销商品。图形还包括商标、品牌、形象、辅助图形、企业角色造型等。

（四）色彩定位

色彩是包装最主要的工具之一，色彩是包装诸因素中触发眼球运动最快的因素之一。

包装色彩会在不知不觉中左右人们的情绪、精神乃至行动。不同色彩所产生的生理、心理作用，可以使人们从不同色彩中得到不同含义和意境，让人有冷暖、轻重、软硬、厚薄、香臭、距离、华丽、质朴等感觉。这就要求给商品包装设计定位时，善于利用色彩反映商品的属性及广告诉求。一般情况下，一个包装设计选择一种或几种色彩来表现商品或企业形象，称为能给消费者以较强视觉冲击力的标志色彩。

（五）品种定位

包装设计定位要体现在同类产品中该品种特点和区别，充分考虑商品属性。产品品种定位就是消费者得到十分明确而且不是模棱两可的信息，使本产品与其他同类产品区别开来，突出自己产品品种的独有特色。以产品具有的特点，创造一个独特的促销理由，以精心的构思突出产品的品种。产品品种定位把消费者的注视点集中到包装设计上。

（六）档次定位

包装设计涉及产品档次因素，商品包装必须表里如一，设计者根据产品的价值来考虑包装设计。每一种商品都存在着高、中、低3个不同质量和价值的档次，如礼品性商品包装应用于高品位设计，着力于华贵或典雅的装饰效果，在市场上适用于高消费者；大众化包装设计着力于同百姓亲昵性的平易近人。因此，档次定位原则是“高档次商品包装设计不能简单化、低档商品的包装设计不能昂贵化”。这是不能违背的设计原则。

二、消费者定位

消费者定位是让消费者明确商品是为谁生产，又是卖给什么人的，让消费者透过包装设计感受到某件商品是专为自己或家人、朋友设计制造的，让消费者清清楚楚、明明白白地消费。

（一）分割包装定位

分割包装是一种销售策略，分割包装定位适宜于少品种、大批量生产的产品包装设计，这种商品在市场上有较大的占有率，但要采用不同的容器类型和商标，形成各种各样的包装，以不断刺激消费者的购买欲，避免长期使用同一产品而产生陈旧感和厌倦感。

国内外市场早已进入市场细分时代，各类商品根据消费者不同年龄、性别和价格、口味、色彩、性能及消费者习惯进行细分，商品及其包装细分除了在产品质量上有区别外，对不同消费者也应进行细分，根据商品的细分化采用包装差别化策略，也可以先从消费者的社会层次来考虑包装设计定位。

（二）区隔市场定位

对于大众化产品，大部分人都满意，但毕竟还有少数人不满意。于是，满足少数特殊需要的产品便应运而生。这种市场占有率很小的产品却相对集中。如美国“通用”宠物食品公司将其狗饲料分为延年益寿的高龄狗专用饲料、强身健体的中年狗专用饲料、促进发育快速成长的幼小狗专用饲料。3 种狗饲料被包装设计区隔市场定位锁住，抓住了狗主人“养狗各有所需”、“狗饲料也要选择”的心理，使该公司上百种狗饲料打开销路而后来居上。

（三）情感消费定位

作为一种包装设计定位方式，情感形象被不少产品作为产品定位的重点，通过包装设计在消费者心中营造一种情感氛围，直接冲击消费者的心理闸门。产品情感定位成功的秘诀是通过整体策划定位，抓住消费者的情感，就等于抓住了消费者的心。因此，打动消费者的包装设计是至关重要的。

（四）消费心理定位

从不同阶层人群心理因素、生活方式考虑包装设计定位。表现特定的消费对象的心理定位，主要应用于特定的消费者的产品及包装设计，即表现使用者的年龄、性别、特定职业等，特定需求者或产品使用范围。

21 世纪必将是信息化社会。在信息社会里，消费心理定位是企业经营成败的关键。掌握消费心理需要信息网络和技术。信息的应用构成了现代社会最强有力的冲击波。它冲击着人们的家庭和消费观念。包装设计只有掌握全新的信息源，才能产生强大的信息流，才能更好地掌握消费心理。

三、其他定位方面

（一）纪念性定位

包装设计着力于某种庆典活动、旅游活动、文化体育活动等进行特定纪念性的设计。虽然受到一定时间、空间的局限，但是，仍不失为一种有效的行销设计定位。目前，各大商场不失时机地进行庆典、纪念日大赠送、节假日大打折的促销种活动，纪念性包装设计定位有助于强化这一促销手段。

（二）特色性定位

包装设计着力于民族性传统感的追求，常应用于富有浓郁地方传统特色的造型和包装设计。用象征和寓意手法，把某些传统的图形加以形和色的改造，用无形的东西来表示一种无形的含义，传达一定信息和内涵，表达某种感情、精神、意识和愿望。

对于名、优、土、特产品及工艺品，无论档次高低，应完全按照中国风格进行包装设计定位，并突出产地、历史悠久等方面的内容。

传统文化定位反映出一个国家、一个民族的文化、气节。具有民族风格的作品才有生命力，在已具有的传统造型和包装设计中，要弘扬民族风格定位。在包装设计中，突出传统文化和民族文化的特色，特别是具有传统、地方、民族特色的工艺品和旅游商品，其包装设计定位要有一种非常贴切的表现力。

（三）附赠品定位

附赠品策略是通过赠品引起消费者的兴趣，产生重复购买的欲望，现在各企业都不失时机地进行买大赠小的促销活动，有的赠品不一定附在原包装之内，而是购买商品时赠给，也能够取得同样的效果。不过，关键在于赠品的选择，如果赠品选择不当或包装不适，反而会影响销售效果。

另外，包装设计定位必须不断变换，加以改进。变换包装设计既可以提高商品的身价，又能使消费量增加。

第三节　低碳理念引领物流包装设计

林林总总的高楼大厦、破坏殆尽的森林资源、臭氧层的每一个破洞都是当今世界消费主义永无止境的欲望所造成的破坏。纷纷繁繁的需求使得包装显得重要而复杂，已经成为人们维持现代生活方式的一种体系，但非持续的发展已严重威胁到人们赖以生存的环境。要于事有补就需要从包装设计理念开始改变，低碳思维、绿色包装势在必行。

一、低碳理念包装设计时代的到来

低碳理念包装设计强调设计应考虑有限的地球资源，并为保护地球的环境服务，促进生活与资源消耗的平衡及短期经济利益与长期环境保护目标的平衡。

（一）低碳理念物流包装设计特点

低碳理念物流包装设计，一是考虑资源再生；二是考虑对生态环境的破坏最小。它具有以下特点：

①材料最省，废弃物最少，节约资源和能源。在满足保护、方便、促销、传递信息功能的条件下，消耗材料最小且又文明的适度包装，并向“零包装”推进。

②便于回收和再循环。包装及包装制品可重复利用或回收再生利用，既不污染环境，又可充分利用资源。

③包装材料可自行降解且降解周期短。不可回收利用和再生利用的包装废弃物，能够自行降解腐化，而且降解周期短，尽可能不形成堆积。

④包装材料对人体和生态无损害。要求包装材料不含有毒性的元素、卤素、重金属，或将其含量控制在有关标准以下。

⑤包装产品在其生命全过程均不产生环境污染。包装产品从原材料采购、加工、产品制造、使用、到废弃物回收再生均不产生污染环境，包装废弃物燃烧产生新能源也不产生二次污染。

（二）低碳理念包装材料的选择

低碳理念包装材料设计选择时，应注意以下问题：

①轻量化、薄型化、无氟化、高性能的包装材料。这种包装材料制造的包装容器质地坚固、外形美观、重量轻。

②重复利用和再生的包装材料。这种包装材料是保护环境，促进包装材料再循环使用的一种最积极的废弃物回收处理方法。

③可食性包装材料。这种包装材料可以食用，对人体无害有利，主要原料是淀粉、蛋白质、植物纤维及其他天然物质。

④可降解包装材料。这种包装材料主要是在特定时间内、特定环境内能降解腐败，是目前全球包装业发展的趋势。

⑤利用自然资源开发天然生物包装材料。天然生物材料主要指纸、木材、竹编、木屑、棉麻织物、农作物茎秆、秸秆等在自然环境中易分解，不污染生态环境，资源可再生，成本低。

（三）低碳理念包装设计的主要内容

包装设计人员在进行包装设计时，应考虑多个方案进行比较，经过全面量化分析，选择最优方案。作为低碳理念物流包装主要设计的内容如下：

①研发无毒、无污染，可回收利用，可再生或降解的包装材料及其辅助材料。

②研发现有包装材料有害成分的控制技术与替代技术，以及自然“贫乏材料”的替代技术。

③优化物流包装结构，减少包装材料使用量，努力实现包装减量化，实施“零包装”技术。

④加强包装废弃物回收处理，主要指多次重复使用的包装，可修复用的包装、再生利用的包装废弃物、可降解的废弃物、填埋焚化的废弃物。

二、物流包装贯彻“以人为本”的低碳理念

“以人为本”的低碳理念物流包装设计也称为人性化物流包装设计。这里的“人”是指人类，低碳理念的思维也是人性思维的反映。因此，在设计时，注重包装能够更好地满足人类需要，功能更加完善，使用更加安全、舒适、外观更加美观等。“以人为本”还应包括安全、自然、人性的含义。人性化设计就是为人考虑，成为人们所想、所需的设计。低碳理念包装设计体现的是人性化设计思路，以满足消费者对物流包装求安全、方便、灵巧、舒适等为目的。要求包装设计者把更多的目光从商品转移到商品的使用者上来，把人作为设计参数，把满足消费者要求放在首要地位。关注消费者生理和心理需求是以人为本包装设计的重要内容。

（一）粗放型传统物流包装设计

传统的物流包装设计选材是低碳的，以纸、木、竹、陶瓷等为主，因地制宜，量材施用设计各种物流包装。但是，过度选用天然材料，其实是对自然的掠夺，而非环保包装设计之根本。传统物流包装设计是属粗放型的，只考虑包装的保护功能，忽视人类对物质和精神上的双重需求。这种以牺牲人类赖以生存的自然环境为代价的做法是不可取的，最终后果是剥夺后代应拥有的资源，会浪费大量的地球资源。

（二）越演越烈的过度包装

随着人们的生活富足，商品意识、广告意识在增强，物流包装设计由不被重视发展到今天非常被重视，包装设计已成为商品的最大卖点。一些企业和设计师推出了豪华、繁复、过剩的包装设计，以期盼用精美包装获取更大的经济效益。据权威机构统计，目前，我国50%以上的商品存在过度包装，每年大约浪费4000亿元，相当于承办14次上海世博会，建造105个国家大剧院的投资。这种非人性化的奢华包装是对环境和资源的践踏。

（三）探索“以人为本”的低碳包装设计

低碳理念物流包装设计“以人为本”、“以自然为本”构建人和自然的和谐关系。自然为人生存而存在，为“自然”即“为人”，即追求人与自然的和谐。低碳理念引入物流包装设计，不仅要考虑人与资源、环境的关系，而且要考虑包装的使用及回收过程中消费心理，将功能、选材、造型、色彩等要素有机地结合，一同融合到物流包装设计体系中去，即人性化的问题。物流包装设计中的低碳因素分为以下几个：

1. 环境、资源因素

主要指物流包装设计在原材料提取、加工、回收再利用等过程中对资源、环境的影响。

2. 物流包装设计因素

在合理利用资源的情况下实现包装所应具有的功能。在造型及色彩设计上考虑宜人性及环境的关系问题。

3. 消费者使用感知因素

能够以使用过程中体会到低碳实际所带来的愉悦。

4. 物流包装的全寿命周期因素

低碳包装设计需要改变传统的“从摇篮到坟墓”的生命周期，而使低碳包装具有：设计—原料—制作—分销—使用—消亡（或再设计）的全生命周期。

5. 物流包装的绿色营销因素

企业将绿色观念灌输给消费者，培养消费者绿色消费意识，从而促进绿色营销。

三、“零包装”是低碳物流包装的彻底革命

不管包装设计者付出多少心血设计的产品，一旦离开它所需承载的商品，大部分被无

情地丢弃而成为垃圾，特别是随着人们收入的增加，生活水平的提高，生活习惯也在由“节约型”向“抛弃型”转变。城市垃圾为我们带来了极大的破坏和威胁，而城市生活垃圾中很大一部分是废弃包装物。为此，许多国家专门制定了法律条文进行限制。“零包装”的概念也随之提出。

（一）“零包装”的基本概念

日本最早提出“零包装”的概念。“零包装”不是不要包装，而是简化、减少包装，同时，使用可再利用、可降解的包装材料。目前，一些包装设计师仍存在一些认识上的误区，认为包装设计唤起消费者欲望，让企业获得经济效果，在此理念的作用下，出现了只顾眼前利益，过分加大包装外形尺寸及体积，增加不必要的多层次烦琐包装等“过华症”，为净化环境起到了负面作用。当今世界，对商品包装这一外衣的简约设计要求越来越高。在设计过程中坚持“5R”原则，即去掉不需要的包装（Remove)、减少不必要的包装(Reduce)、重复利用包装材料（Reuse)、采用回收利用及可降解的包装材料（Renewable)、控制成本（Revenue)。新一代的设计师应积极加入环保活动中去，形成切实可行的“零包装”设计理念，并得以普遍接受和应用。

（二）“零包装”在国外

“零包装”，所追求的目标之一就是现在我们所说的可食性包装。自从2008年英国设计了可食用圣诞贺卡之后，如今市场上出现了不同味道的可食用食品包装纸，不但很受消费者欢迎，而且还能起到保温、卫生的效果。盘点全球市场可食用包装材料就有10多种。

日本90%的牛奶都是以有折痕线条的纸包装出售，这种容易压扁的包装，不但生产成本低，而且还能减少占用空间，方便送往再循环并节约物流成本。瑞士在绿色包装领域一直走在前列。瑞士传奇集团的员工和科研人员大部分都是环保人士，他们遵循“生态优先”的原则，设计出了企业绿色包装。所有物流包装均用环保纸板，而用于造纸的原料没有砍伐一棵树，大部分来源于生产有机护肤品剩余的天然花草植物纤维，材料耗费大约是传统包装的1/3，废弃包装材料在自然界可分解而无污染，所有物流包装没有用一滴胶和任何黏合剂，全靠纸和纸的相互作用力支撑成型。此外，包装在人工、运输、排碳等附加成本小。法国1997—2003年，消费增长11%，而包装垃圾都减少3%。法国包装工业凸显两大特点：一是使用天然材料支撑的包装袋，二是包装盒内不适用聚苯乙烯的填充垫块，以减少包装垃圾。2005年，法国达若内奶制品公司，以甜菜为原料，经过发酵、抽水形成丙酯，再加工成为聚乳酯，掺入矿物质后便成为轻型、坚固的包装材料，且在55℃以下、60天内能够分解为农家肥。

（三）包装瘦身逼近“零包装”

“零包装”设计理念源自缓解资源危机和污染防治的双重压力。合理而正确的低碳包装设计，取决于完美性和包装成本的平衡性。在设计时首先要把重点放在保护商品的前提下，依据实验数据，按照产品结构，研究物流条件，精算包装材料最大限度地使用量，最小限度地设计容器空间。设计师应多考虑节约耗材和有效使用包装空间，不要过多地包装，以达到最佳的包装效益及效果。日本物流界早在40年前就提出小体积、轻量化和科学合理包装设计。“轻、薄、短、小”成了日本物流包装设计的“四字原则”，要求在节省资源、能源、空间、消减包装费用等方面进行最科学、最合理、最有效地设计。

2008年9月，惠普设计了HP Pavilion dv6929笔记本电脑的全新包装。其包装不再是传统的纸箱，而是个性时尚、酷似单肩背包的袋子。该包装的保护性毫不逊色于传统包装，却较传统包装减少97%的原料和空间，由此而来的是所需运输车辆比之前减少1/4，极大地节省了运输所需燃料，大幅度降低了二氧化碳的排放量。HPPaviliondv6929笔记本电脑全新包装的保护性运输袋原料由100%回收再利用织物材料支撑，既能对笔记本电脑起到强大的保护作用，又能减少因电脑包装对环境的产生的危害。

四、低碳理念包装设计是我国物流界永恒的话题

低碳理念包装设计已成为目前物流包装设计中的一个主流方向，它是在包装设计中需要考虑和重视的设计原则。低碳包装设计不应该仅仅停留在技术层面上，更应该上升到设计理念和物流管理原则的高度。只有明确低碳思维的真正含义及如何利用低碳理念进行设计和运营管理，才会有更多更好的低碳包装产品出现，才能体现低碳理念物流包装的含义。

（一）低碳理念——我国物流包装设计的目标

树立低碳包装设计的理念就是让设计师认识到低碳化设计是现代企业参与竞争的新式武器。包装设计力求造型简洁、缩小空间、减少材料浪费和消耗，使产品能够持续使用。低碳包装产品的设计是现代设计师的良知和责任，在低碳设计理念下表达现代与传统的统一，设计与生产的调和，生产与消费的默契，生活与生态的和谐，体现使用和废弃后的回收、再生处理与利用各环节和过程，也就是包括包装产品的整个生命周期。这也是我国今后物流包装设计的主要目标。

（二）低碳理念——我国物流包装设计的主题

物流包装设计对环境的影响，主要体现在包装产品的寿命和包装材料选择两个方面。目前，在我国低碳包装设计有以下主题：

①使用天然材料，以未经加工的形式在包装设计中得以体现和应用。

②怀旧简洁融入高科技因素，使消费者感到包装设计的可亲和温馨。

③强调使用包装材料的经济性、实用性、节约性、抛弃无用的功能，创造形象淳朴的包装造型。

④多用途包装设计，通过变化增加产品的使用乐趣，尽量使用单一的材料来延长寿命，以便回收复用。

⑤组合设计与循环设计。

上述包装设计主题让未来的物流包装成为一个低碳化、绿色化、智能化、人性化的产品，真正成为人类的朋友。

（三）低碳理念——我国包装设计的发展趋势

包装与人类生活息息相关，但包装对环境的危害已是不争的事实，导致包装污染的源头是设计、生产和消费。而设计是生产和消费的始端，因此，发展低碳包装必须设计先行，并以此将包装的污染控制到最低水平。

①加强低碳理念包装设计的宣传教育，加强环境危机与污染教育、包装废弃物回收再利用教育、环境保护法律法规教育、普及 ISO14000 系列标准的宣传教育。

②低碳包装设计要树立整体包装概念，采用无公害、易处理的包装材料，保证低碳包装的基本功能，力求简单和再循环利用。

③实施低碳包装过程，开发低碳包装技术。低碳包装工程技术主要用于物流包装设计、检测和评价，使之更好地保护产品、消费者及其环境。

④发挥低碳包装广告宣传作用。低碳包装是对企业形象及其产品和品牌的直观而有效的广告宣传方式。在包装设计时，突出低碳包装特点，尽可能说明包装废弃物回收、处理方法，说明其承担的法律义务。

⑤利用法律法规及政策手段维护和实施低碳包装，制定低碳包装产业发展规划，扶持低碳包装企业，建立低碳包装研发中心，培养低碳包装技术人才，尽快将低碳包装纳入规范化、法制化轨道。

⑥产业化是实现低碳包装系统目标的手段。为此，需要培育一批生产低碳包装产品的企业群，也包括为其服务的决策调控体系、科技支持体系和行业协调体系。

实施低碳理念的物流包装设计既是保护环境的需要，是提高我国产品竞争力的重要手段，也是实施可持续发展的重要措施之一。低碳理念不仅是我国包装行业运行的主题，而且是新时期物流包装业发展的显著特征。在国际竞争日益激烈的今天，中国的物流包装业要想不断开拓市场，必须迎头赶上世界“低碳浪潮”，必须紧跟“低碳”的时代步伐，为我国经济社会持续稳定发展探索出一条切实可行的道路。

五、物流包装设计与其生命周期

包装工业的大发展造成了严重的环境污染，尤其是塑料废弃物带来的“白色污染”更是令人忧心。诚然，包装最终都摆脱不了被抛弃的命运，然而，低碳包装设计能够延长包装的生命周期。

物流包装的“生命历程”一般为设计—选材—生产—销售—消费—抛弃。可见设计是第一步，也是最为重要的一步。低碳物流包装设计提供一个新的价值观，延长包装使用期，进而延长包装的生命周期，推迟了转化为垃圾的时间。

为了尽可能减少包装废弃物对环境的污染，更加科学、全面地评价包装产品的环保性能，国际上通用产品生命周期法进行综合评价，即以产品的设计、生产、流通、使用、废弃直至回收处理的整个过程对环境的影响评价包装产品的环保性能。将生命周期分析方法应用于包装（含设计、产品、材料、技术）称为包装生命周期分析法。低碳物流包装设计要从包装循环周期的各个阶段确定目标。

1. 设计阶段

为了掌握设计的第一手资料，需要进行充分的市场调研和素材选取，制定出低碳物流包装设计方案，确定设计参数，选择无公害、易回收、可再生、能降解、高性能的包装材料，在形态、结构、图形、文字、色彩等方面设计要符合低碳要求，杜绝视觉污染。

2. 生产阶段

要充分考虑制造工艺的改善。有关研究成果表明，每计算单位内的环境负荷与工艺处理的时间成正比，低碳物流包装在生产阶段重点解决缩短工艺处理时间。

3. 物流阶段

物流包装设计要根据产品在运输过程中的破坏隐患，考虑不同产品的属性、特征、用途和物流条件及流通方式，减少对能量的消耗。同时，考虑如何减少物流包装产品在物流过程中对环境的负荷。

4. 消费阶段

主要考虑消费如何节省能源、减少污染、方便维护及适合于商品属性，具有的民族特征，符合大众审美需求，能让消费者长期保存以延长相关包装用品的使用寿命。

5. 回收阶段

一是设计时要考虑包装产品如何方便回收，预置使用后的拆卸和分类；二是考虑包装材料如何方便再生利用，在设计中必须考虑材料的低碳合理配置。物流包装设计不提倡过度包装，反对包装的奢华，增加消费者使用阶段的时间是最有效提高包装生命周期指数。这也是包装整个生命周期里最应该深入探讨和研究的问题。

包装设计是为商品服务的，内在商品和消费者需求是第一位，包装则是从属的，是第二位。创意是设计的最基本要求，是设计过程的灵魂，没有创意的设计是失败的设计。有创意的物流包装设计也是实现商品价值及使用价值的一种手段。优秀的创意来自设计师敏锐的市场洞察力和积极的思考，知识的积累及丰富的经验。

案例1

牛顿（Newton）运动鞋的“零包装”

2009年牛顿运动鞋在TDA设计公司的帮助下，推出了一种比鞋子更好的“零包装”新创意包装设计产品，它替代了传统的方方正正的印刷纸板鞋盒模式，用一种低碳理念的全新方式包装跑鞋产品（见图7-1）。该包装盒的设计使用了100%消费后可回收再生的纸浆，用类似蛋箱材料制成一次成型的包装，其外形大小正好让一双鞋紧紧卡在盒内，包装的内空间为零。真正做到“零包装”设计。该包装盒看似复杂，实质使用更少的资源，让产品流通及回收利用更有效率。该包装里还有一双袜子和一个可重复使用的鞋袋，放置在每只鞋子里面。

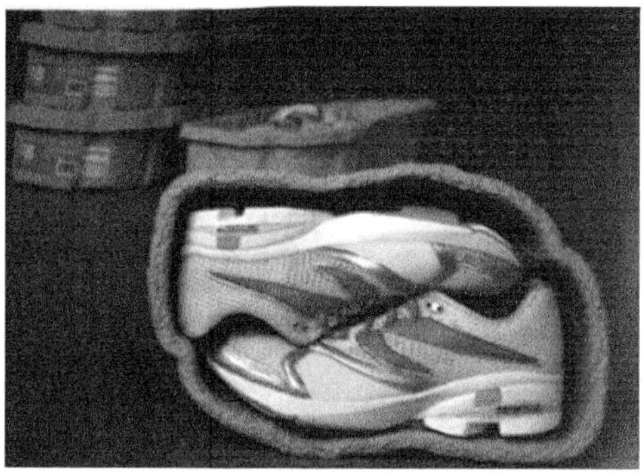

图 7-1　“零包装”的牛顿运动鞋

案例 2

环保瓦楞纸书桌闪亮登场

瓦楞纸板始于 18 世纪末。19 世纪初，因其质量轻、强度高，易加工成型，易折叠，成本低廉且能回收重复利用。20 世纪初，用于制作的瓦楞纸箱逐渐取代了木箱，成为物流包装的主力军。瓦楞纸包装产品易回收和再生利用，而在物流包装上一般只印刷简单的符号。于是，具有低碳理念的设计师们充分发挥创新意识，利用物流包装回收的瓦楞纸板为原材料设计制造出各种形式的作品。环保瓦楞纸书桌就是众多作品中的一种。用于瓦楞纸书桌表面的牛皮纸能够防水 5min 以上。2010 年加拿大的大学毕业生杰夫·克里斯托设计的第四代瓦楞纸板书架和书桌，自重不超过 15 磅，都可以承受 150b 的重量，产品综合成本不到 40 美元，10min 时间可以完成两种家具的组装。书桌：宽 50cm，高 71cm，长 100cm；自重 2.3kg（5b），承载 70b 的重量，组装时间为 5min；书架：长 60cm，高 106cm，宽 26cm，自重 3.1kg（7b），承载 80b 的重量，组装时间为 5min。

思考题

1. 物流包装设计的主要要素有哪些？
2. 物流包装设计的主要特点有哪些？
3. 物流包装设计如何定位？
4. 低碳理念物流包装设计有哪些主要特点？

5. 低碳理念物流包装设计选材时应注意哪些问题?
6. 为什么说“零包装”是低碳物流包装的彻底革命?
7. 试述我国包装设计的发展趋势。
8. 物流包装生命周期各阶段的目标是什么?

参考文献

[1] 日通综合研究所. 最新物流ハンドブック [M] 日本东京：白桃书房，1991.

[2] 西泽修. 物流效率化大事典 [M]. 日本东京：株式会社产业调查会事典出版セソター，1993.

[3] 孙宏岭. 中国のロジスティクス・コスト：学际的管理会计 [M]. 日本东京：白桃书房，2001.

[4] 孙宏岭，等. 现代物流活动绩效分析 [M]. 北京：中国物资出版社，2002.

[5] 孙宏岭. 高效率配送中心的设计与经营 [M]. 北京：中国物资出版社，2002.

[6] 索占鸿，等. 运输包装工程 [M]. 北京：中国铁道出版社，1999.

[7] 戴宏民，等. 包装管理 [M]. 2 版. 北京：印刷工业出版社，2005.

[8] 林学海，等. 包装技术与方法 [M]. 长沙：湖南大学出版社，1998.

[9] 徐国葆，等. 储运包装技术 [M]. 北京：机械工业出版社，1990.

[10] 张学金，等. 实用包装技术 [M]. 北京：国防工业出版社，1993.

[11] FRANK A. Paine：The Packaging Media [H]. Blackie & Son，1977.

[12] ROGER C. GRIFFIN，STANLEY SACHAROW. Principles of Package Development [J]. Avi，1980.

[13] JOSEPH F. Young：Handbook of Packaging Engineering [H]. Graw Hill，Zndedition，1984.

[14] WILLIAM E. Young：Vacuum and Gas Packages [J]. Packing，1984.

[15] 章建浩，等. 食品包装学 [M]. 南京：江苏科技出版社，1993.

[16] 许文才，潘松年. 防锈包装技术 [J]. 中国包装，1997 (1).

[17] 王京海，赵京华. 鲜肉的包装技术研究 [J]. 中国包装，1997 (3).

[18] 王会云. 防霉包装的机理与应用 [J]. 包装工程，1997 (4).

[19] 胡世俊，等. 基于缓冲包装系统分析 [J]. 包装工程，1998.

[20] 李基洪，等. 包装技术问题 [M]. 北京：中国轻工业出版社，1995.

[21] 许金钊，等. 产品质量控制 [M]. 北京：机械工业出版社，1994.

[22] M. BAKKER. 包装技术大全 [M]. 孙蓉芳，译. 北京：科学出版社，1992.

[23] 张康夫. 防锈封存包装手册 [M]. 北京：机械工业出版社，1982.

[24] 唐志祥，等. 包装材料与实用包装技术 [M]. 北京：化学工业出版社，1996.

[25] 孙德强，等. 包装管理学 [M]. 北京：化学工业出版社，2006.

［26］韩永生．包装管理、标准与法规［M］．北京：化学工业出版社，2003.

［27］夏春玉，等．绿色物流［M］．北京：中国物资出版社，2005.

［28］戴宏民．新型绿色包装材料［M］．北京：化学工业出版社，2005.

［29］王建清，等．包装材料学［M］．北京：国防工业出版社，2004.

［30］沈佳．粮食包装的改进［J］．上海包装，2005.

［31］王军，等．产品输送包装可靠性设计［J］．包装工程，2006.

［32］于洁，等．可降解缓冲包装材料的研究［J］．化工新型材料，2006.

［33］刘秀伟．推进零包装［M］．北京：化学工业出版社，2012.

［34］郭秀峰，等．包装物流技术［M］．北京：印刷工业出版社，2013.

［35］王章旺，等．新理念包装设计［M］．北京：化学工业出版社，2010.

［36］计宏伟，等．包装工程实验教程［M］．北京：印刷工业出版社，2012.

［37］陈淑荣，等．基于托盘标准尺寸的瓦楞纸箱尺寸设计方法研究［J］．中国印刷与包装研究，2014（2）．